时装消费与女性发展研究

董海峰/著

福州大学马克思主义学院
马克思主义与当代发展文库　资助出版

科学出版社

北京

内 容 简 介

本书基于第一手调查资料，以及丰富多样的调查方法，为研究提供了扎实的数据基础。既能够对女性时装消费进行多维度的描述统计分析，又能够比较全面地发现影响女性服装消费行动的因素，还能够找到影响较大的因素，从而为效应和对策的探讨奠定了科学理性的基石。

本书不仅研究女性时装消费的特点和影响因素，也探讨效应和对策，在同类研究中亦属首创。本书论证了女性外在美消费对女性全面发展的正面效应；对于女性婚恋拜金主义等负面效应的消解，除了强调女性自我发展的重要性，也强调男性参与和政府参与的重要性。

本书关注城市已育青年女性的服装消费，有助于端正和增进人们对女性服装消费的认识和理解，最终促进女性发展、性别和谐与社会和谐。因此，本书适合所有在消费社会中感到迷茫和渴望实现婚恋性别和谐的读者阅读。

图书在版编目（CIP）数据

时装消费与女性发展研究 / 董海峰著. —北京：科学出版社，2017.3

ISBN 978-7-03-051651-0

Ⅰ. ①时… Ⅱ. ①董… Ⅲ. ①女性-时装-消费者行为论-研究 Ⅳ. ①F713.55

中国版本图书馆 CIP 数据核字（2017）第 020330 号

责任编辑：刘英红 / 责任校对：郑金红
责任印制：张 伟 / 封面设计：华路天然工作室

斜 学 出 版 社 出版
北京东黄城根北街 16 号
邮政编码：100717
http://www.sciencep.com
北京京华虎彩印刷有限公司 印刷
科学出版社发行 各地新华书店经销

*

2017 年 3 月第 一 版 开本：720×1000 1/16
2017 年 3 月第一次印刷 印张：15 1/2
字数：310 000

定价：**78.00** 元
（如有印装质量问题，我社负责调换）

序　言

　　弟子董海峰的学术专著就要被科学出版社推出，在为她感到欣慰的同时，我也欣然接受请求，为她的第一本学术专著的正式出版作序。

　　岁月如梭，与海峰的初识是在 2002 年的 1 月，那时我应邀主持福州大学人文学院社会学硕士点第一届研究生的毕业论文答辩，作为该系的青年教师，海峰担任答辩秘书。海峰留给我的第一印象很不错，从电视台转行到高校任教，需要价值观和生存方式的巨大转变，即使痛下决心，那潜移默化与岁月一起沉淀下来的主持人风格、气势与性情，也很难一下子为高校教师的文化意识和行为方式所取代。如果不提起过往的工作背景，真的看不出来她与其他教师有何差别，她的普通话很标准，也很悦耳，是一位认真负责、非常称职的答辩秘书。

　　我们师生关系的建立，完全得益于 2003 年厦门大学政治系、社会学系和人口研究所合并，成立公共事务学院，随后我在 2007 年开始指导女性社会学方向的博士生。2009 年海峰考入厦门大学，成为我的博士生，开始了福厦两地往还、教学读博并重，将近 5 年的不平凡经历。

　　随着读博过程的不断推进，我对海峰的了解也在逐渐加深。在我的记忆里，海峰虽然个性不喜张扬，甚至还有点内敛，但是有激情，不论是登上福州大学的讲台、出现在诗歌朗诵会的现场、在我们望海学村年夜饭时发表感言，还是主持母校厦门大学 95 周年华诞全球校友专场文艺晚会，我们都可以看到激情燃烧的海峰，并被她昂扬的气势、深厚的情感和激越的声音吸引。难能可贵的是，海峰还把这种激情贯穿于攻读博士学位的始终，这期间不论遭遇到多少困难，甚至挫折，海峰都是用这种激情来鼓舞和勉励自己，不忘初心，一直向前。我以为，一个好学者，首先应该是心怀激情的学者。在这一点，海峰博士是合格的。

　　海峰还有着根植于善良与责任的爱。出于对教学和学生的双重喜爱，她常常将大量的课余时间用于辅导学生，把不好讲的思政课程变成学生喜欢的课，还在第三届福建省高校思政课教师教学竞赛中拿下第一名的好成绩。源于对母校的感恩和热爱，她克服各种困难，硬是挤出时间参与承办厦门大学 95 周年华诞全球校友专场文艺晚会，她多次熬夜、几经修改撰写晚会主持稿。后来，由于晚会导演方案重组，之前撰写的主持稿被全面推翻，但海峰不顾个人得失，全力跟进，用极大的集体荣誉感和对母校的情感，圆满完成整个晚会的主持工作。更令人欣慰的是，海峰也把她的爱投入学术研究中。从当年开办一家女性服装店滋生出来的对女性服装消费的偏好，演变为专著的选题，并在热爱的引领下，用两年的时间在反复查阅文献和多次试调查的基础上，完成含有 198 个问题的问卷设计，接着又用 5 个月的时间，分别对各 120 人的男女研究对象进行问卷调查，为研究的推进和深化提供了非常丰厚的第一手资料来源。

在我的记忆里，海峰是脚踏实地、认真用心的。即使是她擅长的诗歌朗诵、各种活动的现场主持，她也不分场面大小、重要庆典还是一般聚会，都会认真以待，在幕后做大量而充分的准备，确保每一次都万无一失、尽善尽美。认真，不能出差错，也许是电视人的职业习惯，但要延伸到研究领域，那就是学术人所必备的一种文化自觉和规范意识。从博士课程学习到各种学术活动的参与，可以说，海峰始终保持着认真与扎实的态度，把自己的研究理想与学术情操紧紧地结合在一起。也许每一次的学术现身还存有遗憾，每一篇学术成果还有提升的空间，但海峰都在这些成果呈现之前及呈现的过程中，为了达到最好的状态与效果而竭尽全力。

当我们翻开她的第一本专著时，就会发现，当这些良好的学者精神素质与一个既定的研究目标相遇时，它们的产出一定是充满质感的。以我之见，这部书是值得一读的。

首先，这部书把我们带进一个每天都置身其中，甚至我们自己也一起装点的女性服装世界，那是走过闹市的一抹惊艳，那是从商场女装部传来的一片赞叹，那是长长 T 台那端款款流淌过来的色彩缤纷。作者并不仅局限于简单的展示，还呈现不少可以领略与理解这个世界的切入点和视角，如与岁月一起流动的历史视野、女性和男性的性别比较视野。更为重要的是，她在赞美当代中国女性对外在有形形象尽情追求的同时，又呼吁向外在无形形象，特别是向内在素养与气质转化和提升的辩证视野。美丽的选题与多元的透视，让这部书本身就充满外在与内涵和谐统一的美感和期待。

其次，内容丰富、数据翔实。海峰用有近 200 个问题的问卷对 240 位被询问对象的调查，尤其是接近一半的关于被调查对象对美、时尚和服装的认识与追求，以及服装消费支出水平与结构的问题询答，为本书提供了非常丰富的第一手资料，这不但可以更加系统完整地对中国女性的服装消费主观态度、审美水平与经济支出进行量化的描述，发现一些集体特点与规律性表现，而且借助对其中 16 位被调查对象的深入访谈，以及近一年半开办一家女性服装店的参与式观察，更加深入地分析与了解中国女性的服装消费模式，特别是对这种服装消费模式的形成与个体差别，以及女性服装消费与男性之间的性别差异。例如，当代女性服装消费的目的，虽然也会"悦人而容"或"悦男性而容"，但已经很少一味地迎合男性的审美标准，而是充满自我意识的"以悦己为前提的悦人"，还有"以悦女性为前提的悦男性"。对品牌服装符号意义的认识，也大部分从在意"面子"转化为追求"品位"，更多地强调"只要喜欢和合适就行"，显示出更明显的以自我为重的个性化倾向。在对时尚的追求、服装消费的绝对和相对规模、服装消费的费用来源等方面，也显示出更多的理性和自主性，超支付能力的超前消费、依靠丈夫出钱的服装消费的占比都已经不高。所有这些都反映出，现代中国女性正逐步成为服装消费的主人，服装消费正成为展示女性个性美感与消费实力的一个重要指标。

最后，约占全书四分之一篇幅的理论分析应该是最值得深读的。海峰把韦伯的社会行动分析模型与社会性别理论结合起来，在女性发展的视野下，建构了中国女性服装消费行动的分析理论。她认为，中国女性的服装消费行为主要取决于行动者自身、行动目的、工具手段、情景条件，以及规范规则等影响因素，在这些因果关系中，中国女性本身的价值观念、心理因素、兴趣爱好和社会交往，悦己还是悦人、悦女性还是悦男性的行动目的，女性文化程度、职业发展和经济实力的工具手段，以及包括婚姻法、劳动法和妇女权益保障法在内的规范规则，综合体现出女性发展在女性服装消费行动中所发挥的决定作用。实证检验结果表明，与女性发展有关的影响因素，特别是女性的经济收入水平、自我意识、对时尚的态度等变量的作用更为显著和重要。与此同时也发现，这些女性发展变量的影响方向并不是都与理论预设相一致，为读者参与思考与今后的继续研究留下了可以作为的空间。我以为，在本书的理论分析部分，最有价值的发现，就是对中国女性服装消费理性化的分析，即这是一种受到女性自身发展不充分而不得不呈现出来的理性。所以，我们可以预测，随着中国男女平等基本国策的全面落实和女性群体平等发展的全面实现，建立在足够的经济实力和较高的文化品位基础上，以悦己为主要目的，真正意义上的理性化服装消费，才会成为中国女性生活方式的一个重要组成部分，成为既显示平等发展成果又推动更好性别发展的一个测量与动力兼具的关键因素。

当然，在有所收获、有所贡献的同时，我认为，海峰也留有一些需要以后去努力弥补的遗憾，以下两个方面应该是最值得顺势而为和探究的：一是对性别比较用力不足，女性研究首先应该关注的是与男性的性别差异，而后才是女性群体内部的差别，只有通过系统而深入的性别比较，才能发现最为显著的性别差异，才会有重点地去解释这种性别差异。二是对理论建构还应深思，重要概念的科学界定、内涵识别、量化测度，尤其是理论创新的思路与体现这些思路的指标，如何融入前人的理论建构之中，从而把创新所产生的更为科学、更有效力的理论解释呈现出来，是需要着力解决的重要问题。当然，需要完善的创新研究绝对要比低水平的重复研究更有意义，更值得投入。从这个意义上来说，海峰留下的一些学术遗憾其实也是阅读这部书的一个价值，吸引读者也加入女性服装消费这个美丽的研究领域。

一个学位，一本专著，虽然占用了海峰整整 5 年的时间，但所产生的后发效用可以终身享用。对于过去的学术经历，这是一个总结和纪念，而对于未来的书香理想，这则是一个起点和激励。相信海峰将永远会用注满激情、热爱与心血的方式，让自己昂首阔步行进在推进性别和谐的道路上，而且，越走越充满一个优秀知识女性的性别自信，越走越发现自己就是一道亮丽的风景线！

海峰，谢谢你！你将用心撰写的专著呈现给广大读者，我将最美好的祝福送给你和你的未来！

叶文振

（中国妇女研究会副会长　厦门大学博士生导师）

2016 年 11 月 13 日于榕城闽都大庄园

前　言

改革开放以来，在时装消费的过程中，女性不断探索着自我、追寻着自我、表达着自我、实现着自我，她们享受着快乐美好，也承受着痛苦煎熬，有的因此沉沦，有的就此重生。

作为一位热爱生活、热爱美好的现代女性，笔者深深地懂得时装消费对女性的深刻意义。但作为女性生命中重要的另一半，许多男性显然没有能够完全看懂这一切，甚至严重误读了这一切，对于他们而言，时装消费更多的是女人的肤浅，是男人的负担，于是男性与女性之间的种种隔阂罅隙隐隐地由此而生，又借此蔓延扩展，最终在性别之间裂开一道难以跨越的鸿沟。笔者在自己和他人的生活中体验观察到了这一切，深感不安，因此，总是期望研究女性社会学的自己能够做些什么，将性别之间因女性时装消费而生的鸿沟弥合，这就是本书研究的初衷。

希望本书对女性时装消费特点和类型的描述归纳，能够使人们在女性发展的视野下对女性的时装消费有更客观、更准确、更理性的认识。

希望本书对女性时装消费影响因素的挖掘，能够让男性和女性自身都能懂得，对时装消费的追求，是消费社会中自我意识逐渐增强、追求自我全面发展的女性难以抗拒的必然。

希望本书对女性时装消费正面效应的探究，能够使男性和女性自身对女性的全面平衡发展拥有更高的期待和更强的信心。

希望本书对女性时装消费负面效应的探究，能够使人们，特别是女性，认识到这些问题对女性进一步解放和发展的无形阻碍。

希望本书对女性时装消费负面效应对策的探寻，能够使男性和女性看到长期被忽略的男性问题与责任，看到爱、情感与精神在这个物质世界的巨大能量；也使女性看到自我发展对消费自主性和独立性的终极意义。

令笔者深感欣慰的是，在问卷调查过程中，虽然许多受访女性对问卷题量太大、需要长时间填答多有抱怨，但她们同时表示，这份问卷很有意思，她们对很多问题平时或有很深的感受或有模糊的认识，但从未认真地思考过，这份问卷让她们开始重新审视自己的消费与生活、情感、事业的关系，很有意义。毫不夸张地说，女性朋友们对本书的兴趣与肯定是笔者克服重重困难最终完成研究的巨大精神支持。

在现代消费社会，男性与女性之间的性别和谐遭遇着种种现实考验，引发了无尽的困惑迷茫。但笔者相信，面对困惑，无论男性、女性，无论个体、组织，只要我们深刻地思考、深入地研究，以及真诚用心地沟通，反思并修正各自的思想言行，明确自身的责任担当，鸿沟终将弥合，阴霾终将散去，性别发展、性别和谐终将实现。

目　　录

第一章
绪　论

第一节　研究缘起

笔者所攻读的博士学位是女性社会学。女性社会学自诞生以来就赋予了自身推进女性发展、促进性别平等、构建性别和谐的重大使命，笔者之所以决心攻读该学科的博士学位，亦是因为怀着同样的强烈愿望和责任感。那么，为什么选择"女性时装消费"而不选择更为宏大的课题作为博士毕业后第一部专著的研究方向呢？毕竟，女性的时装消费似乎只是女性浅薄、虚荣、无理性的表现，与女性发展、性别平等、性别和谐事业好像无甚关联。

笔者不得不承认，锁定这一选题，很大程度上缘起于笔者本身对时装消费的热爱。多年来，笔者在时装消费方面耗费了较多的时间、精力和金钱，甚至曾有过创办、经营服装销售店的经历。作为一个从事学术研究的知识女性，笔者内心深感惊惶，期望能够一举两得，将多年来自己在时装消费方面的实践、体会、观察和思考转化为学术研究所需的资料。

还有很重要的原因，即在经营服装店的过程中，笔者发现，陪同恋人、妻子选购服装的绝大多数男性都会表现出不耐烦甚至厌烦的情绪，当女性在兴致勃勃地试穿服装时，他们或阴沉着脸沉默不语，或总是摇头说不好看，或干脆远远地走开。男性显然"不给面子"的表现自然令他们的恋人或妻子深感不快，于是女性开始抱怨经济状况的拮据和生活的种种不如意。这使我意识到，女性的时装消费已经不仅只是与"美"有关的简单问题，它还是一个与女性自身发展、家庭性别和谐甚至与社会和谐有关的复杂问题，颇值得探究。

而除了时装消费，女性个人消费还有诸多项目，如美容、美体、美甲、美发、鞋帽、坤包、珠宝、首饰、旅游、休闲、娱乐、健身、整容等。

面对女性被琳琅满目的商品与服务纷扰得"意乱情迷"的情形，男性大多不屑一顾或深感不满。而在消费世界中徘徊徜徉的女性则陷入了深深的惶惑之中，追逐与逃避，肯定与自责，交相缠绕回旋在女性的心田。

女性的消费大多是不理性的吗？

女性为什么总在不停地消费？

女性的消费对女性发展而言利弊何如？

男性是女性消费无辜的"受害者"吗？

女性为满足消费欲望而持有的婚恋拜金主义如何被解构？

……

对于这些问题，人们总是能够很快地给出这样的答案——女性不停地消费，就是因为虚荣，女性消费是不理性的，女性消费使女性更加浅薄、无知，很多女性会为了满足自己的物质欲望而出卖自己的尊严、自由、身体、爱情和婚姻，女性膨胀的欲望使男性被压榨、被羞辱，男性是女性消费的"受害者"。

很少有人意识到，其实这些看法仅仅是从生活的个案中得出的带有以偏概全色彩的感性认识，在没有经过科学论证之前，它对女性自身、性别平等与和谐而言是不负责任、轻率的断言，而且，在某种程度上，它对推动现代女性的进一步解放和发展也是一种无形的障碍。因为男性会认为，女性从父权制下解放出来又为肤浅的美和消费欲望所束缚；女性越解放就会越拜金、越功利化，并因此出现新的性别不平等——女性对男性从精神到物质的压迫。所以，女性不必再解放和发展了。而事实却是女性解放和发展的事业还远未完成。

这些在生活中的观察和思考常常冲击着笔者，使笔者越来越强烈地意识到，对于女性社会学的研究者而言，有必要也有责任通过科学研究，在女性发展的视野下，客观地描述和评价女性的消费行动，全方位地解析促成女性消费行动的诸多因素，理性地认识女性消费行动的效应，积极地探寻消解女性消费行动负面效应的对策，以促进性别之间的相互理解和尊重，推动性别平等与性别和谐，并在此基础上促进女性的进一步解放和更完善的发展。

女性消费是一个很大的研究领域，只有确定一个集中的范畴，研究才能更加深入细致，而女性的时装消费是女性消费中比重最大的一部分——华坤女性消费生活调查中心①的问卷调查数据表明，从 2006 年起，在服装方面的消费开支已经连续 8 年成为女性个人最大比重的消费开支。加之，笔者长期以来在时装消费方面有着较为丰富和深入的实践、观察、体会和思考，所以，笔者选择"女性时装消费"作为研究选题。

虽然选择这一课题源于笔者内心的强烈呼唤，但由于女性时装消费的范畴较为具体，给人的第一印象可能会是选题太单薄、太浅显，难以写成一部有深度的学术专著。因此，在初定这一选题时，笔者内心忐忑不已。但随着对前人相关文献资料的收集、梳理、阅读和思考，笔者逐渐领悟到服装研究和女性时装消费研究对于社会科学研究的重要性，并在此基础上认识到了本课题研究的现实意义和理论意义，因此笔者越发坚定了选择这一课题的决心。

首先，从古至今，无论东方西方，也无论何民族、何种族，人类的服装都承载着丰富的社会符号意义，反映着特定的社会结构和社会关系，是人文社会科学研究的重要范畴。

人类从蒙昧、野蛮走向文明之后，服装不但成为绝大多数种族、民族的人们在社会交往中几乎须臾无法离开的第二层皮肤，而且是塑造人的个体外在形象最大面积、最显眼、最重要的部分，由此服装逐渐具有了表达人类情感、价值取向和表征人们社会地位、阶层所属的强大符号功能。因此，服装绝不仅仅是人类的遮羞布，各式各样的服装承载着丰富的人文信息，反映着复杂的社会结构和社会关系，是人文社会科学认识人、认识社会很独特、也很重要的视角。

人类进入阶级社会后，等级和地位的最明显标志之一就是服装，无论东方还是西方皆是如此。在古代欧洲，一些政府通过法令对各阶层的服饰进行强制规定，涉及服装的色彩、款式、材质、长度和佩戴的饰物。例如，在古罗马，农民的服饰只能有一种颜色，官员可有两种，军官可有三种，而王室成员则可以穿七种颜色的服装。在法兰西，查理四世的法令规定：只有公主和公爵夫人才能穿丝绸服装；地位较高的女子才能戴高级毛皮手套；按照穿衣者地位的高低严格限制服饰的数量和质量。在英格兰，爱德华三世统治时期的法令规定：只有王室成员和收入超过 1 000 镑的贵族可

---

① 该调查样本取自北京、上海、广州、宁波、成都、长沙、哈尔滨、兰州、青岛、大连等大中城市，每年调查的女性样本数量通常达到 1 000 人以上。

以穿貂皮衣服和有珍珠装饰的服装。亨利八世颁布的法令规定：伯爵夫人必须穿拖裙、束腰带，而男爵夫人和地位较低的女子，则不能这样打扮自己（布罗代尔，1992）。

我国从周代到清代对不同社会阶层的服饰都有明确的限制，主要表现在色彩和材质两个方面。从服饰的材质方面看，战国至秦汉，平民百姓只能穿"褐衣"，褐是用粗麻布做成的短衣。西汉时的商人，被禁止使用锦、绣、绩、縠、缯、纱、橱。在唐代，流外官、庶人、部曲、客女、奴婢只许穿绸、绢、托、布①。在宋代，庶人只许穿布袍。在元代，庶人只许穿暗花料、丝、绸、续罗、毛。在明代，庶人男女不能穿锦、绮、丝、绫、罗，更禁止穿金绣闪色衣服，商贾之家只许穿绢、布衣，还禁止商贩、典吏、仆役、娼优穿貂裘。在清代，五品官以下不得用蟒缎、妆缎，八品官以下不得用大花缎纱。

从衣服颜色方面看，皂、白两色为低贱等级的颜色。西汉时，苍头、白衣褐巾为奴隶的颜色，庶民禁止穿红色和紫色衣服，只能穿青、绿两色的服装。

古代各国的统治者不惜动用法令严格规制不同阶层的衣着饰品，因为这是区分不同阶层、不同群体最直观、最直接的方式。而到了近代，服装亦成为女权运动的重要推进手段之一。正如法国小说家、文学评论家法朗士所说，"假如我死后百年，还能在书林中挑选，你猜我将选什么？我既不选小说，也不选类似小说的史籍，朋友，我将毫不迟疑地只取一本时装杂志，看看我身后一世纪的妇女服饰，它能显示给我们的未来的人类文明，比一切哲学家、小说家、预言家和学者们能告诉我的都多"（李当岐，1995）。

1850 年，美国的女权运动支持者 Amelia Jenks Bloomer 采用一种灯笼裤的款式作为妇女解放运动者的制服加以推广。而之所以选中该款服装，是因为这是一款裤装，它并不像裙装那样符合男性对女性的审美标准，但它使女性的行动更加自如便捷。19 世纪 90 年代，在风靡一时的"自行车热"中，姑娘们纷纷穿上这种灯笼裤，无声但强烈地表达着女性解放和发展的诉求（陈培青和鲍刚强，2008）。

20 世纪初，女装设计师可可·香奈儿的服装设计作品之所以深受女性的喜爱，是因为她的设计理念具有女权主义的革命性意义。她设计的时装抛弃了因强调曲线而约束甚至残害女性数百年的束身衣，改用不强调曲线的直线条剪裁，为女性塑造出优雅而又自然、纤细而又实用的时装，因此，

---

① 本书中文古代文献均转引自：姚建平. 消费认同. 北京：社会科学文献出版社，2006.

世人的评价是"她的作品不仅改变了人们看待女性外表的方式，也改变了女性看待自己的方式"（崔亚岚，2012）。

20世纪70年代，在西方女权主义运动的又一轮高潮中，女性再一次以服装这种外在的方式表达独立思想，她们将超短裙、吊带装等体现女性特征、讨好男性审美的服装束之高阁，换上了长裤、西装等干练、中性化的服装（Riv，2006）。

而在21世纪的今天，随着现代文明社会民主、自由、人权理念的践行，虽然各个职业对人们的着装有一定的特色要求，如上班时需穿着统一定制的职业装，衣着需整洁大方庄重等，但绝大多数国家和地区对人们生活中的着装并没有任何规定。除了一些极其特殊的职业，如军人、警察等，国家层面对各阶级、各阶层人们的服装服饰没有法规上的明确限制，人们选择穿什么及怎样穿，绝大多数时候取决于一定客观条件下人们对自己主观上的认识和定位。

简略回顾人类的服装发展史，特别是女权主义运动中服装元素的运用，我们可以清晰地看到，服装不仅仅是运用各种材质制成给人们遮羞蔽体的"物"，更是人类社会结构和社会关系的深刻反映，因此，对服装问题的研究是认识人类社会生活非常重要的方面，绝非肤浅、单薄之选。

其次，在人类进入消费时代之后，消费亦是丰富意义符号的载体，女性的时装消费是女性生活的重要方面，也是消费时代的重要方面，反映着不同时代的性别关系和性别结构，社会科学对这一范畴的关注研究应当能有所收获。

随着工业化社会的到来，由于社会分工的广泛化和商品的多样性、丰富性及符号性，人类逐步进入消费社会，即大量、频繁、广泛地进行消费，特别是符号消费成为现代社会人们生活的常态，这是人类社会发展具有重大决定性意义的转变，它深刻地影响了人类的思维方式、行动方式和生活方式。人们消费什么、为什么消费、怎样消费都反映着复杂的社会关系和社会结构，因此，对消费行动的研究决不仅是营销学推进商业销售的需要，也是人文社会科学学者认识人、认识社会的需要。而女性的时装消费应当引起学术研究的关注——在现代社会，时装消费已成为众多女性生活的重要内容，我国华坤女性生活调查中心2006~2013年的调查数据显示，服装服饰方面的开支连续8年都是女性最大一笔个人消费支出。而不同阶层、不同群体的女性为什么消费服装、消费什么服装、怎样消费服装、依靠什么方式和途径消费服装？看起来肤浅、无理性的女性时装消费与女性的理性发展是否具有某种逻辑联系？女性时装消费会带来什么问题，在消费社会中又该如何解决这些问题？这些疑问的背后蕴含着深刻的时代背景，也蕴藏着性别关系和性别权力结构的密码，值得女性主义研究者深入探究。

基于对"服装"和"女性时装消费"在社会生活和社会科学研究中重要性的认识，笔者以为本书研究具有以下几个方面的现实意义和理论意义。

本书的现实意义表现在以下两个方面。

第一，有助于促进男性与女性之间的相互理解和尊重，在消费社会的时代背景下推进性别平等与性别和谐。

人类有两种基本性别，即男性和女性，性别和谐是人类社会和谐十分重要的组成部分。但在现代社会，部分女性消费欲望膨胀严重伤害了性别和谐，并在一定程度上影响了社会和谐，而构建和谐社会迫切需要在消费社会背景下推进性别和谐。

时装消费是女性消费比重最大的部分，人们常说"女人的衣柜里永远缺一件今天穿的衣服"，这句话暗含着女性的自我解嘲，也包含着男性对女性贪婪、虚荣的负面评价。本书在女性发展的视野下，客观地描述和评价女性的时装消费，并以此为基础比较全面地探究影响女性不断进行时装消费的因素，使男性了解到女性时装消费背后有着十分复杂的影响因素，包括女性自身的因素和外在的因素、社会性的因素和自然性的因素、心理性的因素和生理性的因素等，如自我意识的增强，爱美的天性，审美旨趣随年龄、经历、职业而发生变化，自我认知的探索需要过程，发泄不良情绪、表达理想自我的需要，追求职业发展和社会交往发展及个性发展的需要，以及体重、体形发生变化，这些女性的自身因素都会影响女性的时装消费。同时，外在的情境条件，如自然环境四季变换的规律，逐利的资本总是在制造新时尚、新卖点的特性，服装设计、生产行业的蓬勃发展，服装销售商的营销手段，都会不断刺激女性的时装消费。

在了解了女性时装消费背后这些错综复杂的影响因素之后，男性没有理由继续武断地以"贪婪、虚荣、无聊、不理性"来评价女性的时装消费，取而代之的有可能是理解与尊重。

本书还探讨了女性时装消费等消费欲望扩张所导致的女性婚恋拜金主义现象，表面上看，女性的婚恋拜金主义纯粹是女性对男性的压迫，它使那些努力工作但经济状况欠佳的男性深感压抑，甚至无法享受正常的恋爱、婚姻生活，严重破坏性别和谐乃至社会和谐，但是，除了自利、虚荣、浮躁等女性自身的因素之外，女性婚恋拜金主义的背后，也有男性和社会环境的因素。例如，各收入阶层男性的情感忠诚程度和情感细腻程度普遍弱于女性,使自我意识逐渐增强的女性缺乏精神上的安全感和满足感,从而转向追求物质的麻醉和满足。而天赋的生育使命及传统落后的性别文化的滥觞,又使众多女性深陷繁重的家务劳动而无法很好地追求自我的职业发展从而无法获得真正意义上的经济独立。可以说,女性持有婚恋拜金主义并不是女性单方面的问题,一味指责女性只会使男性与女性之间的误解越深重、问题越严重。而本书可以使男性看到自身的问题与社会性的问题,从而能够反思、修正自己的思想和行为,并对女性消费多一点理解和尊重。

本书还分析了女性婚恋拜金主义对女性、男性和社会的负面效应,促使女性反思、检讨并修正自己在消费、婚恋生活中的思想、态度和行为,从而推动男性与女性之间的相互理解和尊重,进而在消费社会这一新的时代背景下推进性别和谐及社会和谐。

第二,有助于在消费社会这一新的时代背景下推动女性自身的进一步解放和发展。

女性在消费社会中消费欲望的膨胀,是一个逐渐涉入并逐渐深入的过程,不知不觉中,众多女性身陷消费欲望的陷阱不可自拔,而部分女性个人相对微薄的经济收入根本无力支撑日益庞杂的消费支出,只能期望通过婚姻脱离财务困境。此时,女性为物所牵绊,已经失去了真正意义上的精神自由和身体自由,这无疑是女性解放和发展事业的倒退。

本书分析消费社会中女性为物所牵绊导致自身依附性加强和独立性弱化的现象,使女性认识到女性消费带来的女性拜金主义对女性进一步解放和发展的阻碍,使之警醒和反思。

本书还探讨女性消费负面效应的对策,认为女性、男性、政府及传媒都应当做出各自的努力,并特别强调精神、情感、文化这些非物质性因素的重要意义,为消费社会中推动女性的进一步解放和发展提供更大的可能。

本书的理论意义体现在以下两大方面。

第一,在女性发展的视野下,以帕森斯社会行动分析理论为基础,结合消费行为分析模式,构建了专门用于分析女性时装消费的理论框架。

相对于其他社会学家对社会行动的研究,帕森斯的社会行动分析理论最具有综合性、最全面,但就本书的需要而言,这一理论显得过于简易。而消费学关于消费行为的分析模式越来越完善,也越来越繁杂。但二者都缺乏女性发展的视角,也不是针对时装消费而提出的,都难以既全面又深入地分析女性的时装消费。因此,将帕森斯的社会行动分析理论作为基础性分析理论,同时吸纳消费行为模式的各方面相关成分,并将之纳入女性发展的视野，结合女性时装消费特性，构建出一个适用于女性时装消费影响因素分析的新理论——女性时装消费分析理论。

第二，拓展女性发展理论，发现女性外在形象发展对女性发展的积极意义。

女性实现解放之后，在能够拥有更充裕的金钱和更多的可自由支配的时间、精力的时候，女性到底应该追求什么呢？也就是说，女性发展的内涵到底包括哪些方面呢？

在马克思看来，人的解放，是为了人自由而全面的发展，那么女性自由而全面的发展，应该包括哪些方面的发展呢？既然是全面的，应该是既有物质的又有精神的，既有内在的又有外在的。那么，女性外在形象的自我塑造和发展是否属于女性发展的范畴呢？如果是，其对于女性发展而言有什么样的积极意义？其与女性发展的其他方面又是什么关系？关于这些问题，女性发展理论目前还没有深入的研究，而本书在这些方面对女性发展理论有所拓展。

综上所述，正是因为深刻地领悟了女性时装消费与女性发展研究的现实意义和理论意义，笔者才毅然决然选择了这一课题作为学术专著的选题，期望能为女性主义研究的参天大树增添一弯别有绿意的新枝。

女性发展是本书贯穿始终的理论线索，在这一视角之下，根据第一手问卷调查数据，对女性时装消费进行单变量描述分析和聚类分析，总结提炼特点和类型；运用女性时装消费分析理论进行一元回归分析和多元回归分析，以探究女性时装消费的影响因素；分析女性时装消费的正面效应和负面效应；探究女性消费负面效应的对策与出路。

第二节　研　究　框　架

本节的主要任务，是在简略评述前人相关研究的基础上介绍本书的研究框架：阐述理论基础，界定关键概念，确定分析变量，提出研究假设，明确研究对象，说明资料来源和研究方法。

一、前人相关研究述评

本书研究女性时装消费，相关文献较少，而时装消费是女性消费十分重要的部分，因此有必要梳理与"女性消费"和"女性时装消费"有关的前人研究，以从中发现前人研究的贡献与局限，并在此基础上提出本书的突破点与创新点。

关于"女性消费"的文献资料，主要以两种方式收集：在实体图书馆借阅相关书籍；通过电子数据库查阅，其中，国际研究通过 FULINK[①]电子文献数据库查阅，国内研究通过万方电子文献数据库查阅。在 FULINK，分别输入主题关键词"women consumption"和"women shopping"进行搜索，共搜索到相关文献近 50 篇（其中约 30 篇与时装消费相关）。在万方电子文献数据库，输入主题关键词"女性消费"，搜索到社会科学类期刊文献约 230 篇，硕士学位论文 10 篇，没有搜索到博士学位论文。

通过梳理较有代表性的相关文献，笔者认为前人关于女性消费的研究具有以下三个特点。

第一，前人关于女性消费的研究，涉及了与此相关的各个方面，即特点、影响因素、意义、后果与对策，研究视角和内容较为全面。

关于女性消费的特点，尽管在现实生活中，女性消费常给人留下"非理性"的印象，但前人研究既看到了女性消费的非理性，也看到了女性消费的理性。关于女性消费的影响因素，前人的研究既涉及广告、传媒、文化、参考群体、家庭和商业因素等外在维度，又涉及补偿心理、自我概念、情感、符号追求等内在维度。关于对女性消费的评价，学者们既发现消费是对女性新的束缚，也认识到这是对女性自身发展和进步的另一种推动。关于女性消费所致问题的对策，前人研究认为，应当遵循生态伦理，而且政府、企业、媒体和女性自身各个方面的力量都应当发挥作用。

总之，从研究视角和内容而言，前人对女性消费的研究是比较全面的。

第二，研究方法既有质性研究，也有定量研究。

前人关于女性消费的研究，既有以逻辑推理分析和访谈为基础的质性研究，也有以自主问卷调查所收集数据为基础的定量研究。关于女性消费影响因素的研究较多的为定量研究，其他方面内容的研究都是质性研究。其中关于自我概念和电视广告对女性消费行为影响的定量研究较为详尽和深入。

第三，研究具有现实指导意义。

前人研究关于女性消费的特点、影响因素、意义、问题和对策的探究，对于引领女性理性消费具有一定的现实指导意义，并促使人们更科

---

① FULINK：福州地区大学城文献信息资源共享平台，是专业的学术搜索门户，目前包含 264 个中外文数据库，中文期刊论文全文满足率为 97%，外文期刊论文全文满足率为 86%。

学、理性、全面、辩证地认识女性消费，从而更好地推动女性的进一步解放和发展。

但前人关于女性消费的研究也存在局限性，主要体现在研究范畴、研究方法和研究观点三方面。

从研究范畴上看，众多女性消费研究涉及的范围过大，将女性的所有消费一而概之地进行讨论，既包括女性的个人消费，又包括女性作为家庭消费代理人的消费。有些研究虽然着眼于女性的个人消费，但个人消费范围亦很广泛，因此研究失之于深入性和针对性。

从研究方法上看，对女性消费影响因素的探讨，有的是定量研究，如自我概念和电视广告的影响，数据分析和逻辑分析详尽而又深入，但遗憾的是，没有能够对女性消费行为的影响因素进行更多角度的定量研究，从而没有能够发现对女性消费行为具有影响力的因素有哪些及最具有影响力的又有哪些。而有的研究虽然探讨的影响因素比较多元，但只是逻辑推理分析，缺乏实证数据佐证。

从研究观点上看，关于女性消费的消极影响，前人都看到了在传统性别文化仍然滥觞于现代社会的大背景下，女性因消费欲望膨胀而更深刻地失去"主体地位"的可能性，看到了父权制因此进一步强化的可能性，也看到了女性消费对环境的伤害与不可持续性，但都没有看到女性消费膨胀给男性带来的巨大压力，以及由此衍生的对性别和谐乃至社会和谐的巨大破坏力。在探求女性消费所致问题的对策时，学者们忽视了性别平等中不可或缺的一环，即男性参与和男性所应承担的责任。

而对于学者们所提出的，企业应当规范生产消费伦理，引导女性理性消费的觉醒并大力提倡"绿色购买"的观点，笔者以为，在市场经济的时代大背景下，这样的期待难以真正实现。在市场经济的激烈竞争中，企业生存与发展的根基是生产、销售与利润，显然，女性的理性消费与企业的利益是一对深刻的矛盾，我们不能将推动女性理性消费的希望寄托于企业之上，而应当更多地探求女性、男性、政府、传媒等各方力量的作用和责任。

"女性时装消费"是本书最直接的研究范畴，笔者查阅、梳理了相关的国外研究文献（约有30篇），发现这些研究有以下三大特点。

（1）就研究对象而言，关注特定特征或特定时期的女性群体，如孕期女性、移民女性、为人妻母的女性、战争时期的女性等。

（2）就研究方法而言，主要运用质性研究法，如运用半结构式深度访谈法、参与式观察、口述史等收集资料，以及运用内容分析法分析资料。

（3）就研究视角而言，注重分析时尚消费和社会阶层建构符号意义的影响。

而国内学者对女性时装消费的研究则呈现下列特点。

（1）研究对象集中于中青年女性、职业白领女性和北京、上海、杭州等经济发达地区女性。

（2）具备比较研究的视野。不同地域、不同文化女性群体时装消费行为的比较也是学者们关注的范畴。

（3）研究内容涉及女性时装消费行为的特点与影响因素，研究的影响因素或单一或多元。

前人相关研究涉及女性时装消费行为的特点与影响因素，有的只研究特点，约占10%的比例，绝大多数既研究特点又研究影响因素。

关于女性时装消费的特点，所有的研究都会描述分析与此有关的各个方面，如消费的时机、场所、数量、频次、价位、品牌、时尚、品位和服装材质的选择，但每一研究所侧重描述分析的方面有所不同，其中品牌、时尚、价位、时机、场所的选择是已有研究关注最多的方面。

关于女性时装消费的影响因素，年龄、教育程度和职业是前人研究都必然涉及的方面，除此之外，学者们的研究各有侧重，有的专门研究心理性、情感性因素的影响；有的专门研究品牌的影响作用；有的研究生活目标、生活态度、信仰观念、闲暇活动、媒体特征等综合性因素的影响；有的研究外在刺激、内在动机、体验、态度、性格、经验、情绪、自我概念等因素的影响。

（4）研究方法以定量研究为主。

从研究方法上看，逻辑推理式的质性研究在国内研究中只占约20%的比例，大多数研究都组织了问卷调查，并在此基础上进行了定量分析。在问卷调查中，囿于人力、财力、物力，几乎所有研究都没有能够进行真正意义上的随机抽样，而只能采取非随机的立意抽样方法，通常是在商业繁华街区、生活小区等发放问卷，有的还通过网络发放问卷。约50%研究所回收的有效问卷数量在200份（含200份）以下。还有极少部分研究既开展了问卷调查又进行了深入访谈。

就数据分析方法的运用而言，关于女性时装消费影响因素的研究，或进行交叉列联表分析，或在因子分析法的基础上进行聚类分析，将女性时装消费者按某些标准区分为若干类型，再研究不同类型女性的时装消费特点，但已有研究都未进行多元回归分析。

不同于国外学者所采用的深入访谈、内容分析等质性研究方法，国内学者的质性研究多数为纯粹的逻辑推理分析。

总体来看，女性时装消费前人研究的贡献在于，从不同角度描述、总结了不同地域、不同时期、不同特征女性群体时装消费的特点，并初步探究了女性时装消费的影响因素，为后人的深入研究提供了比较、借鉴、提升的基础。

但前人关于女性时装消费的研究也存在一定的局限性。

首先，就研究视角而言，最大的局限性在于缺乏女性发展视角的观照。由于目前的女性时装消费还仅仅是服装设计学、管理学、营销学和心理学关注的范畴，尚未引发社会学、女性学等社会科学研究的浓厚兴趣，国内研究大都着眼于推动女性服装的设计、生产和营销；而国外学者的研究，如对俄罗斯移民加拿大的女性、撒哈拉以南非洲移民伦敦的女性、为人妻、为人母的女性的文化适应和角色表达研究，虽然是从女性发展的视角展开，但研究对象并非中国女性，而且研究样本数量极少，仅 10 人左右。

正是由于缺乏女性发展的视角，前人关于女性时装消费特点的研究，只是局限于时装消费本身的简单描述，如用数据描述女性对品质、数量、时尚、细节、价格、购物环境等的追求，但未能从女性发展视角对女性时装消费进行分析和评价。对于女性时装消费的资金来源构成及由此决定的女性时装消费的自主性和独立性，以及女性时装消费与家庭关系的处理、女性对自身时装消费的反思等与女性发展有关的方面，前人研究都没有涉及。

也是由于缺乏女性发展的视角，前人所构建的影响因素分析框架里遗漏了女性的自我意识、丈夫的经济收入水平和丈夫对女性时装消费的经济支持等重要因素。前人研究的焦点是女性时装消费的特点和影响因素，极少研究女性时装消费对女性自身发展和性别关系的影响效应。仅少数文献简单论及女性时装消费对女性发展的正面效应，但没有文献研究负面效应及其对策。

其次，前人对影响因素的研究，或者只集中探究单项因素的影响，如研究女性自我概念、性格、广告等因素的影响，虽然较为深入但失之于狭隘；或者探究综合性因素的影响，从个性、性格、生活方式到服装的属性、包装、商标、价格、商家信誉、服务水平，再到消费者的价格心理、企业经营形象、服装广告、视觉营销、服装陈列、橱窗展示设计、店内装饰设计整体氛围、家庭生活周期、社会文化、亚文化群社会阶层，解释指标体系烦琐复杂，而且研究缺乏统一的理论指导。

最后，就数据分析方法的运用而言，国内学者关于女性时装消费影响因素的研究，主要采用的是聚类分析基础上的交叉列联表分析，即只是根据问卷调查数据将女性时装消费者按某些标准区分为若干类型，再研究不同类型女性的时装消费特点。由于没有进行多元回归分析，前人研究没有能够发现影响女性时装消费行为比较重要的因素及其各自的影响力大小。

基于对前人相关研究特点、贡献和局限性的认识，本书期待在以下几个方面能够有所突破和创新。

第一，关于研究对象，已有的女性消费、女性时装消费研究，或关注青年女性，或关注职业女性，还未有学者特别关注过已育青年女性这一特定群体的时装消费，而这一群体正处于消费欲望与消费能力冲突最为激烈的人生阶段，本书以其为研究对象可能会有丰富的研究发现。

第二，研究视角方面，摆脱设计学、管理学、营销学、心理学的传统研究视角，展开女性社会学视野下的学术研究，将女性发展视角引入对女性时装消费特点、影响因素、效应和对策的研究。

改革开放以来，特别是 21 世纪以来，随着服装产业的繁荣发展，时装消费越来越成为女性消费的重要方面，但女性不停地消费服装又总是抱怨没有合适的衣服可穿，再加上服装作为修饰人外在形象的工具总是被轻视，于是无论男性还是女性不少人将时装消费看做女性肤浅、虚荣、不理性的象征。长此以往，这必然会对女性自身发展、性别和谐及社会和谐造成伤害，因此迫切需要将女性发展视角引入女性时装消费的研究，以端正与增进人们特别是男性对女性时装消费的认识和理解，最终促进女性发展、性别和谐与社会和谐。

第三，关于影响女性时装消费的模型建构，本书局部改造了帕森斯的社会行动分析理论，并将其与消费行为分析模式相结合，构建了一个适合分析女性时装消费的综合性分析理论——女性时装消费分析理论。这一分析理论的许多指标都在女性发展视角的指导下进行建构。

在女性时装消费分析理论和女性发展视角指导下建构解释变量体系，一方面可以比较完整地呈现女性时装消费的影响因素，另一方面能使研究集中于女性发展的视角，既能克服前人只集中于单项因素研究的狭隘，又能避免前人综合性因素研究的繁杂。

因此，本书的解释变量指标体系，既包括女性自身的诸多相关因素，也包括客观的"情境条件"和"规范规则"，还包括女性时装消费可以借助的"工具手段"。

女性发展视角则体现在具体变量的建构上。例如，女性作为"行动者"

的自身因素，从女性自身发展视角来看，需要测量女性追逐快乐、塑造自我、表达自我等心理因素，就用"购买服装是否主要是为了让自己高兴""理想自我类型的数量"等变量进行测量；需要测量兴趣爱好和社会交往，就选择"是否爱好舞蹈""是否爱好音乐""参加工作应酬的频率""参加朋友聚会的频率"等变量进行测量。又如，"工具手段"在女性发展视角的观照下，除了测量女性自身的文化程度、事业发展、经济收入和家庭责任的承担情况，还需要测量丈夫的经济收入情况、夫妻关系的融洽程度、丈夫对妻子时装消费的资助情况等。

虽然本书所构建的指标体系中，有相当一部分指标与女性发展无关，如生育引发的身材变化、时尚潮流不断流转变幻、服装行业日益发展成熟、广告传媒的深刻渗透、职业行业环境的影响，但生活经验和逻辑分析表明，这些因素与女性时装消费可能有着较为密切的联系，为了更完整地呈现女性时装消费，它们也应当被纳入影响因素指标体系进行研究，还可以比较女性发展有关与无关因素的不同影响力。

第四，研究观点上，强调"女性外在形象发展"对女性发展的意义。前人关于女性发展的研究，特别关注女性的受教育水平、职业发展、参政情况等方面，而对于女性外在形象的发展很少进行深入研究，即使有所涉及，也仅简单论及。而本书则深入研究女性外在形象发展对女性发展的意义，认为在消费社会中，女性对自身外在有形形象发展的追求，为进一步自我解放和发展提供更多的内在思想动力。因为，这不仅是对被审美的追求，更是对审美主体地位的追求，而且，必然延伸至对外在无形形象和内在素养发展的追求。同时，女性追求外在有形形象发展，也为女性的进一步解放和发展提供来自家庭内外的推力。总之，在消费社会中，女性对自身外在有形形象发展的追求，不仅让女性的外在形象更美好，对女性发展还有着更为深远的积极意义。

本书还指出女性消费欲望膨胀给男性带来的巨大压力及由此衍生的对性别和谐乃至社会和谐的巨大破坏力，并强调男性参与对消解女性消费负面效应的重要性，认为男性对女性在情感和精神上的忠诚与关爱，是消费社会中女性克服不断膨胀的消费欲望的重要方法，并因此提出政府的重要责任——加强国民教育体系中的性别情感教育。

第五，研究方法上，本书一手资料既通过问卷调查收集，又通过深入访谈、参与式观察收集，更为全面、深入；数据分析方法，既有单因素影响分析——一元回归分析，又有以因子分析为基础的多元回归分析，可以尽可能全面地发现影响女性时装消费的因素，发现影响作用较大的因素。

二、理论基础

本书分析论证所运用的理论主要有两个，一个是女性发展理论，另一个是女性时装消费分析理论。女性发展理论是本书贯穿始终的视角，既运用于女性时装消费特点、类别的归结和评价、影响因素的分析，又运用于行动效应和对策的探究；而女性时装消费分析理论则只运用于影响因素的分析。

（一）女性发展理论

将女性时装消费置于女性发展理论视野下进行研究，是因为在生活中，人们包括女性自身常常将女性的时装消费看做肤浅的、非理性的、不利于女性发展的消费，但这只是经验式的认识，可能是错误的，至少是不全面的，而且强化了女性的负面形象。而随着现代女性越来越多地参与社会生产和社会交往，时装消费也越来越成为女性生活中的重要部分，那么，关于女性时装消费错误的、不全面的评价就可能会成为女性进一步解放和发展的无形障碍，因此很有必要将女性时装消费置于女性发展理论视野之下进行客观、全面的认识和评价。

本书所采用的女性发展理论，并不是由某一个学者提出的统一的、完整的理论，而是笔者在诸多学者相关论述基础上所作的综合提炼和拓展。

人类学研究表明，人类早期是母系社会，女性而非男性在家庭和社会中居于绝对的权威地位。但自从人类社会步入狩猎时期，由于体力的弱势，全世界绝大多数民族、种族的女性都逐渐陷入被男性束缚、统治、压迫的境地，并由此开始恶性循环——弱小导致被压迫，被压迫导致权益受损，权益受损导致更加弱小，更加弱小导致被压迫越深……如此恶性循环了数千年（马克思和恩格斯，1972c）。而打破这一不平等链条实现性别平等和性别和谐的关键一环，在于改变女性弱小的生存态势，而只有使女性自身获得发展才能最终实现。女性发展理论探讨的就是女性发展的目标、内涵和条件。

1. 女性发展的目标是性别和谐，而非女性对男性的统治和压迫

自两百多年前女权主义理论和女权主义运动诞生以来，关于女性解放发展的目标，不同流派的女权主义者有不同的主张，自由主义女权主义者认为，女性解放和发展只要追求与男性平等；激进主义女权主义者认为，女性解放和发展的目标应当是超越男性、优越于男性；社会主义女性主义者则认为，女性解放和发展应当在正视性别差异的前提下推进性别平等，

并促进性别和谐发展,而不是在女性强大起来之后形成女性对男性的统治和压迫(李银河,2005;叶文振,2006)。笔者十分认同社会主义女性主义者关于女性发展目标是性别和谐而非新的性别不平等的观点。

2. 女性发展是自由而又全面的发展

1)女性外在有形形象发展是女性自由而全面发展的必然内涵

女性作为人类不可或缺、占据了半壁江山的重要组成部分,其发展的内涵与人的发展内涵不应有二致。

马克思和恩格斯(1972a)认为,理想社会的最高形态共产主义是"以每个人的全面而自由的发展为基本原则的社会形式"。那么,到底什么是人全面而自由的发展呢?

"人是什么"决定着"人的发展"是什么(杨凤,2007)。

那么,"人是什么"呢?马克思(2008)对此做过深入的研究,其在《1844年经济学哲学手稿》中指出:"自由自觉的劳动"是人区别于动物的根本所在,是人类的特性,因为人能够在劳动中改造世界而不仅适应世界。马克思和恩格斯(2009)在《关于费尔巴哈的提纲》中则指出,在其现实性上,人的本质是一切社会关系的总和。人的存在无不历史地受到他在具体的社会关系体系中的地位的制约。马克思还认为,人也是精神存在物,因为人在实践中不断产生思想、观念、意识,这些构成了人的精神世界。同时,他认为人也是丰富个性的综合体。

所以,"完整的人"是自然存在、社会存在、精神存在和个性存在的统一整体。在此基础上,如果说"人是什么"决定着"人的发展"是什么,那么,人全面而自由的发展,应该包括人的劳动能力、社会关系、精神和个性的自由发展。其中,人的劳动能力的发展是人的发展首要的方面;人的社会关系的发展是人的发展的核心内容;人的精神提升是人的发展的重要内容;人的个性的丰富是人的发展的终极关怀(杨凤,2007)。

除了上述四个方面的发展,"人外在形象"的发展也应当是人全面发展的必然内涵。

什么是人的外在形象?人的外在形象包括无形和有形两大方面,无形的方面是指人的精神风貌、气质风度,是人内在修养与内涵的外化,虽然不是具体物的存在,但人的表情、动作和语言是其主要载体,可以为他人所感知和听闻,因此成为人外在形象的一部分。有形的方面是指人的五官、体形和穿着打扮等,是人作为具体的物的存在,可直接为他人的视觉所观察。有形形象和无形形象并无高低优劣之分,应当是相辅相成、相互映衬的关系,好的精神风貌和气质风度可以在一定程度上改善、提升人的五官、体形和穿着打扮等有形外在，而美好、适宜的五官、体形和穿着打扮也可以提升人的精神风貌和气质风度。不过，只是一定程度的影响，也就是说，两者并不能相互取代，过于强调任何一个方面都会影响人的整体外在形象，有形无神或有神无形，都是不完美的。

即便在网络时代，虚拟空间的交往也需要人的外在形象参与，可以说，人的外在形象是精神和个性的外化表达，也是人参与社会生产和社会交往永远无法回避的媒介。因此，无论是人的劳动能力、社会关系的发展，还是精神的提升和个性的丰富发展，都离不开美好、适宜的外在形象的参与和推动，从这个意义上说，人的全面发展就不能不包括外在形象的发展（图 1-1）。

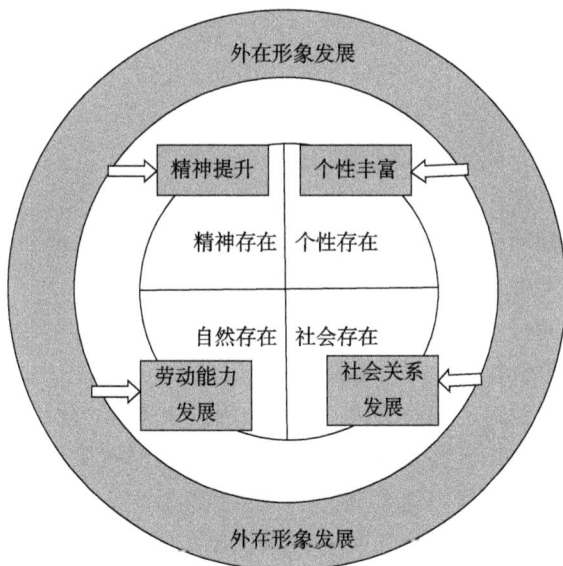

图 1-1 人外在形象发展与人其他方面发展的关系

女性是人类重要的组成部分，因此人发展的内涵也是女性发展的内涵，除了劳动能力的发展、社会关系的发展、精神的提升和个性的丰富四个方面，外在形象包括外在有形形象的发展也应是女性全面而自由发展的必然内涵。

2）女性外在有形形象发展对女性自由而又全面发展的深刻意义

在现实生活中，女性对精神风貌、气质风度等外在无形形象美的追求总是被热情赞颂，而对外在有形形象美的追求却总是被看做女性浅薄、虚荣、未获解放的证明。

究其原因，一是回溯历史，女性醉心于外形装扮是女性自愿承受父权制压迫和束缚的重要表现。在女权运动尚未开始和取得成效之前，长达数千年的漫长岁月中，绝大多数女性的活动范围被禁锢在家庭之内，富贵阶层的女性不必承担家务劳动，为了打发闲暇时间，也为了能够保持对于恋人或丈夫的吸引力，她们每天修饰自己，从服饰到发型甚至面饰都精心研究、装扮，这使她们在取悦男性的过程中逐渐迷失了自我的内在价值和精神追求，长久醉心于依附和服从的地位。

二是审视现实，现代女性因迷醉于商品世界或甘受父权制的束缚也许构建了新的性别不平等。断续绵延两百多年的女权运动要将女性从父权制的压迫和束缚中拯救出来，但刚刚从性别束缚中挣脱出的女性又为各式各样五彩缤纷装饰自己的商品所包围。商品都是需要用金钱购买的交换物，尽管女权运动使女性参与社会生产获得劳动报酬成为可能，但劳动总是辛劳的，而且收入相对于欲望往往太过于微薄，于是一些女性不惜以重受束缚为代价换取或富或贵男性的经济支持以装扮自己的外在有形形象，而如果非富非贵的男友或丈夫不能满足自己的物质欲望，这些女性就无情地冷落、谩骂甚至抛弃伴侣，滥用了女权运动的成果，造成新的性别压迫，即女性对男性的精神压迫。在这一过程中，女性丢失了人性中最宝贵的善良与美好，也使女性对外在有形形象美的追求备受诟病。

三是相当部分女性将外在形象的有形和无形两方面割裂开来，片面追求有形的外在美，忽略了对内在美的追求。相对于男性，女性追求的外在有形形象美名目繁多，涉及美体、美容、美发、美甲、化妆、塑形、衣着、首饰、珠宝、坤包等诸多方面，消耗了女性大量的时间、精力和金钱，从而减少了女性提升自身内涵素养的投入，阻碍了女性精神风貌和气质风度的修炼，使女性美在现代商品社会中呈现出肤浅、虚空的表象。

正是出于上述原因，无论是男性还是女性，在女性解放和发展的层面，都对女性追求自身外在有形形象的行为持负面评价。

不能否认上述观点的历史正确性，但笔者认为，随着时代的变迁和女性本身的发展，我们有必要从新高度、新角度重新审视女性外在有形形象发展之于女性发展的意义和地位。

第一，女性对自身外在有形形象发展的追求，为进一步自我解放和发展提供更多的内在思想动力。

在 21 世纪的今天，女性的解放和发展已取得阶段性的成果，但还是一项远未完成仍需大力推进的宏伟事业。而对外在有形形象的追求，必然使女性要求自身获得进一步的解放和发展，因为现代女性对外在有形形象发展的追求，不仅是对被审美的追求，更是对审美主体地位的追求。

关于女性对自己外表的装饰，诸多学者认为是女性的悲剧，约翰·伯杰在《观看之道》中尖锐地评论道，"女性自身的观察者是男性，即被观察的是女性。这样她将自身转化为一个客体，尤其是转化为一个视觉的客体，即一种情景"（顾铮，2001）。英国学者蔼理斯曾说，"什么时候女性才开始打扮呢？是女性失去了地位，需要哀求男人和让男人看自己时。因此，两性中谁去打扮，关键在于两性的社会地位，即谁处于下风"（叶晖，2008）。

学者们对女性外表装扮的反感，是出于对女性陷入被动的客体地位的深刻忧虑，但他们忽略了外表装扮对女性获得主体地位可能的积极作用，而这种积极作用也正与"看"和"被看"有关，即与"审美"和"被审美"有关。

审美是什么？学者薛富兴（2006）认为审美是追求即时性感性精神愉悦的活动，审美精神则是以即时的感性精神生活肯定现实人生，并最终能恋世乐生。学者程勇真（2006）认为审美作为一种超越功利、利害的感性活动，不仅是人类超越有限自我、抵达精神无限性的有效途径之一，而且审美作为一种人类放飞自我、寻求心灵诗意栖居的活动，更是人类精神生活的基本方式之一。总之，审美是能给发现美、评价美的人们，即审美的主体带来乐趣和享受的精神活动，是值得人类追求的感官体验和情绪体验。

当然，审美作为一种能带来生活乐趣的感性活动，主要是给审美的主体带来快乐和意义；作为审美的客体，也就是被审视、被评价的人或物，被审美带有很强的被塑造、被控制的意味。在女权运动之前，由于社会地位和经济地位的限制，女性总是处于审美客体的地位，只能根据审美主体的喜好和要求塑造自己的外在形象，得到审美主体的喜爱和认可成为女性获得审美快乐的最重要源泉，就这一层面而言，女性对于自我外在形象的审美追求带有浓重的被动性和悲剧性。但如果女性在塑造自我外在形象的时候，不以讨好、迎合他人为主要目的，而将取悦自我作为前提或最重要的方面，那么，女性在将自己塑造成审美客体的同时，也将自己塑造成了审美的主体。

女性只有将自己塑造成能够拥有美、主导美的标准的审美主体，才能真正享受审美的乐趣，而女性成为审美主体，就必然要求女性获得更多方面、更高层面的权益，在经济上和精神上获得真正意义的解放与独立。因此，女性成为审美主体目标的追求，可以成为进一步推进女性解放和发展事业的来自于女性自身的重要推力。在接受笔者问卷调查的 101 位已婚女性中，高达 74.3 %的人表示，如果丈夫可以支持她工作，她愿意赚钱养家，因为女人也渴望在工作中证明自己的能力和价值，工作虽然辛苦，但至少要比看丈夫的脸色花钱好受些。

这正如卢瑞（2003）所言，只有认识到"女性同时担当了消费实践的主体和客体的角色，我们才能最恰当地认识女性在消费文化中的作用"。"消费……已经为妇女提供了成为权威和专家的新领域，新的收入来源，一种新的消费者权利意识；这些发展引起的结果之一是增加了妇女对消费领域以外的权利意识。"

第二，女性对外在有形形象发展的追求，必然延伸至对外在无形形象和内在素养发展的追求。

由于认识能力的有限性和渐进性，人们对事物的认识和追求，总是呈现由表及里、由浅入深的规律，女性对美的追求同样如此，并因此能够逐步地推动女性自外而内的发展。

美需要服装、发型、饰品等外在的装扮装饰，还需要精神风貌和气质风度的支撑。外在美丽装饰既可能托升精神风貌、气质风度，也可能反衬精神风貌、气质风度与美丽装饰的差距，呈现出不相称、不平衡的缺憾，这种缺憾被那些追求美、对美高度敏感的女性感知之后，就会转化为一种内在的精神动力，驱动着她们追求自身精神风貌、气质风度的发展，进而追求内在素养的发展。

当现代女性普遍达到外在形象发展各有千秋、难分伯仲的阶段时，女性所参与的职业竞争、情感竞争就延伸至内在素养领域，由此女性发展可望进入内外平衡、表里相称的理想境界。

第三，女性追求外在有形形象发展，为女性的进一步解放和发展提供来自家庭内部的推力。

女性发展的实现，除了女性自身发展的推动，还离不开外在力量的推动，如宏观的国家制度和政策，微观家庭内部丈夫对妻子发展的态度和行为等。

相较于宏观的国家制度和政策，女性外在形象的发展对丈夫态度和行为的影响更为直接。一般而言，在日复一日的相处中，尽管丈夫常常会忽略妻子外形的装扮细节，但妻子的外形会在他的内心投射为某种定位的整体印象，这种定位印象能够在无形中长期影响丈夫对妻子的态度和行为。人包括女性很难改变自己的长相，但在很大程度上可以通过衣着、美容、化妆等方式完善自己的外在形象。女性若能够很好地借用各种手段塑造、管理、完善自己的外在形象，投射在丈夫内心的就是一个珍爱自我、自尊自爱的妻子整体形象，由此，在家庭生活中丈夫给予妻子的可能就是珍爱或尊重或二者皆备，而且也许会更愿意帮助妻子承担部分家务劳动、支持妻子的职业和个性发展，而不是把妻子当做无须支付酬劳的免费家政工人。

第四，女性追求外在有形形象发展，为女性的进一步解放和发展提供来自国家和社会的推力。

人的外在有形形象就是其最为直观、生动的名片，美好的外形有助于人们获得他人的好感和支持，这是人的天性所决定的，男性、女性概莫能外。不过，这里所指的"美好外形"并非等同于"美丽漂亮、英俊帅气"，而是指令人感到舒适的、得体的外形。女性若能够塑造自己美好得体的外在有形形象，将能更多地、更深入地参与国家与社会事务，从而使女性自身就能够推动有利于女性解放和发展的国家制度与社会政策的制定和实施。同时，美好得体的外形，也会使女性在国家和社会事务中发挥不同于男性的独特的积极作用，从而令各方力量认识到女性解放和发展的积极意义，并进一步推动女性的解放和发展。

3）女性的发展是自由、全面但又需要相互平衡的发展

女性的发展是全面的发展，劳动能力、社会交往、精神提升、个性丰富、外在形象面面俱到才能称得上是全面的发展，但对于个体人而言，时间、精力及经济条件都是有限的稀缺资源，因此需要合理地安排好各方面发展所需要的时间、精力和金钱，平衡好各方面的发展，避免有所偏废。

3. 女性发展的实现条件是女性、男性、国家和社会各方力量的共同努力

改变女性弱小的生存态势、实现女性发展，既需要女性自身的努力，也需要外部力量的介入，如促进性别平等的国家制度、社会政策的推动，二者缺一不可，否则，决然难以改变根深蒂固的传统性别不平等文化对女性发展的消极影响。

为实现女性的发展，女性首先要认识到自我发展的必要性和可能性，还需要热爱学习，乐于从学识、修养、个性等方面提升和完善自我，并积极追求自我职业的发展并实现经济独立。而在追求自我发展的同时，还需要秉持性别和谐的理念。

但是，在传统性别不平等文化的影响仍然若隐若现的大背景下，女性为实现自我发展所做的努力常常会在现实中遭遇困境。例如，在青少年时期，尽管勤奋努力、真心向学，但相当部分的女性可能会因为父母的经济条件有限和传统的男尊女卑观念而不能接受良好的教育。而在步入婚姻后，尽管许多女性渴望获得良好的职业发展，也期望能够发展特长爱好怡

情养性,还希望能够参与较为丰富的社会交往活动,但由于丈夫的不支持、不配合,相当部分的女性不得不降低自己的职业发展期待,不得不压抑自己的兴趣爱好,不得不大大减少社会交往活动。而即使得到丈夫的支持和配合,相当部分女性也未必能够顺利地实现自己的职业发展目标,因为众多行业事实上存在着针对女性的显性或隐性的职业歧视。

凡此种种,都是女性自身难以突破的现实困境,必须借助制度性和政策性的力量予以突破,而这就需要国家和社会的共同推动。长期积淀形成的文化观念往往是人们行动的指南。因此,要突破女性发展的现实困境,除了具体的政策制度使女性能够接受知识性、职业性的教育培训之外,最根本的,应当是改变传统的性别文化观念,这就要求国家在从幼儿教育至大学教育的整个国民教育体系中,合理设置性别平等教育环节,不仅在思想上予以高度重视,而且必须给予资金、师资、课时上的实际支持。同时,在现代社会,由于大众媒介拥有广泛而又深刻的公共影响力,大众媒介也应当承担起重塑性别文化的历史责任,政府监管部门应当督促大众媒介在其筛选传播的内容和方式时,必须持有性别平等与性别和谐的视角。

（二）社会行动分析理论、消费行为分析模式、女性时装消费分析理论

本书用以分析女性时装消费影响因素的理论,是在女性发展视角的指导下综合改良的一个理论,其理论基础是社会学家帕森斯的社会行动分析理论,并且吸收了六大消费行为分析模式的有关成分,同时紧紧围绕"女性时装消费"建构指标体系,因此,将其命名为女性时装消费分析理论。

1. 社会行动分析理论

社会行动是社会学重要的研究范畴,社会学家韦伯、米德、舒茨、吉登斯和帕森斯对社会行动都有研究且各有特色。

韦伯（2004）在社会学中第一次明确使用社会行动的术语,他将社会行动划分为四种类型——价值合理型、目的合理型、传统型和情感型。韦伯的行动分析模型强调两个要素,即行动动机和指向他人（图1-2）。他认为,个人的主观动机是社会行动的前提,社会学行动分析的任务就是理解社会行动潜藏的主观意义,而且与他人紧密联系的行动才称得上是社会行动,人们通过与其他人互动实现主观动机。

图 1-2 韦伯社会行动分析模型

资料来源：韦伯 M. 经济与社会. 林荣远译. 北京：商务印书馆，2004

米德（2012）认为一个社会行动由三部分构成：一是来自某个人的初始姿态；二是另一个人对该姿态的反应；三是该行动的双方都感受到或想象到的意义，而这意义就是符号，符号是先于行动而存在的，否则人无法对他人和自己做出反应。

舒茨（2012）与韦伯、米德一样都关注社会行动的意义，但舒茨对社会行动有自己独到的解读。例如，他区别了行动和行为，并强调了行动和幻想的不同，而且不同于韦伯更多地分析行动的主观意义，舒茨分别对主观意义和客观意义进行了阐述。此外，从研究目的而言，韦伯对社会行动意义进行考察，是为了理解重大的历史事件和历史进程，而舒茨则是为了理解和解释日常生活世界。

吉登斯（1998）在对社会行动理性化反思的基础上，对社会行动的内涵、无意识社会行动、行动的合理化和行动意外后果的应对等问题进行了新的解析。他把社会行动看做一种持续绵延的行动流，是一种能动，并在有意识和无意识之间抽离出一种实践意识，还把社会行动分为本能行动、实践行动和话语行动，把合理化作为解释社会行动的依据，赋予了行动者更多的主动性。

从韦伯到米德、舒茨再到吉登斯，这些社会学家对社会行动的研究，有的起到了奠基开拓的作用，有的起到了深化延伸的作用，但在分析影响社会行动发生的诸方面因素时都显得过于单薄。

而帕森斯（2008）的社会行动分析理论，综合考察行动者自身、行动目标、行动的条件、行动的规范规则等因素，涵盖了一个行动得以实现的各个方面（图 1-3）。

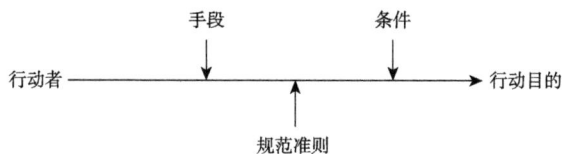

图 1-3 帕森斯行动分析理论

资料来源：帕森斯 T. 社会行动的结构. 张明德，夏遇南，彭刚译. 南京：译林出版社，2008

　　具体而言，帕森斯认为，每一项社会行动都有相对固定的结构，在逻辑上有以下几个方面：①一个当事人，即行动者，他的观点很重要。②行动目的，即该行动过程所指向的未来事态。③行动处境，这种处境可分解为两类成分，一类是行动者所不能控制的，叫做行动的条件，另一类是行动者能够控制的，叫做行动的手段。④规范规则，在某种处境允许对达到目的的手段有所选择时，在那种选择中存在着行动的一种规范性取向。

　　显然，比起其他社会学家关于社会行动的理论，帕森斯的社会行动分析理论能够更加全面地分析影响某项社会行动的诸因素。

　　2. 消费行为分析模式

　　在消费学研究中，关于消费行为也有多种分析模式，其中，尼克西亚模式、考特勒行为选择模式、消费者心理投入-产出模式、霍华德-谢恩模式、恩格尔-科拉特-布莱克威尔模式（Engel-Kollat-Blackwell model，EKB）和安德瑞森模式为六大经典模式。

　　尼克西亚模式（江林，2002）中，影响消费者的因素只提到了企业，主要强调消费者购买行为的决策过程，这一模型用十分简明的方式来表达消费决策过程（图 1-4）。

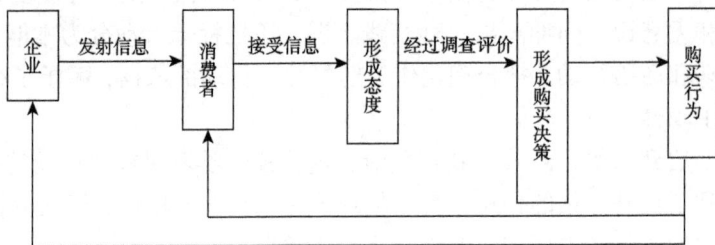

图 1-4　尼克西亚模式

资料来源：江林. 消费者行为学. 北京：首都经济贸易大学出版社，2002

　　考特勒行为选择模式，比尼克西亚模式稍微复杂些，这一模式将尼克西亚模式中企业这一影响因素进一步细化为商品的各方面信息，如商品的价格、质量、用途、服务、式样、印象等；并且增加了广告媒介、推销人员、亲朋好友、家庭成员、本人观察等影响因素；最终的消费决策也细化为五大方面，包括商品选择、商标选择、卖主选择、数量选择和购买次数（图 1-5）。

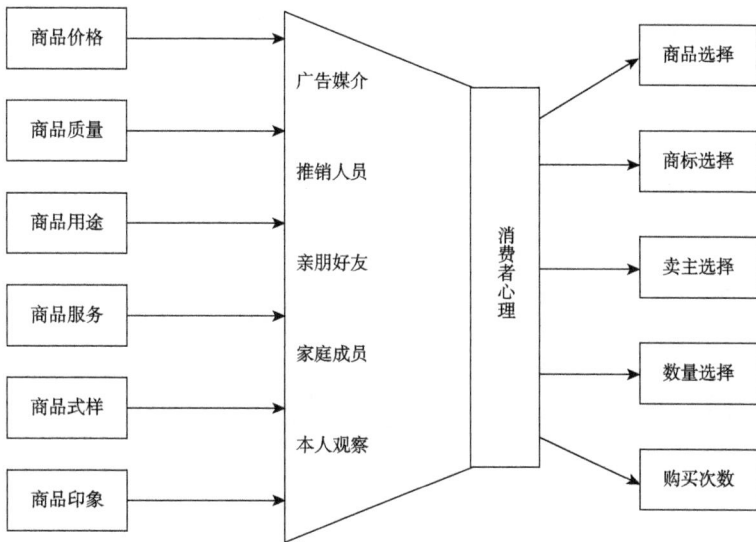

图 1-5 考特勒行为选择模式

资料来源：田婕. 上海市青年女性服装消费行为研究. 同济大学硕士学位论文, 2008

从图 1-6 看，消费者心理投入-产出模式，并不比考特勒模式复杂多少，但比考特勒模式增加了购买过程，而且将购买过程细化为萌发需求、寻求、决定、采用、评价五个阶段，还标示了产出环节，将其细化为思考、统筹安排和购买行动三个阶段，并强调了购买最终是为了实现某种目标。而在最初的投入阶段，除了前两个模式提到的他人影响、个人的内在因素之外，还增加了购买力、促销活动和环境因素及其他。

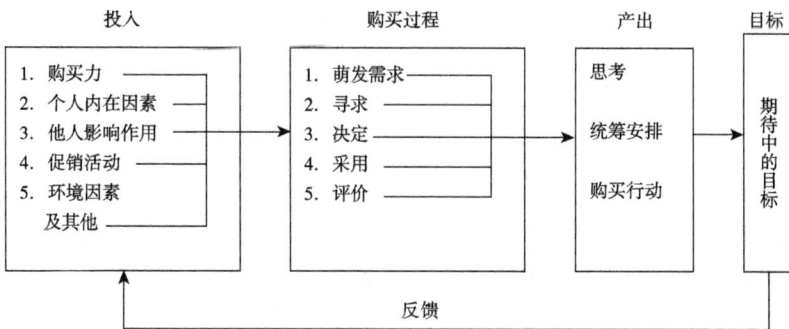

图 1-6 消费者心理投入-产出模式

资料来源：田婕. 上海市青年女性服装消费行为研究. 同济大学硕士学位论文, 2008

霍华德-谢恩模式、恩格尔-科拉特-布莱克威尔模式和安德瑞森模式，看起来相当复杂，它们都重在表达消费决策的心理过程，都强调动机、体验、感觉、理解、意向、态度等心理因素在消费决策中的作用，但它们各自所强调的影响因素又有所不同。

在输入环节，即关于消费行为的影响因素，霍华德–谢恩模式（江林，2002）将商品本身的质量、价格、特色、服务等因素区分为有实义因素和象征性因素两种，强调商品符号意义的影响作用；而且该模式还强调了社会性因素中家庭、相关群体和社会阶层对消费行为的影响作用（图1-7）。

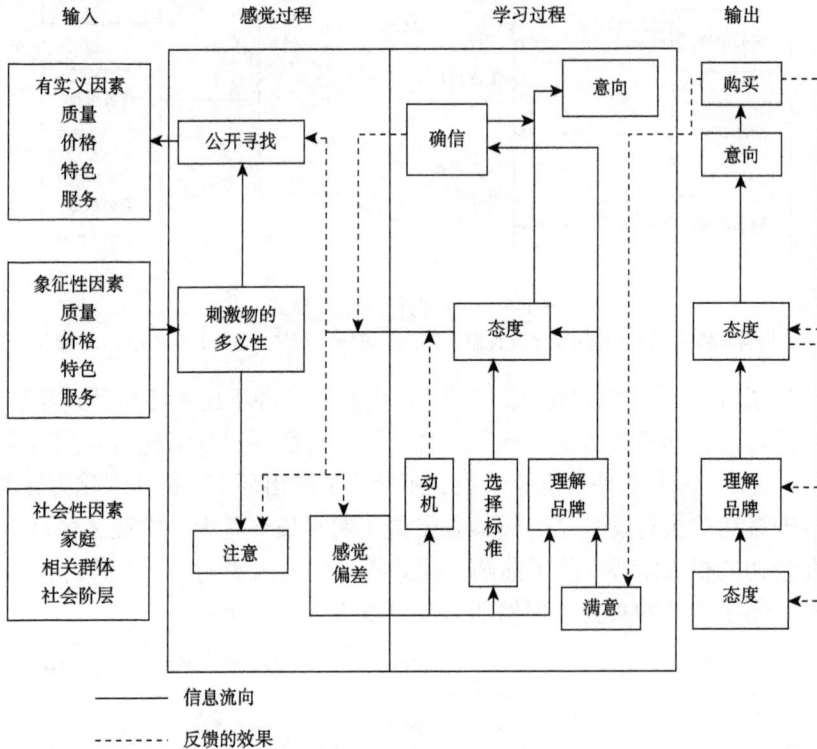

图 1-7　霍华德–谢恩模式

资料来源：江林. 消费者行为学. 北京：首都经济贸易大学出版社，2002

恩格尔–科拉特–布莱克威尔模式（江林，2002），强调了其他模型没有提到的文化规范、价值观念因素对个人消费动机的影响，标示了相关群体和家庭对消费者个性与生活方式的影响，以及个性与生活方式对消费动机的影响（图1-8）。

安德瑞森模式（田婕，2008）相对于其他模式，比较特别的一点在于将收入这一影响因素细化为事先预算、身体能力和家庭能力（图1-9）。

信息输入   信息处理

| 刺激物
大众媒介
个别因素
共同因素
推销作用 | → | 暴露 | → | 暴露 | → | 暴露 |

能动的记忆

决策过程　　　产品与品牌评价　　　综合

驱动因素

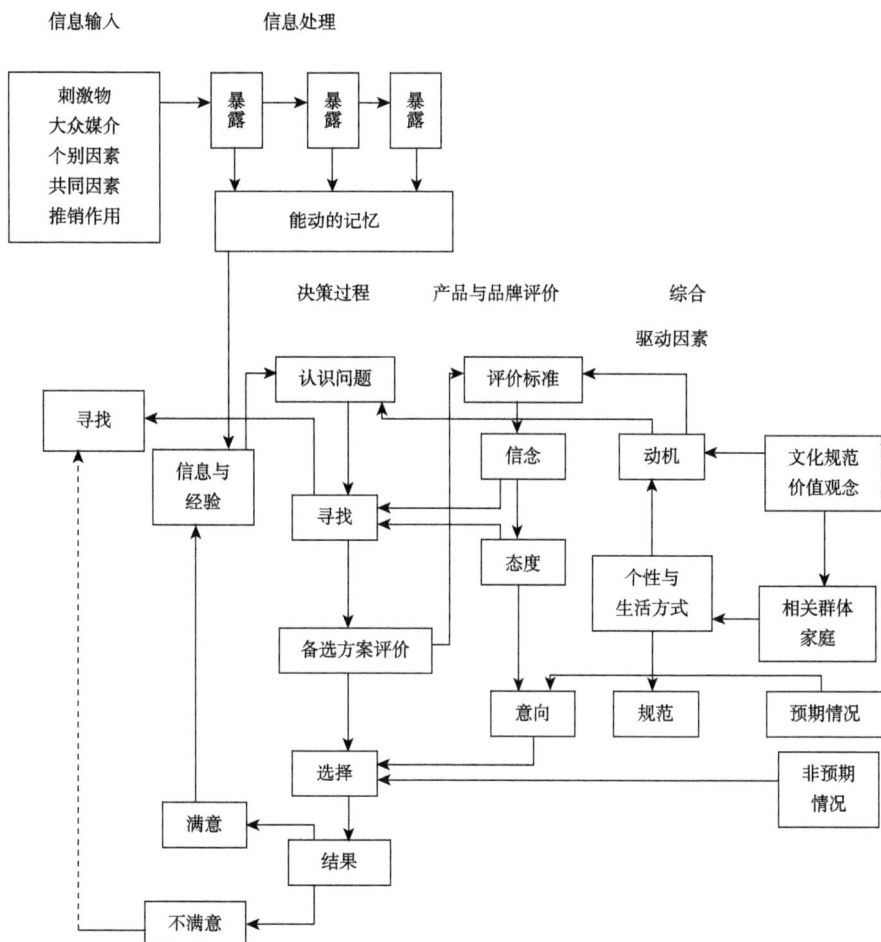

图 1-8　恩格尔-科拉特-布莱克威尔模式

资料来源：江林. 消费者行为学. 北京：首都经济贸易大学出版社，2002

3. 女性时装消费分析理论

社会学家对社会行动的不同研究中，帕森斯的社会行动分析理论对行动影响因素的分析最具有综合性，也最全面。消费学关于消费行为的分析模式越来越完善。但就本书而言，帕森斯的社会行动分析理论过于简易，而完善之后的消费行为分析模式过于繁杂，同时二者都缺乏女性发展视角，也并不具体针对女性的时装消费。因此，应在女性发展视角的指导下将二者相结合，构建一个新的符合女性时装消费研究需要的分析理论。

从研究的范畴来看，消费行动应当隶属于社会行动的范畴，因此，可以将帕森斯的社会行动分析理论作为基础性分析理论，同时吸纳消费

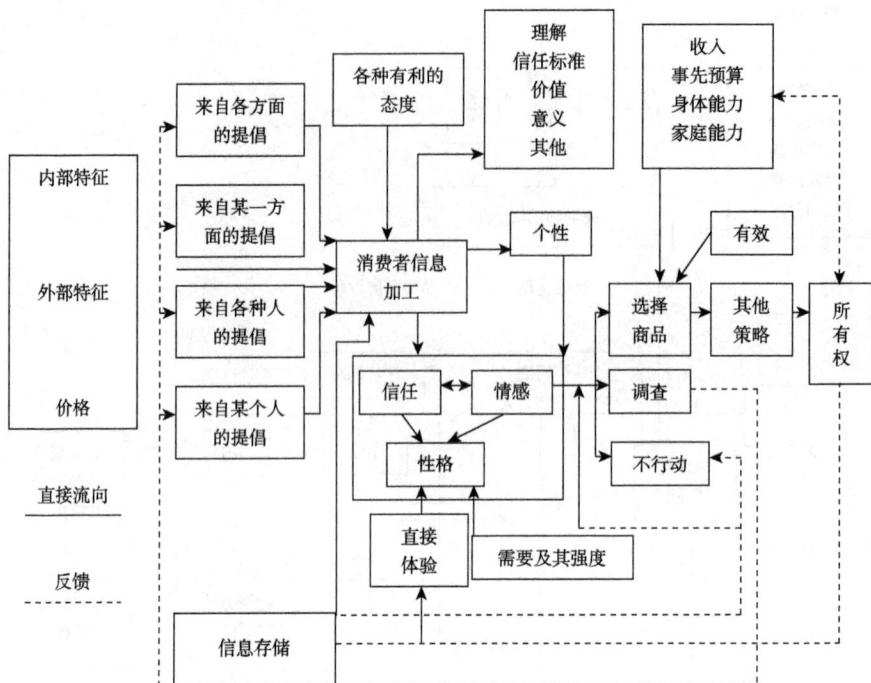

图 1-9 安德瑞森模式

资料来源：田婕. 上海市青年女性服装消费行为研究. 同济大学硕士学位论文，2008

行为模式的各方面相关成分，并将之纳入女性发展的视野，从而构建出一个适用于女性时装消费影响因素分析的新理论——女性时装消费分析理论（图 1-10）。

女性发展视角对本书所构建分析理论的指导，体现在以下几个方面。

（1）行动者因素。由于女性发展的内涵涉及职业发展、个性丰富、精神提升和社会交往，而人的发展水平往往取决于其所具有的价值理念，因此，在行动者因素设置了价值理念、兴趣爱好、社会交往这些二级指标（职业发展在帕森斯分析框架里被纳入工具、手段部分，本书也照此设置）。同时，由于服装与穿着者的身心息息相关，因此还设置了生理因素和心理因素这两个二级指标。其中心理因素中的逐乐心理、自我概念（表达自我、塑造自我）都是与女性发展显然有关的指标。爱美心理虽然是人的天性，但审美更是一种能力，也是人精神世界的重要内涵，因此也是与女性发展有关的变量。习惯心理虽然看起来与女性发展无关，但人们按照习惯行动会带来快乐和满足，反之则引发失落、不满情绪，因此当习惯心理与逐乐心理相互作用时就成为与女性发展有关的变量。

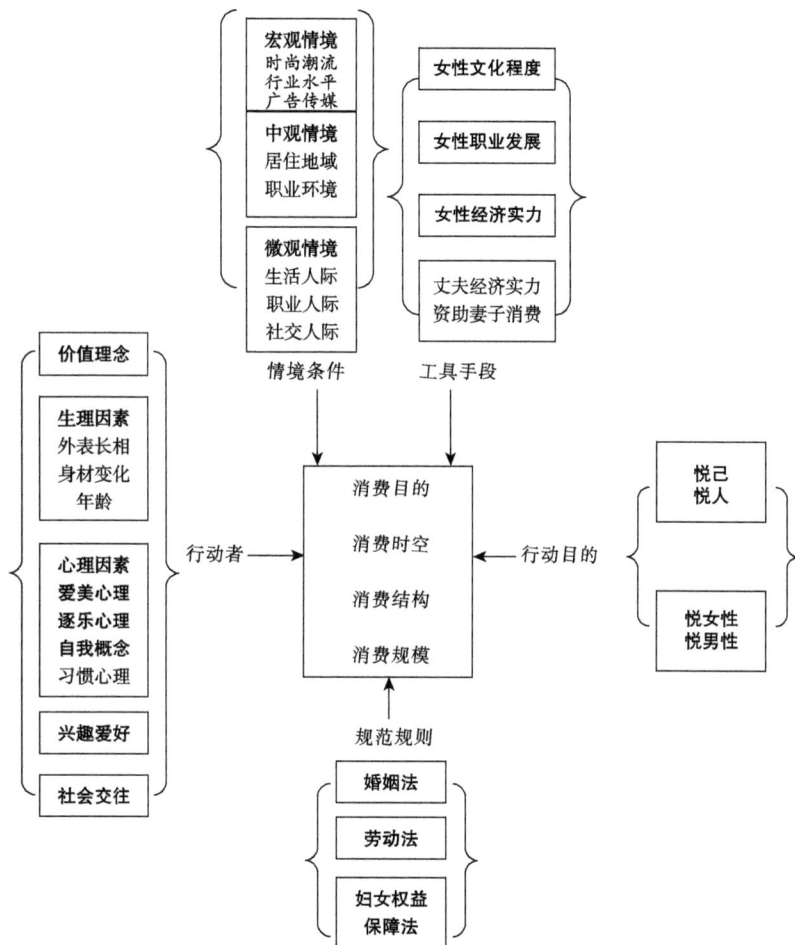

图 1-10　女性时装消费分析理论

黑体部分是与女性发展有关的指标；楷体部分原本是与女性发展无关的指标，
但为了便于测量转化为与女性发展有关的指标

（2）行动目的因素。从女性发展视角考察，可以将其分为悦人还是
悦己、悦男性还是悦女性。

（3）工具手段因素。女性的文化程度、职业发展水平和经济收入水
平显然是与女性发展直接相关的指标。而丈夫的经济收入水平及对妻子消
费的经济资助虽然并非与女性自身发展相关的指标，但在男性职业发展、
收入水平依然总体优于女性的当代，它对女性时装消费的影响，从性别视
角反映着女性发展水平的影响，因此这是研究女性时装消费不能遗漏的重
要变量。

（4）情境条件因素。考察外在的宏观因素（时尚、服装行业水平、

广告传媒）、中观因素（女性居住的地域、所处职业行业与着装相关的特点）和微观因素（与女性在职业发展、社会交往和日常生活中互动密切的人）。这些指标绝大多数都与女性发展无关，但又与时装消费密切相关，因此作为控制变量与女性发展指标同时引入。而为了便于测量，将这些客观情境条件转化为主观态度和行为进行测量，一些变量就转化为与女性发展有关的变量，如时尚潮流因素以对时尚的态度和追求进行测量，就成了与女性发展有关的变量。

关于女性时装消费理论的构成要素和具体变量选择，将在下文"变量选择与测量"部分进行详细解释。

还需要特别指出的是，帕森斯的社会行动分析理论，只将行动目的作为解释变量，而本书构建的女性时装消费分析理论，不仅将行动目的作为解释变量，而且还将其作为被解释变量的一部分。因为从生活经验和逻辑分析来看，就时装消费而言，行动目的不仅可能会影响消费时空、消费结构、消费规模这些被解释变量，也可能与这些被解释变量一样，受到行动者、情境条件、工具手段、规范规则这些解释变量的影响。而且，在女性发展视野之下，悦人还是悦己、悦男性还是悦女性的行动目的，是描述和分析女性时装消费所不可或缺的一个侧面。不过，在作为解释变量时，行动目的的有关变量只用于解释除行动目的之外的被解释变量。

三、关键概念的界定

本书是在女性发展视野下研究女性时装消费，因此，女性发展、消费和女性时装消费应该是关键概念。

张明芸和蔡志敏（2002）认为，女性发展，是指女性在一定自然、历史条件下，在一定的社会系统中的生存与演化的内生的自主能力，可以理解为女性的进步、完善和提高，也可以理解为女性作用和价值的逐步提升，女性美好愿望和远大理想的逐步实现。

杨凤（2007）认为，女性发展要以人的全面发展为价值取向，同时还应是符合女性自身特点的发展，要充分展现妇女的独特价值和特殊价值。

笔者赞同以上学者关于女性发展的内涵界定，并特别强调，女性的发展，从内涵而言，应是女性自身物质与精神、外在与内在相互平衡、相互促进的全面发展，是促进性别和谐而非破坏性别和谐的发展。也就是说，女性发展兼具发展视角和性别视角。

《牛津英语辞典》对消费的定义是："通过燃烧、蒸发、分解或疾病等花掉或毁掉；消耗、死亡；用完，特别是吃完、喝完；占去；花费、浪费（时间）；变得憔悴、烧尽。"《不列颠百科全书》卷四对它的定义是"物品和劳务的最终耗费"。上述含义是关于消费的原始定义。而到了 19 世纪末 20 世纪初，随着工业化的发展，消费活动在社会经济中处于越来越重要的位置，消费的含义也随之扩展、丰富，不仅指物品或服务的最终耗费，还指物品的购买、占有与使用的过程。

本书所研究的女性时装消费，是指女性①购买、拥有、穿着服装的行动，而服装是指参与社会性交往时外穿的服装。

笔者在这里使用"行动"一词而不使用"行为"一词，是因为在社会学学科中，行动和行为是有区别的，而区别行动（action）和行为（behavior）的重要标准在于意向性（intentionality）——行动当然是行为，而行为，如果没有意向性的话，就不是行动（童世骏，2005）。

这里的意向性是指行动者进行某项行动时所具有的某种带着主观意图或目的、指向他人或与他人有着某种联系的特征。而本书所研究的女性时装消费，无论是服装的购买、拥有还是穿着使用，大多在一定程度上带有某种意向性，因此称之为女性时装消费。

四、变量选择与测量

（一）女性时装消费的被解释变量

研究消费行动，被解释变量需要考察消费目的、消费时空、消费结构和消费规模四大方面。

（1）消费目的，主要是指为了什么而消费，在女性发展视野下，应当研究女性是为了取悦自己还是为了取悦他人，是为了取悦男性还是取悦女性，因此，选择消费服装"悦己"的程度和穿着打扮符合女性审美的程度作为被解释变量。

（2）消费时空，在什么场所和时机消费可以反映女性的发展水平，因此选择自穿服装的主要购买场所和自穿服装的主要购买时机作为被解释变量。

（3）消费结构，主要是指消费了什么，而所消费服装的价位、品质和时尚性，可以反映女性的发展情况，因此选择自穿服装的主要购买价位、对自穿服装品牌的重视程度和追逐时尚的程度作为被解释变量。

① 至于这里的"女性"指的是哪一群体的女性，为免赘述，在下文"研究对象"部分详细阐述。

（4）消费规模，主要是指消费的数量。为了便于测量，用消费的金钱支出作为指标，既包括绝对支出又包括相对支出，既包括现实支出又包括潜在支出。因为有些因素的确刺激着女性的时装消费欲望，并使女性实际采取了消费行动，但是受到职业发展、经济收入水平的限制，这些因素并不会显著增加女性的时装消费总支出，却会增加时装消费在女性个人消费中所占比重。而有些影响因素虽然最终不会促使时装消费实际发生，也不会导致实际时装消费支出的增加，但还是会刺激女性的消费欲望，使女性对自己已拥有的服装数量产生不满情绪，进而引发其对自我发展和性别关系的不满。因此本书关于消费规模的解释变量有三个，分别为过去一年购买自穿服装的每月平均费用、时装消费在女性个人消费中所占比重和对自穿现有服装数量满意程度。

综上，本书研究共有十个被解释变量（表 1-1）。

表 1-1　被解释变量及处理情况

被解释变量	被解释变量处理情况
消费目的	
1. 消费服装"悦己"的程度	定序变量处理成连续变量 越是"悦己"赋值越高
2. 穿着打扮符合女性审美的程度	定序变量处理成连续变量 越符合女性审美赋值越高
消费时空	
3. 自穿服装的主要购买场所	定序变量处理成连续变量 越高级赋值越高
4. 自穿服装的主要购买时机	定序变量处理成连续变量 越早购买赋值越高
消费结构	
5. 自穿服装的主要购买价位	定序变量处理成连续变量 价位越高赋值越高
6. 对自穿服装品牌的重视程度	定序变量处理成连续变量 越重视赋值越高
7. 追逐时尚的程度	定序变量处理成连续变量 越追逐时尚赋值越高
消费规模	
8. 过去一年购买自穿服装的每月平均费用	定序变量处理成连续变量 费用越多赋值越高
9. 时装消费在女性个人消费中所占比重	定序变量处理成连续变量 比重越大赋值越高
10. 对自穿现有服装数量满意程度	定序变量处理成连续变量 越不满意赋值越高

这十个被解释变量，有一些相互之间存在相关关系，但除了过去一年购买自穿服装的每月平均费用与自穿服装一般价位的皮尔森相关系数为 0.491 外，其他相关系数都在 0.360 以下。而且，在有显著性的相关系数中，有一半以上的系数在 0.300 以下（表 1-2），说明这些变量之间的关联性不强，因此有必要将这些变量都作为被解释变量进行研究。

表 1-2 被解释变量之间的皮尔森相关系数

变量	EV1 悦己	EV2 审美	EV3 场所	EV4 时机	EV5 价位	EV6 品牌	EV7 时尚	EV8 费用	EV9 比重	EV10 满意
EV1							-0.284**			
EV2										
EV3				0.298**	0.336**				-0.196*	
EV4										
EV5					0.265**					
EV6										
EV7									0.282**	
EV8				0.215*	0.491**	0.243*	0.333**		0.346**	0.313**
EV9							0.282**			
EV10					0.214*		0.357**		0.232*	

*、**分别代表在 0.050 和 0.010 水平显著

注：表 1-2 只列出有显著性的相关系数

（二）女性时装消费的解释变量

在构建本书研究的解释变量体系之前，需要考量前人相关研究。

国际研究方面，Klepp 和 Storm-Mathisen（2005）研究未成年与成熟对挪威女性时尚时装消费的影响。Majima（2008）研究年龄、阶层、妇女就业与英国女性时尚时装消费的关系。Ünala 和 Dirlikb（2014）研究为人母和为人妻对土耳其女性时装消费的影响。

国内学者对女性时装消费影响因素的研究，有的只专门关注某一方面因素的影响。例如，谭箐和耿黎辉（2005）研究心理性因素——女性自我概念的影响。孟祥菊和夏冰（2008）研究心理动机（补偿心理、自我表现、自我概念、角色表达）的影响。彭穗和何燕子（2010）研究心理学概念九型人格的影响。

有的研究综合性因素的影响，建构了多维的影响因素体系。

倪银娣（2000）的研究涉及以下影响因素：生活方式，包括闲暇活动、生活目标、生活态度、媒体特征等；着装意识，包括着装态度、穿着行为等；服装购买行为，包括服装属性的重视程度、购买场所、信息来源、流行采用时机和采用动机、购买动机和态度、年置装费。

田宏和刘国联（2002）分析年龄、职业、收入、对服装属性的重视程度、流行信息的获取方式、流行敏感度对服装时尚消费行为的影响。

严茜（2004）建立的影响因素体系涉及个性、性格、生活方式等主观性因素；服装本身的属性和外观包装、商标、价格、商家信誉及服务水平

等客观性因素；消费者的价格心理、企业经营形象、服装广告、销售服务、视觉营销、服装陈列和橱窗展示设计、店内装饰设计整体氛围、品牌形象；消费价值观；服饰消费审美取向；参照群体，家庭生活周期，家庭收入，家庭状况；社会文化，亚文化群，社会阶层。

郑苗秧和阎玉秀（2008）构建的影响因素体系涉及个人属性，包括职业、年龄、收入、学历及社会地位等；生活观，包括生活目标、生活态度、闲暇活动、媒体特征等；消费观，包括对服装属性的重视程度、流行的采用时机和动机、购买场所等；传播观，包括服装流行信息的获取方式等。

田婕（2008）将影响因素分为决定性因素和调节性因素，决定性因素包括刺激、动机、体验和态度四个因素，调节性因素包括经验、情绪、自我概念三个因素。其中，用于测量刺激的变量涉及感官刺激、价格刺激、需求刺激和需要宣泄四个方面；用于测量动机的变量涉及愉悦心情、美化形象、满足实际需要三个方面；用于测量体验的变量涉及合适性、目的满足性两大方面；用于测量态度的变量为态度与消费行为的一致性。

李琴（2010）研究个性、兴趣、态度、信仰、价值观、购买动机等生活方式的影响。陈丽娟和邬关荣（2012）研究流行趋势、品牌导向、广告导向、自我个性、从众心理、价格导向的影响。

前人单一影响因素的研究比较深入，但视野失于褊狭；综合性因素研究视野开阔，却大多缺乏统一的理论指导又过于庞杂，而且遗憾的是，这些综合性研究都没有进行多元回归分析，因此无法得知这些影响因素中哪些影响力较大，是较为重要的影响因素。有些研究在构建了庞大完整的指标体系后，仅仅进行了简单的描述统计分析，连单一影响因素分析都没有进行。

那么，本书影响因素体系应如何建构，具体的影响因素又该如何确定呢？

女性时装消费影响因素的分析理论，是在女性发展视角指导下，帕森斯的社会行动分析理论与消费行为分析模式的综合，而且帕森斯的社会行动分析理论是基础理论，因此从行动者、行动目的、情境条件、工具手段、规范准则五大方面确定解释变量一级指标，再依据女性发展视角、消费行为分析模式及女性时装消费确定二级指标或三级指标。

需要特别说明的是，本书所选择的解释变量绝大多数是与女性发展直接相关的，也有部分是与女性发展并不相关或仅是间接相关的变量，但这些变量都可能对女性时装消费有影响。本书将这些变量一起引入对女性时装消费的一元回归分析和多元回归分析，能够更清晰地展现女性发展对女性时装消费的影响。

1. 一级指标"行动者"下的二级指标和三级指标

行动者是指采取社会行动的具体的个体人，其本身所具有的各方面特征会影响社会行动的进行。

在帕森斯对其社会行动分析理论的说明中，他强调行动者观点的重要性，即"它研究现象，研究那些根据我们所要分析和推敲其行动的行动者的观点……那就是说，社会科学家……非常关心他所研究其行动的那些人的思想。在这种场合……所谓'主观'则指'行动者的观点'"（帕森斯，2008）。因此测量行动者的指标应当包含行动者观点。女性时装消费的行动者是当代中国已育青年女性，这一群体或正当青春或正值盛年，是最爱美也最需要美的群体，但由于经济收入水平不高且需要抚养教育孩子，因此这也是经济最拮据、时间精力最不济的群体，而进行时装消费既需要时间、精力更需要经济实力，因此，女性的自我意识、对外在美在人际交往和职业发展中重要性的认识等与女性发展有关的价值理念有可能对这一群体的时装消费产生影响，需要纳入指标体系进行考察。

从女性发展的视角考量，女性的自我意识体现在以下方面：对自我职业发展的期许、对自我个性发展的坚持、对自我家庭地位的认识等。因此用以下变量测量：自我家庭地位意识，对自我的事业发展目标，结婚前后事业期许的变化，处理工作与家庭矛盾的选择，坚持兴趣爱好的强烈程度，对女性是否委屈自己的认识，等等。此外，设置对女性因外表美得到好处的看法、对女性外表给人印象的认识、关于女性外表对事业影响的认识以测量女性关于外形美对职业发展、社会交往作用的观点。

根据生活经验可知，年龄、身材的变化及外表的美丽程度等生理性因素都可能会对女性时装消费产生影响，因此也将其纳入指标体系。

人的社会行动总是源于人的某种心理动机，女性的时装消费也不例外，也应考察心理因素的影响。根据生活经验，女性消费服装往往是源于爱美、追求快乐、树立自信、探索自我、塑造自我、表达自我的心理，因此需要考察与这些心理因素相关的变量。这几个方面的心理变量都与女性发展密切相关——关系到女性的职业发展、社会交往、精神提升和个性丰富。而习惯性心理虽然看起来与女性发展无关，但人一旦养成某种行动的习惯，只要重复行动就会感到满足和快乐，停止行动就会感到失落和郁闷。因此，习惯性心理对女性时装消费的影响实际上也可以反映其对女性发展的影响。本书用以测量女性心理因素的变量如下：购买服装是否主要因为惯性、购买服装是否主要为了让自己高兴、购买自穿新衣服时的心情、购买新衣好心情的持续时长、是否会在心情不好时购买服装、对自己适合什么服装的了解程度、选择服装是否主要考虑美不美、是否常因抵不住美衣诱惑而购衣、重视服装搭配的程度等。

根据生活经验和逻辑推演，女性自身精神世界和个性发展的实际情况，如审美旨趣、文艺爱好，也可能影响女性的时装消费，也应纳入指标体系进行考察。用以测量女性审美旨趣的变量，主要涉及审美喜好的变化与探索过程，如对服装风格喜好变化情况、对服装颜色喜好变化情况等。服装是一种生活的艺术，文艺类的兴趣爱好可能会影响女性时装消费，因此设置了是否拥有音乐、舞蹈等爱好的变量。

由于服装是人参与社会交往不可或缺的介质，女性社会交往的发展情况也可能影响时装消费，本书用参加工作应酬的频率和参加朋友聚会的频率测量女性社会交往。

需要特别说明的是，虽然收入水平、文化程度、职务职称等也属于行动者的范畴，但帕森斯认为，人的智力、能力等因素属于行动的工具手段范畴，因此，女性的收入、文化程度等相关指标未列入"行动者"部分。

2. 一级指标"行动目的"下的二级指标和三级指标

行动目的是指行动者采取行动的主观意图，在女性发展的视野下，女性时装消费的目的大致可以分为两大方面，即悦男性、悦女性和悦人、悦己。

在此特别说明悦己与悦人的内涵。满足自身需要，主要使自己感到满意或快乐，是悦己目的；主要意在迎合他人、社会的要求，是悦人目的。现代女性广泛地参与社会生产和社会交往，与他人和谐相处和获得职业发展都需要得到他人的认可，因此消费服装以悦人为目的，与悦己目的一样，都体现着女性推动自身发展的期待。

在现代社会，仅仅为了满足生理需要，意在遮体避羞的时装消费极少，因此主要建构满足心理需要，意在表达自我、塑造自我、增加快乐和自信的指标——是否主要考虑体现自己的职业身份、是否主要考虑体现自我的社会地位、购买服装是否为了更自信、购买服装是否为了让自己高兴、理想自我的种类数量、希望拥有各式各样服装的程度等。需要说明的是，由于满足心理需要的行动目的源于行动者的心理因素，因此，这两个方面的测量指标是重复的，但在数据分析时不会重复引入。

悦人就是要让自己所选购、穿着的服装能够符合他人的期待或要求，以拓展社会关系和提升职业发展，因此用以下变量进行测量：是否为得到丈夫的喜爱和宠爱、是否为得到领导的欣赏、是否为得到同事和朋友的欣赏、根据场合精心挑选服装的频率。

3. 一级指标"情境条件"下的二级指标和三级指标

行动的条件是行动者所处的环境中对行动有直接影响，但行动者不能加以控制的因素，就女性时装消费而言，处境条件分为宏观、中观和微观三大方面。宏观方面，既指工业化时代中资本不断制造时尚的特性和服装行业的发达成熟等社会性的宏观因素，也指大众传媒、广告的影响。中观方面，是指行动者目前所生活工作的城市、所处的组织机构对行动者的影响，如目前居住城市的发达程度、是否要求上班时穿着统一的工作服，以及所处职业行业的外向度。微观方面，是指在职业发展、社会交往和日常生活中，与行动者关系密切、接触频繁的人们，如领导、同事、朋友、家庭成员等对行动者的影响。由于本书的研究对象为已育青年女性，还应考察孩子年龄、数量和性别的影响。

这些情境条件绝大多数都是女性自身所不能控制的因素，都与女性发展无关，但又可能是影响女性时装消费非常重要的变量，因此应当引入解释变量体系，而且分析时可以将女性发展指标与非女性发展指标进行比较，以发现相对重要的影响因素。

时尚、促销、商业布局等情境条件难以客观地测量，因此笔者用行动者对这些条件的感知、态度、行为来测量——对服装流行时尚的态度、根据当年潮流添置服装的情况、衣服完好合身但不时尚时的做法、购衣是否主要因美衣层出不穷、被模特或广告画吸引购衣的频率、偶遇心仪服装的购买频率、购买自穿服装时注重品牌的程度、逛百货公司选购服装的频率、逛网店选购服装的频率、是否会被自动弹出的模特图片吸引浏览网络商店里售卖的服装、过去购买促销服装后悔的情况、现在购买促销服装后悔的情况、过去品牌服装促销时的购买情况、现在品牌服装促销时的购买情况、穿着打扮的观念是否受到传媒影响等。

而在转化为主观性指标后，有些客观性的情境条件变量就转变为与女性发展有关的指标。例如，对服装流行时尚的态度，是从不追随的冷漠，是亦步亦趋的狂热，还是既不落伍又不受束缚的理性，反映着女性的发展水平。变量购买自穿服装时注重品牌的程度也是同样的情况。

4. 一级指标"工具手段"下的二级指标和三级指标

行动的工具手段是行动者可以采用并借以达到目的的因素，就女性时装消费而言，主要是指女性必须具备的金钱、时间和精力，也就是指女性自身的发展情况，因此测量指标需要涉及女性的能力、智力、闲暇时间等方面，如女性的文化程度、月均收入、职称、职务、工作忙闲程度、家务劳动时间。

就生活经验而言，女方家庭的经济实力及女性对女方家庭的经济资助情况很可能会影响女性的经济实力，因此也引入指标体系。

丈夫的收入水平虽然并不能衡量女性自身的发展程度，但是考察丈夫的收入及其对妻子消费的资助情况，是从性别视角研究女性消费。因此还需要测量丈夫的月收入情况、女性与丈夫的关系状况、女性对家庭经济权力的掌握情况、女性个人消费的丈夫资助情况等。

5. 一级指标"规范规则"下的二级指标和三级指标

帕森斯社会行动分析理论中的规范规则，主要是指行动者实现行动目的的过程中，运用工具手段时需要遵循的规范规则。对于女性时装消费而言，就是指女性进行时装消费时，用以约束调整女性金钱、精力和时间运用的规范规则，也就是意在推动与保障女性发展的规范规则，如妇女权益保障法、婚姻法、劳动法等法律法规关于女性权利与义务的有关规定。

规范规则与情境条件一样，都是客观性的，需要转化为主观性的变量才能用于统计分析。而由于规范规则对行动者的影响，是长时期内化的结果，因此，笔者用行动者自身的状况及对这些规范规则内涵的感知、态度、行为来体现这些规范规则实施的具体效果，如女性的自我家庭地位意识、女性的事业心强弱程度、女性家务劳动的时间、女性的受教育程度、女性自身的收入水平等。显然，规范规则变量与行动者和工具手段变量是重合的，如变量女性承担家务的情况包含在行动者变量集中，变量女性自身的收入水平包含在工具手段变量集中。

本书所选择的具体解释变量多达82个，这是必要的。社会科学研究的主要目的是解释社会现实，简化的研究固然简明清晰，社会现象却总是纷繁复杂，因此，变量精简的研究总有解释力不足的遗憾。而本书一方面尽量多维地选择变量，另一方面尽量将每个维度细化处理，以最大限度地还原现实。例如，工作与家庭发生矛盾时女性的选择，不能简单地用一个变量测量，因为二者偶尔矛盾或经常矛盾时，现实中女性的选择往往不一样，所以用两个变量测量；又如，外表的美丽程度，现实中女性的自我评价和他人评价往往有一定差异，所以也需要用两个变量测量；再如，购买促销服装后悔的情况，由于现实中女性购买促销服装后往往会进行反思，那么过去和现在购买促销服装后的后悔情况就可能不同，所以也用两个变量测量。还有微观情境条件，在工作、生活中与已婚育女性有人际互动的人有领导、同事、朋友、婆婆、丈夫和孩子，这些人身份不同、与女性的关系及对女性的影响力都可能有差异，因此需要用不同变量测量。

　　总之，本书所设置的解释变量体系有两大特点：一是女性发展指标与非女性发展指标并举，以更清晰地展现女性发展的影响；二是变量繁多，但这是必要的，以尽量提高对现实的解释力。

　　可能的解释变量及其处理情况如表 1-3 所示，表中带*的指标为本书所构建，前人研究未曾运用的指标，表中带▲的指标是与女性发展有关的指标。

表 1-3　解释变量及其处理情况

解释变量	变量处理情况
行动者（1~27）（一级指标） 价值理念（二级指标）	
1. 自我的事业发展目标　*　▲	1. 定序变量处理成连续变量　事业目标越大赋值越高
2. 结婚前后事业期许的变化　*　▲	2. 定序变量处理成连续变量　对事业期许变得越高赋值越高
3. 工作与家庭经常矛盾时的选择　*　▲	3. 定序变量处理成连续变量　越以工作为重赋值越高
4. 工作家庭偶尔矛盾时的选择　*　▲	4. 定序变量处理成连续变量　越以工作为重赋值越高
5. 自我家庭地位意识　*　▲	5. 定序变量处理成连续变量　认为自己地位越高赋值越高
6. 对女人是否委屈自己的认识　*　▲	6. 定序变量处理成连续变量　越认为不能委屈自己赋值越高
7. 坚持兴趣爱好的强烈程度　*　▲	7. 定序变量处理成连续变量　越坚持自己的爱好赋值越高
8. 对女性因外表美得到好处的看法*▲	8. 定序变量处理成连续变量　越认可赋值越高
9. 对女性外表给人印象的认识　*▲	9. 定序变量处理成连续变量　认为越重要赋值越高
10. 关于女性外表影响事业的认识*▲	10. 定序变量处理成连续变量　认为影响越大赋值越高
生理因素（二级指标）	
11. 身材微小变化而添置服装的情况*▲	11. 定序变量处理成连续变量　买得越多赋值越高
12. 生育孩子对身材的影响　*	12. 定序变量处理成连续变量　影响越大赋值越高
13. 外表天生美丽程度的他人评价　*	13. 定序变量处理成连续变量　越美丽赋值越高
14. 外表天生美丽程度的自我评价　*	14. 定序变量处理成连续变量　越美丽赋值越高
15. 年龄	15. 连续变量
心理因素（二级指标）	
16. 选择服装是否主要考虑美不美	16. 虚拟变量　　0 为否　　1 为是
17. 是否常因抵不住美衣诱惑而购衣	17. 虚拟变量　　0 为否　　1 为是
18. 重视服装搭配的程度　▲	18. 定序变量处理成连续变量　越重视赋值越高
19. 服装颜色喜好的变化情况*	19. 定序变量处理成连续变量　变化越经常赋值越高
20. 服装风格喜好变化情况　*	20. 定序变量处理成连续变量　变化越经常赋值越高
21. 所喜欢与所适合服装的吻合度	21. 定序变量处理成连续变量　越吻合赋值越高
22. 购买服装是否主要因为惯性　*	22. 虚拟变量　　0 为否　　1 为是
兴趣爱好（二级指标）	
23. 是否爱好舞蹈　▲	23. 虚拟变量　　0 为否　　1 为是
24. 是否爱好音乐　▲	24. 虚拟变量　　0 为否　　1 为是
25. 是否有非文艺类的爱好▲	25. 虚拟变量　　0 为否　　1 为是
社会交往（二级指标）	
26. 参加工作应酬的频率　*　▲	26. 定序变量处理成连续变量　越经常赋值越高
27. 参加朋友聚会的频率　*　▲	27. 定序变量处理成连续变量　越经常赋值越高

续表

解释变量	变量处理情况		
行动目的（28~44）（一级指标）			
28. 穿衣打扮符合女性审美的程度	28. 定序变量处理成连续变量	越符合赋值越高	
悦己（二级指标）			
29. 购买服装是否为了让自己高兴▲	29. 虚拟变量	0 为否	1 为是
30. 购买自己穿新衣服时的心情	30. 定序变量处理成连续变量	越高兴赋值越高	
31. 购买新衣好心情的持续时长	31. 定序变量处理成连续变量	时间越长赋值越高	
32. 是否会在心情不好时购买服装	32. 虚拟变量	0 为否	1 为是
33. 购买服装是否为了更自信 ▲	33. 虚拟变量	0 为否	1 为是
34. 是否主要考虑体现自己职业身份▲	34. 虚拟变量	0 为否	1 为是
35. 是否主要考虑体现自我社会地位 ▲	35. 虚拟变量	0 为否	1 为是
36. 是否主要考虑表达自我独特个性 ▲	36. 虚拟变量	0 为否	1 为是
37. 是否主要考虑有特色 ▲	37. 虚拟变量	0 为否	1 为是
38. 对自己所适合服装的认知情况 *	38. 定序变量处理成连续变量	越了解赋值越高	
39. 理想自我的种类数量 * ▲	39. 连续变量		
40. 希望拥有各式各样服装的程度 ▲	40. 定序变量处理成连续变量	希望拥有越多赋值越高	
悦人（二级指标）			
41. 是否为得到丈夫的喜爱和宠爱	41. 虚拟变量	0 为否	1 为是
42. 是否为得到领导欣赏 ▲	42. 虚拟变量	0 为否	1 为是
43. 是否为得到同事和朋友的欣赏▲	43. 虚拟变量	0 为否	1 为是
44. 根据场合精心挑选服装的频率▲	44. 定序变量处理成连续变量	越经常赋值越高	
情境条件（45~68）（一级指标）			
宏观（二级指标）			
45. 根据当年潮流添置服装的情况 ▲	45. 定序变量处理成连续变量	添置越多赋值越高	
46. 对服装流行时尚的态度 ▲	46. 定序变量处理成连续变量	越在意时尚赋值越高	
47. 衣服完好合身但不时尚时的做法	47. 定序变量处理成连续变量	越是淘汰旧服装赋值越高	
48. 购衣是否主要因美衣层出不穷	48. 虚拟变量	0 为否	1 为是
49. 偶遇心仪服装的购买频率	49. 定序变量处理成连续变量	越经常赋值越高	
50. 购买自己穿服装时注重品牌的程度▲	50. 定序变量处理成连续变量	越重视赋值越高	
51. 逛百货公司选购服装的频率	51. 定序变量处理成连续变量	越经常赋值越高	
52. 逛住家附近小店选购服装的频率	52. 定序变量处理成连续变量	越经常赋值越高	
53. 逛网店选购服装的频率	53. 定序变量处理成连续变量	越经常赋值越高	
54. 过去购买促销服装后悔的情况	54. 定序变量处理成连续变量	越后悔赋值越高	
55. 现在购买促销服装后悔的情况	55. 定序变量处理成连续变量	越后悔赋值越高	
56. 过去品牌服装促销时的购买情况	56. 定序变量处理成连续变量	越想买赋值越高	
57. 现在品牌服装促销时的购买情况	57. 定序变量处理成连续变量	越想买赋值越高	
58. 穿衣打扮的观念是否受传媒影响	58. 虚拟变量	0 为否	1 为是
中观（二级指标）			
59. 目前居住的城市	59. 定序变量处理成连续变量	越发达赋值越高	
60. 所处职业行业的外向度 *	60. 定序变量处理成连续变量	越外向赋值越高	
61. 单位是否要求上班统一穿着制服 *	61. 虚拟变量	0 为否	1 为是
微观（二级指标）			
62. 穿衣打扮是否受婆婆影响	62. 虚拟变量	0 为否	1 为是

解释变量	变量处理情况		
情境条件（45~68）（一级指标） 微观（二级指标）			
63. 穿衣打扮是否受丈夫影响	63. 虚拟变量	0 为否	1 为是
64. 穿衣打扮是否受朋友影响	64. 虚拟变量	0 为否	1 为是
65. 穿衣打扮是否受同事影响	65. 虚拟变量	0 为否	1 为是
66. 孩子的年龄	66. 连续变量		
67. 孩子的数量	67. 连续变量		
68. 孩子的性别	68. 虚拟变量	0 为男性	1 为女性
工具手段（69~82）（一级指标） 经济（二级指标）			
69. 女性的文化程度 ▲	69. 定序变量处理成连续变量	文化程度越高赋值越高	
70. 女性的月均收入 ▲	70. 定序变量处理成连续变量	收入越高赋值越高	
71. 女性担任的职务　*　▲	71. 定序变量处理成连续变量	职务越高赋值越高	
72. 女性的职称　*　▲	72. 定序变量处理成连续变量	职称越高赋值越高	
73. 对女方家庭的经济资助	73. 定序变量处理成连续变量	资助越大赋值越高	
74. 丈夫的收入水平　*	74. 定序变量处理成连续变量	收入越高赋值越高	
75. 丈夫对家庭经济的掌控程度　*	75. 定序变量处理成连续变量	丈夫掌控越少赋值越高	
76. 夫妻关系好坏程度　*　▲	76. 定序变量处理成连续变量	关系越好赋值越高	
77. 丈夫对妻子时装消费的态度 *	77. 定序变量处理成连续变量	越不支持赋值越高	
78. 丈夫对妻子时装消费的资助　*	78. 定序变量处理成连续变量	资助越少赋值越高	
79. 丈夫对妻子非时装消费的资助 *	79. 定序变量处理成连续变量	资助越少赋值越高	
时间、精力（二级指标）			
80. 女性工作的忙闲程度　*　▲	80. 定序变量处理成连续变量	越繁忙赋值越高	
81. 女性每天平均家务劳动时间　*　▲	81. 连续变量		
82. 丈夫的忙闲程度　*	82. 定序变量处理成连续变量	越繁忙赋值越高	

6. 女性时装消费解释变量的因子分析

可能的解释变量一共有 82 个，如果将这些变量同时引入对女性时装消费被解释变量的分析，哪些是最重要的影响因素，各自的影响力有多大，影响的方向又如何呢？这需要进行多元线性回归分析。由于可能的影响因素数量众多，且因素之间总是存在或多或少的相关性，同时引入回归模型，将可能存在高度的多重共线性，回归模型参数不准确甚至模型不可用。因此，需要先进行因子分析以降低变量维数，大大减少参与数据建模的变量个数，同时又不会造成有效信息的大量丢失。

SPSS 分析结果显示，用以拟合成新变量的所有变量 KMO 检验值都在 0.5 以上，表明可以进行因子分析。82 个变量中有 59 个变量拟合成 25 个新因子。这 25 个新因子分别命名如下：事业心，个性丰富发展与家庭关系处理，理想自我追求，习惯性逐乐心理，购衣心情，心情不好时的购衣情况，服装审美旨趣变化情况，服装风格的探索情况和了解程度，自身美丽程度，受美丽服装的诱惑程度，音乐舞蹈爱好，对服装美和适当性的追求，悦人，选择服装对体现自我社会特征的考量，对外表在事业生活中作用的认识，女性对时尚的态度与追求，女性对美与时尚的敏感度，促销购买后悔情况，知名品牌服装促销购买情况，女性经济实力和事业发展，女性文化程度、职称和忙闲程度，女方家庭经济实力与女性的家务承担，女性个人消费丈夫出资情况，丈夫经济实力及对家庭的经济控制力，夫妻关系与丈夫对时装消费的支持度（表1-4~表1-13）。

表1-4   "行动者"解释变量集的因子分析结果1

因子 拟合变量	因子 得分	新因子 命名	KMO 检验	Bartlett 球度检验	特征值	贡献率/%
自我的事业发展目标	0.507	事业心	0.615	78.328****	2.062	18.530
结婚前后事业期许的变化	0.541					
工作与家庭偶尔矛盾时的选择	0.445	个性丰富发展 与家庭关系 处理	0.615	78.328****	1.329	16.633
自我家庭地位意识	0.489					
工作与家庭经常矛盾时的选择	0.189					
对女人要否委屈自己的认识	0.359					
坚持兴趣爱好的强烈程度	0.282					
理想自我的种类数量	0.539	理想自我 追求	0.615	78.328****	1.188	15.721
希望有各种风格服装的程度	0.556					
合计						50.884

表1-5   "行动者"解释变量集的因子分析结果2

因子 拟合变量	因子 得分	新因子 命名	KMO 检验	Bartlett 球度检验	特征值	贡献率/%
购买服装是否主要因为惯性	0.58	习惯性 逐乐心理	0.518	39.346****	1.644	30.593
购买服装是否为了让自己高兴	0.463					
购买自穿新衣服时的心情	0.675	购衣心情	0.518	39.346****	1.135	22.920
购买新衣好心情持续时长	0.643					
是否会在心情不好时购买服装	0.772	心情不好时的 购衣情况	0.518	39.346****	1.006	22.188
合计						75.701

表1-6   "行动者"解释变量集的因子分析结果3

因子 拟合变量	因子 得分	新因子 命名	KMO 检验	Bartlett 球度检验	特征值	贡献率/%
服装颜色喜好的变化情况	0.621	服装审美旨趣 变化情况	0.539	20.677**	1.504	32.936
服装风格喜好变化情况	0.621					
所喜欢与所适合服装的吻合度	0.660	服装风格的探 索情况和了解 程度	0.539	20.677**	1.069	31.393
对自己适合什么服装的了解 程度	0.615					
合计						64.329

表 1-7 "行动者"解释变量集的因子分析结果 4

因子拟合变量	因子得分	新因子命名	KMO检验	Bartlett球度检验	特征值	贡献率/%
对外表天生美丽程度的自我评价	0.562	自身美丽程度	0.513	48.731****	1.640	39.525
对外表天生美丽程度的他人评价	0.566					
选择服装是否主要考虑美不美	0.623	受美丽服装的诱惑程度	0.513	48.731****	1.208	31.670
是否常因抵不住美衣诱惑而购衣	0.639					
合计						71.195

表 1-8 "行动者"解释变量集的因子分析结果 5

因子拟合变量	因子得分	新因子命名	KMO检验	Bartlett球度检验	特征值	贡献率/%
是否爱好音乐	0.612	音乐舞蹈爱好	0.500	11.688****	1.640	66.725
是否爱好舞蹈	0.612					
合计						66.725

表 1-9 "行动者""行动目的"解释变量集的因子分析结果

因子拟合变量	因子得分	新因子命名	KMO检验	Bartlett球度检验	特征值	贡献率/%
根据场合精心挑选服装的频率	0.525	对服装美和适当性的追求	0.597	141.636****	2.243	17.703
重视服装搭配的程度	0.492					
是否为得到丈夫的喜爱和宠爱	0.505	悦人	0.597	141.636****	1.663	16.743
是否为得到领导欣赏	0.468					
是否为得到同事和朋友的欣赏	0.318					
是否主要考虑体现自己职业身份	0.484	选择服装对体现自我社会特征的考量	0.597	141.636****	1.306	16.202
是否主要考虑体现自我社会地位	0.456					
对女性外表美得到好处的看法	0.636	对外表在事业生活中作用的认识	0.597	141.636****	1.012	11.587
对女性外表给人印象的认识	0.513					
关于女性外表影响事业的认识	0.396					
合计						62.235

表 1-10 "情境条件"解释变量集的因子分析结果 1

因子拟合变量	因子得分	新因子命名	KMO检验	Bartlett球度检验	特征值	贡献率/%
根据当年潮流添置服装的情况	0.524	女性对时尚的态度与追求	0.564	39.940****	1.720	26.501
购衣是否主要因美衣层出不穷	0.447					
对服装流行时尚的态度	0.375					
逛街（包括网店）选购服装的频率	0.187					
被模特或广告画吸引购衣的频率	0.558	女性对美与时尚的敏感度	0.564	39.940****	1.198	22.130
偶遇心仪服装的购买频率	0.535					
衣服完好合身但不时尚时的做法	0.362					
合计						48.631

表 1-11 "情境条件"解释变量集的因子分析结果 2

因子 拟合变量	因子 得分	新因子 命名	KMO 检验	Bartlett 球度检验	特征值	贡献率/%
过去购买促销服装后悔的情况 现在购买促销服装后悔的情况	0.552 0.592	促销购买 后悔情况	0.507	56.797****	1.700	38.062
过去品牌服装促销时的购买情况 现在品牌服装促销时的购买情况	0.567 0.604	知名品牌服装 促销购买情况	0.507	56.797****	1.268	36.154
合计						74.216

表 1-12 "工具手段"解释变量集的因子分析结果 1

因子 拟合变量	因子 得分	新因子 命名	KMO 检验	Bartlett 球度检验	特征值	贡献率/%
女性的月均收入 女性担任的职务	0.521 0.439	女性经济实力和 事业发展	0.521	41.703**	1.696	23.479
女性的文化程度 女性工作的忙闲程度 女性的职称	0.489 -0.467 0.391	女性文化程度、 职称和忙闲程度	0.521	41.703**	1.484	20.402
对女方家庭的经济资助 女性每天平均家务劳动时间	0.583 0.582	女方家庭经济实 力与女性的家务 承担	0.521	41.703**	1.247	19.361
合计						63.242

表 1-13 "工具手段"解释变量集的因子分析结果 2

因子 拟合变量	因子 得分	新因子 命名	KMO 检验	Bartlett 球度检验	特征值	贡献率/%
丈夫对妻子时装消费的资助 丈夫对妻子非时装消费的资助	0.560 0.528	女性个人消费 丈夫出资情况	0.626	99.713****	2.267	24.427
丈夫的收入水平 丈夫的忙闲程度 丈夫对家庭经济的掌控程度	0.583 0.561 0.292	丈夫经济实力 及对家庭的经 济控制力	0.626	99.713****	1.172	20.195
夫妻关系的好坏程度 丈夫对妻子时装消费的态度	0.629 0.591	夫妻关系与丈 夫对时装消费 的支持度	0.626	99.713****	1.067	19.752
合计						64.374

****表示在 0.001 水平上有统计意义；**表示在 0.01 水平上有统计意义
注：提取方法为主成分分析法，因子得分计算采用回归分析法
以上注解用以说明表 1-4~表 1-13

五、主要研究假设

根据本章所选择的可能的单因素解释变量（表 1-3），笔者提出研究假设：这 82 个单因素解释变量对女性时装的消费目的、消费时空、消费结

构、消费规模的十个被解释变量都具有某种程度的影响。

本章因子分析确定了 25 个因子，此外，单变量女性的年龄、孩子的年龄、穿衣打扮是否受传媒的影响、目前居住的城市、所处职业行业外向度、单位是否要求上班统一穿着制服、穿衣打扮的观念是否主要受丈夫的影响、穿衣打扮的观念是否主要受婆婆的影响、穿衣打扮的观念是否主要受朋友的影响、穿衣打扮的观念是否主要受同事的影响等变量难以与其他变量拟合成因子，但也可能与 25 个因子一起共同影响十个被解释变量。

因此，笔者提出研究假设：这些复合解释变量和单变量对女性服装的消费目的、消费时空、消费结构或消费规模的十个解释变量具有共同影响力，与女性发展有关的因子或变量具有更重要和更广泛的影响力，女性发展程度越高，则女性越是为了悦己、悦女性而消费；女性发展程度越高，则女性的绝对消费规模越大、相对消费规模越小、潜在消费规模越小；女性发展程度越高，则女性的消费结构越高级化，即消费的服装价位越高、越注重服装品牌、越追逐时尚；女性发展程度越高，则女性时装消费的场所越高级，越会在一个季节的初期消费服装。本书将在第五章进行一元回归分析和多元回归分析验证上述研究假设。

六、研究对象

本书研究对象是当代中国已育青年女性。

限定已育，是因为比之于未婚未育或已婚未育女性，已育女性所需要承担的家庭责任更大，其在家务劳动和养育孩子上需要付出的时间、精力、金钱与时装消费所需要耗费的时间、精力、金钱常常会有冲突，这些冲突会影响家庭内外的性别和谐，从而具有更为复杂深刻的研究内涵。

限定青年，主要是因为比之于幼年、少年和中老年女性，青年女性的时装消费更频繁、更多样，需要耗费的时间、精力和金钱也更多，那么，这一群体女性的性别关系和个人发展可能会对女性时装消费产生更加深刻复杂的影响[1]。

本书研究的调查对象限定为居住在福建省内城市的已育青年女性。

限定福建省，一是研究经费和研究人手不足，只能在笔者所生活的省份开展调查；二是为了尽可能详尽地收集有关资料，笔者在调查问卷中设置了近 200 个问题，填答该问卷需要被访者的密切配合，只有在笔者生活的省份，笔者才能充分发动自己的亲朋好友、同事，请他们耐心并尽量真

---

① 根据联合国世界卫生组织在 2013 年 5 月颁布的新标准，44 岁是青年年龄的上限。

实地填答问卷，以保证问卷调查数据的信度和效度；三是一般而言，一个省份内部虽然也存在着不同区域之间经济、社会、文化的差异，但这种差异远小于不同省份之间的差异，可以尽量排除不同地域因素对研究结论的影响。

限定城市女性，一是一般而言、城市女性时装消费更频繁，经济支出更多，由此引发的性别冲突和女性发展矛盾可能更为尖锐；二是本书一手资料获得的主要途径是问卷调查，要求被访者具有一定的文化程度，城市女性更符合这一条件；三是城市与乡村也是女性时装消费的重要变量，限定城市则排除城乡这一因素的影响，使研究更为集中。此外，本书的城市是指县级市以上级别的城市（包括县级市），而且是指在问卷调查期间受访者工作、生活的城市。

七、资料来源与研究方法

（一）资料来源

本书论证所需的数据和文字资料主要通过四种方法获得，即文献法、问卷调查法、深度访谈法和参与式观察法，以下简要介绍本书运用四种方法的情况。

1. 运用文献法的有关情况

前人研究的文献资料主要涉及两大方面，即女性消费和女性时装消费。收集相关文献资料的途径主要是：查阅电子文献数据库、查阅图书馆馆藏资料、购买网络书城或实体书城销售的相关书籍。

所收集的文献资料，有相当一部分，或是国外的经典名著，或是由国内知名出版社出版的专著，或是具有一定权威性的电子文献数据库所收录的期刊论文和博士学位、硕士学位优秀论文，具有较高的参考价值。但是，由于女性消费和女性时装消费都还没有成为社会科学界关注的焦点，研究水平有待提高。同时，国内关于女性消费和女性时装消费的研究主要集中在2000~2011年，2012年之后的相关研究较少。

在进行效应分析和对策分析时，本书还引用了一些网络新闻信息资料，为保证资料的可信度，引用的都是具有一定权威性、知名度的网站所发布的信息。

2. 运用问卷法的有关情况

笔者在阅读、梳理相关研究文献时认识到，前人研究的出发点、理论视角及理论分析与本书都不尽相同，为使分析论证更加有力且充分，必须要有大量的、一手的调查数据，因此问卷调查法必不可少。问卷法最重要的基础是问卷的设计，为了确保问卷调查所获得的数据能够满足研究需要，设计问卷期间，笔者通过观察、思考和试调查，不断删减、修改问题，前后历时两年问卷才最终定稿。

为尽可能多地收集符合研究需要的第一手数据，调查问卷的问题设置较繁杂，为保证填答质量，本人委托一些较有经验又认真负责的朋友作为联络人发放和回收问卷，所有问卷都由笔者本人亲手录入。从问卷的设计、发放、回收到录入，笔者注意把握控制各个环节，尽可能保证调查问卷所收集数据的真实性和有效性。对问卷发放和回收的严格控制虽然可以尽可能地减少表面误差，但是也带来一定的负效应——一些被试因不愿被负责发放和回收问卷的联络人了解自己的情况，可能并没有如实地填答问题，如此所带来的实质性误差也许会在一定程度影响研究结论的真实性和有效性。对此，笔者通过两种方式尽量减少误差，一是检查每份问卷填答的前后呼应性，二是挑选关键问题询问联络人进行验证。

由于本书的分析特例是女性时装消费，因此问卷主要围绕女性的时装消费进行设计，分为女士卷和男士卷，其中女性问卷涵盖了自我意识和定位、对美和时尚的认识、对服装的认识、时装消费行为、时装消费的支出、除时装消费之外的个人消费、与配偶的关系及女性承担家庭责任的情况、自然情况八大方面。

男性问卷涵盖了对配偶的定位、对与配偶关系的认识、对女性美的认识、对女性特别是对配偶时装消费的态度和行为、自然情况五大方面。

2012 年 2 月，笔者开展问卷调查的试调查，并根据反馈情况对问卷进行修改、增删。2012 年 7 月~12 月，开始正式问卷调查，一共发放并回收 120 份的女士问卷和 120 份的男士问卷，其中女性有效问卷 101 份，男性有效问卷 91 份。

关于样本选择，由于受到研究经费、研究人员的限制，以及考虑到问卷调查项目较多，如果进行随机抽样将很难顺利开展调查，笔者运用的是非随机的立意抽样法，即根据一些重要的自变量，如婚育状况、受教育程度、职业、收入、年龄等，将问卷按比例发放给笔者认为适合的调查对象。

统计部门所公布的人口普查数据，并未涉及年龄、受教育程度、收入等指标的分性别具体分布情况，因此无法根据人口普查数据判断本书研究样本对总体的代表性。但根据重要变量，如教育程度、职业、收入、年龄等进行抽样，可以保证每一群体都有一定的样本。

例如，女性样本中，文化程度在初中以下的占 6%，高中占 11.8%，大专或本科占 58.4%，研究生占 23.8%，高、中、低受教育程度的女性样本都有，而且呈正态分布。男性样本中，文化程度在初中以下的占 9.9%，高中占 12.1%，大专或本科占 59.3%，研究生占 18.7%，高、中、低受教育程度的男性样本都有，也呈正态分布（表 1-14）。

表 1-14　样本书化程度的分布情况（单位：%）

文化程度	女性（n=100）	男性（n=91）
小学或以下	1.0	0.0
初中	5.0	9.9
高中	11.8	12.1
大专或本科	58.4	59.3
研究生	23.8	18.7
合计	100	100

注：表 1-14~表 1~18 列出的均为有效样本和有效百分比

虽然大专以上样本所占比例较高，但由于本书研究对象是城市青年女性与城市青年男性，而根据我国国情，这一群体的受教育程度普遍较高。进入 21 世纪以来，福建省高中毛入学率平均达 80%（福建省政府，2011），高等教育也逐步进入大众化时代，大专以上的录取率每年平均可达 60%左右（熊丙奇，2012）。因此，本书研究大专以上样本虽然比重较高，但与福建省的分布情况接近，能够在一定程度反映总体的情况。

女性样本中，月均收入在 2 000 元以下和 10 001 元以上的比例都很低，分别占 7.1%和 4.0%，6 001~8 000 元的也较低，为 6.1%，2 001~4 000 元和 4 001~6 000 元的比例最大，分别达到 45.5%和 31.3%，女性样本月均收入呈正态分布。男性样本中，月均收入在 2 000 元以下和 10 001 元以上的比例也都较低，分别占 7.7%和 12.1%，6 001~8 000 元的也较低，为 13.2%，2 001~4 000 元和 4 001~6 000 元的比例最大，分别达到 30.8%和 31.9%，男性样本月均收入也呈正态分布（表 1-15）。

表 1-15　样本月均收入的分布情况（单位：%）

月均收入	女性（n=99）	男性（n=91）
2 000 元以下	7.1	7.7
2 001~4 000 元	45.5	30.8
4 001~6 000 元	31.3	31.9

续表

月均收入	女性（n=99）	男性（n=91）
6 001~8 000 元	6.1	13.2
8 001~10 000 元	6.1	4.4
10 001 元以上	4.0	12.1
合计	100	100

女性样本中，商业服务业从业者占35%，工厂企业从业者占26%，行政事业从业者占39%（表1-16）。男性样本中，商业服务业从业者占39%，工厂企业从业者占31%，行政事业从业者占30%。无论女性、男性，样本都比较平均地分布在现代城市的各主要行业。

表 1-16　女性样本职业的分布情况（单位：%）

职业	女性（n=101）	男性（n=91）
商业服务业从业者	35	39
工厂企业从业者	26	31
行政事业从业者	39	30
合计	100	100

女性样本中，年龄在20~29岁的占3.0%，30~39岁的占71.0%，40~44岁的占26.0%（表1-17）。20~29岁的比例偏低，但根据全国第六次人口普查汇总数据，我国女性2000年的平均生育年龄为26.31岁，2010年则为29.13岁（国家统计局，2012），而本书研究对象为已育女性。样本以30岁及以上女性为主是符合现实情况和研究需要的。男性样本中，年龄在20~29岁的占30.8%，30~39岁的占48.4%，40~44岁的占20.8%。20~29岁的比例较低，但根据全国第六次人口普查汇总数据，我国男性的平均结婚年龄为26.41岁，比女性的平均结婚年龄大了2.7岁（国家统计局，2012），若男性平均生育年龄也按比女性大2.7岁来测算，则男性的平均生育年龄约为31.83岁，因此，样本以30岁及以上男性为主也是符合现实情况和研究需要的。

表 1-17　样本年龄的分布情况（单位：%）

年龄	女性（n=100）	男性（n=91）
20~29 岁	3.0	30.8
30~39 岁	71.0	48.4
40~44 岁	26.0	20.8
合计	100	100

样本的地域分布情况，101 个女性样本中，79.2%目前工作生活在福州市（地级市），7.9%在厦门市（副省级市），7.9%在泉州市（地级市），5.0%在南平市（地级市）。男性样本的地域分布比例与女性样本基本一致（表 1-18）。样本地域分布不均衡，主要是因为本书调查问卷内容较细致深入，难以寻找到符合条件的调查对象，在按照不同文化程度、收入、职业、年龄分发问卷后，地域的指标就很难再控制，这是本书样本选取的遗憾。

表 1-18　样本地域分布情况（单位：%）

地域	女性（n=101）	男性（n=91）
福州（地级市）	79.2	76.0
厦门（副省级市）	7.9	8.7
泉州（地级市）	7.9	8.8
南平（地级市）	5.0	6.5
合计	100	100

3. 运用访谈法的有关情况

尽管本书的女士调查问卷有近 200 个项目，但仍然没有能够涵盖研究分析需要涉及的所有方面，但问卷的容量不能再增加了，否则将很难有足够多的女性愿意配合填答问卷，只能选择少数个案进行深入访谈以获取更为详尽的资料。为使访谈更有效率，笔者在深入访谈前一般会做如下准备工作：①请访谈对象填答调查问卷；②笔者认真阅读回收的调查问卷，初步了解访谈对象各方面的相关情况，发现和提炼需要通过进一步访谈了解的相关问题。

通过访谈法所收集的资料深入而又真实。本书需要的资料涉及被访者的收入水平、夫妻关系、家庭经济支出等敏感话题，若以正式访谈的形式进行，可能难以获得真实的资料，也就很难深入研究。为避免被访谈者产生防备心理和掩饰心理，笔者所选择的深入访谈对象大多是笔者十分熟悉、了解的朋友、同事和亲人，笔者告知他们自己正在进行一项研究，且选择他们作为深入访谈对象，但笔者并未刻意安排特定的时间和地点对他们进行访谈，而是将访谈交融在与他们的日常接触和聊天中。还有一些访谈对象是笔者在购物时遇见的陌生人，由于机缘巧合而展开话题，如在购衣时与导购小姐谈论服装，进而延伸到生活情感的相关话题；又如在美容院与美容技师闲聊消费、金钱与择偶标准问题；等等。在闲谈中，笔者就势将话题引向与本书研究相关的方向，使对方能够自然、真实地谈论，因此，笔者所收集的访谈资料既丰富立体又真实可信。

笔者以不同方式访谈的对象有 16 位，他们中既有时装消费的狂热爱好者，也有始终对时装消费态度冷淡的人；既有中、高收入者，也有低收入者；既有知识分子，也有文化程度较低的进城务工人员；既有男性也有女性；既有时装消费者也有服装销售者。

4. 运用参与式观察法的有关情况

笔者在 2008 年 5 月开办了一家女性服装店，至 2009 年 8 月关张，历时 15 个月，这一经历持续的时间并不长，但这一段类似于参与式观察的经历，对笔者选择女性发展作为视角研究"女性时装消费"的具体展开有着深刻的影响。

在开设服装店之前，笔者虽然热衷于时装消费，也乐于观察亲朋好友、同事的时装消费，但毕竟视野有限，而开设服装店则使笔者能够有机会观察到不同类型的女性及其男友、丈夫在时装消费方面的态度和行为，从而使笔者认识到女性消费行为不仅对女性自身的发展，而且对家庭内外的性别和谐都会产生深刻的影响，从而进一步激发了笔者研究该课题的浓厚兴趣。开设服装店的经历还使笔者在研究女性时装消费时，能够拥有不同于一般研究者的更广阔的视角，即既能够站在时装消费者的角度又能够站在服装生产和销售的角度，既注意分析女性及其家庭的具体情况又注意把握社会宏观环境的影响。

服装店关张后，笔者又回到了时装消费者的立场，在这跳进跳出之间，笔者对女性时装消费的认识更加客观、全面，也使笔者在研究时注意选择、构建更全面更适合的理论分析框架，设计问卷和访谈时能够提出更加符合研究需要的问题。

在开设服装店期间，笔者与一些女性朋友因衣结缘，她们中的一部分人成为本书研究深度访谈或问卷调查的对象。

通过经营女性服装店这种参与式观察收集的第一手资料丰富且生动，而且对研究的具体展开具有启发式的意义。女性时装消费者在挑选、购买服装时所表现出的态度和行为，直接或间接地反映出各种信息，如自我意识、收入水平、职业学历、婚育状况、夫妻感情和择偶标准等。服装店作为一个平台，使笔者能够接触、了解各种类型的女性及其恋人、丈夫，而且，这种参与式观察法对研究的具体开展具有重要的启发性意义。在经营服装店的过程中，笔者深切地感受到中低收入女性特别是已育青年女性时装消费的矛盾性，她们对服装品质高度重视，但又有着极强的价格敏感性，不愿意或没有能力为高品质的服装消费，这使其逐渐产生对自身及其丈夫经济收入水平的不满，从而引发家庭矛盾，这些现象使笔者最终将研究的内容确定为"在女性发展视角下总结女性时装消费特点、类型，分析女性时装消费的影响因素，探究女性时装消费的正面效应和负面效应，并探寻负面效应的对策"。

（二）分析方法

本书综合运用逻辑推演分析法和定量分析法。

本书通过统计分析软件 SPSS18.0 版，运用多种数理统计方法分析问卷调查数据，其中，单变量简单描述统计和聚类分析用于女性时装消费特点和类型的研究，控制女性发展重要变量的一元线性回归分析、因子分析和多元线性回归分析三种方法，主要用于女性时装消费影响因素分析。

由于自变量项目繁多，要想了解哪些是最重要的影响因素，其各自的影响力又有多大，必须将问卷调查数据进行多元线性回归分析。

自变量之间总是存在或多或少的相关性，同时引入回归模型，可能存在高度的多重共线性，将导致回归模型参数不准确甚至模型不可用。但如果削减影响因素变量的数量，则必然会出现信息丢失和信息不完整等问题。因此，在进行多元线性回归分析之前，需要先进行因子分析，降低变量维数，减少参与数据建模的变量数量，同时又不会造成信息的大量丢失。

逻辑推演分析法，主要用于女性时装消费对女性发展的正面效应和负面效应分析，以及负面效应的对策分析。

第二章
女性时装消费的描述分析

本章根据问卷调查数据，运用单变量描述和聚类分析方法，在女性发展视角下总结提炼和评价女性时装消费的具体表现、主要类型和性别关系。

第一节　女性时装消费的具体表现

关于女性时装消费的具体表现，主要从女性时装消费的目的、女性时装消费的时空、女性时装消费的结构、女性时装消费的规模四个方面进行描述。

一、女性时装消费的目的

关于女性时装消费的目的，从女性发展视角主要审视女性消费服装为取悦自己和取悦他人的情况，以及取悦男性和取悦女性的情况。

50.0%接受问卷调查的女性表示，消费服装既是为了让自己高兴或自信也是为了得到丈夫、朋友、同事、领导等他人的欣赏，46.9%表示消费服装主要是为了取悦自己，仅 3.1%表示消费服装主要是为了取悦于他人（表2-1）。

表 2-1　女性消费服装的目的（单位：%）

时装消费的目的	比例（*n*=101）
既为悦己也为悦人	50.0
为取悦自己	46.9
为取悦他人	3.1
合计	100

注：表 2-1~表 2-25、表 2-30~表 2-37 所列均为有效样本和有效百分比

　　81.2%的受访女性表示，购买服装时会以亲人、朋友、同事的看法作为参考，主要考虑自己的喜好和感觉，只考虑亲人、朋友、同事的看法的仅占 7.9%，而只考虑自己的喜好和感觉，认为他人的意见一点都不重要的占 10.9%（表 2-2）。

表 2-2　消费服装时对他人看法的重视情况（单位：%）

消费服装时对他人看法的重视程度	比例（*n*=101）
只考虑亲人、朋友、同事的看法	7.9
主要考虑自己的喜好和感觉	81.2
只考虑自己的喜好和感觉，他人看法不重要	10.9
合计	100

　　高达 88.1%的受访女性选购服装兼顾男性与女性的审美标准，仅 5.9%主要是符合女性的审美标准，主要符合男性审美标准的只有 2.0%，另有4.0%表示要看场合看情况（表 2-3）。

表 2-3　女性消费服装符合性别标准的情况（单位：%）

女性消费服装符合性别标准的情况	比例（*n*=101）
兼顾男性与女性的审美标准	88.1
符合女性的审美标准	5.9
看场合看情况	4.0
符合男性的审美标准	2.0
合计	100

　　关于丈夫的意见，67.3%的受访女性表示，选购服装时主要还是听从自己的意向，丈夫的意见仅是参考。仅有 8.9%表示，一点都不在意丈夫的意见，也仅有 7.9%表示很重视丈夫的意见，估计他不喜欢就不买，但有 15.9%在看中一件服装时通常会请丈夫参谋（表 2-4）。

表 2-4　消费服装时对丈夫意见的重视情况（单位：%）

消费服装时对丈夫意见的重视情况	比例（*n*=101）
主要听从自己的意向，丈夫的意见仅是参考	67.3
比较重视，通常在看中一件衣服时都会请丈夫参谋	15.9
一点都不在意丈夫的意见	8.9
很重视丈夫的意见，估计他不喜欢就不买	7.9
合计	100

上述数据显示，女性消费服装、穿衣打扮的目的表现出悦己前提下的悦人和既取悦男性也取悦女性的鲜明特点，与传统女性相比，这从一个侧面反映了女性的发展和进步。

在对外在美的追求中，女性既是为了悦己又是为了悦人，既是为了悦女性也是为了悦男性，从古至今皆是如此。但传统已婚女性主要是在悦人特别是悦丈夫的前提下悦己而容，其穿衣打扮主要是为了获得他人特别是丈夫的关注和爱护，美的标准完全取决于丈夫的喜好，只要是丈夫不喜欢的就绝不是她所追求的，缺乏独立性和自主性，这是女性依附处境下的无奈之举。

而现代已婚女性虽然也会悦人而容、悦男性而容，但具有较强的独立性和自主性，美的标准主要取决于女性自己的喜好，她们会征求、尊重丈夫的意见，但仅仅是将其作为参考；朋友、同事、领导的意见虽然有时会产生一定的影响，但很少会是决定性的影响；也会兼顾男性的审美标准，但极少一味地迎合男性的审美标准。也就是说，现代女性的悦人而容，并不是毫无主见一味屈从讨好，而只是一定范围、一定程度的悦人、悦男性，是充满现代女性自我意识的以悦己为前提的悦人、以悦女性为前提的悦男性。

二、女性时装消费的时空

关于女性时装消费的时空，在女性发展的视野下，主要考察消费的场所、时机和频率三个方面。

关于消费场所的选择，高达 61.4% 的受访女性一般在中等价位的百货商场或专卖店购买服装，12.9% 则在高级百货商场或专卖店购买，17.8% 在网络商城购买，只有 7.9% 在零售小店购买服装（表 2-5）。

表 2-5　自穿服装的主要购买场所（单位：%）

自穿服装的主要购买场所	比例（*n*=101）
中等价位的百货商场或专卖店	61.4
网络商城	17.8
高级百货商场或专卖店	12.9
零售小店	7.9
合计	100

关于消费时机的选择，通常在新款上市时就购买服装的只占 9.9%，通常在一个季节的中期购买的占 27.7%，通常在换季清仓时购买的占 14.9%，通常在需要的时候才购买的占 47.5%（表 2-6）。

表 2-6　自穿服装的主要购买时机（单位：%）

自穿服装的主要购买时机	比例（*n*=101）
在需要时候才买	47.5
一个季节的中期	27.7
换季清仓时	14.9
新款上市时	9.9
合　计	100

关于逛街的频率，仅有 18.8% 的受访女性，几乎每天都在百货商场、专卖店、网络服装店、路边销售店四种场所里的至少一种场所逛。15.8% 约每周一次，8.9% 约两周一次，5.0% 约三周一次，12.9% 约一个月一次，6.9% 约两个月一次，6.9% 约三个月一次，4.0% 约半年一次，1% 约一年一次，5.9% 几乎不逛街，而需要时才去逛的有 13.9%。这部分较少逛街选购服装的女性共计占受访女性的 51.6%（表 2-7）。

表 2-7　逛街（包括网店）的频率（单位：%）

逛街（包括网店）的频率	比例（*n*=101）
几乎每天都逛	18.8
约每周一次	15.8
约两周一次	8.9
约三周一次	5.0
约一个月一次	12.9
约两个月一次	6.9
约三个月一次	6.9

逛街（包括网店）的频率	比例（n=101）
约半年一次	4.0
约一年一次	1.0
需要时才去逛	13.9
几乎不逛街	5.9
合计	100

总之，六成以上受访女性通常选择在中等价位的百货或专卖店购买服装，仅一成左右会在高级百货或专卖店购买。不到一成通常在季节新装上市时购买，近三成通常在季节中期购买，近五成消费服装没有时间规律在需要时才购买。约六成三周以上才会逛一次街（包括网店）。从女性发展的视角来看，受访的已婚育青年女性的时装消费时空选择也是总体理性的——在高级百货、专卖店出售的服装虽然品质高端但往往价格高昂，一个季节新上市的服装虽然时尚新潮但价格高往往没有折扣，这对许多女性而言是难以承受的经济负担，而中等价位的百货或专卖店既能保证服装品质而价位又不太高，在季节中期购买既能挑选到合意的款式、色彩和合适的尺码，还能享受一定的折扣，这些都有助于女性以最小的经济代价塑造自我更美好的外在形象。而逛街没有时间规律、需要时再购买，以及三周以上才逛一次街等因素都使女性因为没有耗费太多时间精力在时装消费上从而影响自身的全面发展。

三、女性时装消费的结构

时装消费的结构，就是指消费了什么样的服装，如通常选择什么样的款型版式、色彩风格、价位品质，以及时尚与否，而由于本书研究在女性发展的视野下展开，因此主要考察女性对服装价位、品质和时尚的追求。

关于时装消费的价格，68.3%的受访女性自穿服装的主要购买价位是在300元以上，其中39.6%在301~500元，22.8%在501~1 000元，5.9%在1 001元以上。一般而言，服装的价格与服装的品质成正比，女性所购买服装的单件价位在300元以上，2012年，在福州这样的中等城市能够购买到中等品质的品牌服装（表2-8）。

表 2-8　自穿服装的主要购买价格（单位：%）

价格	比例（n=101）
300 元以下	31.7
301~500 元	39.6
501~1 000 元	22.8
1 001 元以上	5.9
合计	100

12.8%的受访女性低、中、高价位的服装都会买，三种价位的服装数量差不多。6.4%低、中、高价位都买，但中、高价位居多。66.0%以前购买服装基本选择中、低价位，现在有时也会选择高价位，这表明大多数女性在拥有了一定数量的服装后，都会逐渐地开始提高对服装品质的要求（表 2-9）。

表 2-9　高、中、低价位服装的消费情况（单位：%）

高、中、低价位服装的消费情况	比例（n=101）
以前基本选择较高价位，现在也可以接受中、低价位	14.8
以前购买服装基本选择中、低价位，现在有时也会选择高价位	66.0
从来都是低、中、高价位都买，三种价位的服装数量差不多	12.8
低、中、高价位都买，但中、高价位居多	6.4
合计	100

76.2%的受访女性，在服装价格较为便宜且服装较显档次时才会购买，14.9%会购买很有档次且价位高的服装，只有 8.9%会购买很便宜而看起来没有档次的服装（表 2-10）。

表 2-10　服装品质与价位选择的考量（单位：%）

服装品质与价位选择的考量	比例（n=101）
服装价格较为便宜且服装显档次时才会购买	76.2
会购买很有档次且价位高的服装	14.9
会购买很便宜而看起来没有档次的服装	8.9
合计	100

57.4%的受访女性表示，服装的质感比数量重要，衣服少些没关系，但每件质感都要好；还有 39.6%表示，量和质都很重要，如果收入有限，会追求量，但必须保证品质。仅 3.0%认为服装的数量比品质更重要，喜欢拥有很多服装（表 2-11）。

表 2-11 对服装品质和数量的看法（单位：%）

对服装品质和数量的看法	比例（*n*=101）
质感比数量重要，衣服少些没关系，但每件质感都要好	57.4
量和质都很重要，如果收入有限，会追求量，但必须保证品质	39.6
数量比品质更重要，喜欢拥有很多服装	3.0
合计	100

关于对服装品牌的追求，71.3%的受访女性认为品牌服装对自己而言最主要的符号意义是品位，仅 8.9%认为是面子（表 2-12）。

表 2-12 认为品牌服装最主要的符号意义（单位：%）

认为品牌服装最主要的符号意义	比例（*n*=101）
品位	71.3
面子	8.9
其他	19.8
合计	100

33.7%的受访女性表示一直重视选择品牌服装；25.7%表示前几年不太重视，这几年开始重视；重视服装品牌的总比例达到 59.4%，高于"前几年重视，这几年开始不太重视"的 11.9%和"一直都不太重视"的 28.7%（表 2-13）。

表 2-13 对自穿服装品牌的重视情况（单位：%）

对自穿服装品牌的重视情况	比例（*n*=101）
一直重视选择品牌服装	33.7
一直都不太重视	28.7
前几年不太重视，这几年开始重视	25.7
前几年重视，这几年开始不太重视	11.9
合计	100

但是，大多数女性因追求服装品质而表现出的对服装品牌的追求，只能说是一种品牌钦慕，而远未达到品牌崇拜或品牌忠诚的程度。

72.3%的受访女性购买自穿服装时，比较重视品牌，但只要喜欢和合适就行，并不强求是品牌服装，还有 23.0%表示对品牌无所谓，只有 2.0%表示非常重视品牌，非品牌不买（表 2-14）。

表 2-14　对自穿服装品牌的重视程度（单位：%）

对自穿服装品牌的重视程度	比例（*n*=101）
比较重视，但只要喜欢和合适就行	72.3
无所谓	23.0
非常重视，非品牌不买	2.0
其他	2.7
合计	100

7.9%的受访女性，穿着非品牌服装时不太自信，认为没有品牌的服装品位和质地都不够好。高达 92.1%的受访女性，穿着非品牌服装时，不会感到不自信，只要是穿精心挑选过的适合自己的衣服就有自信，不管有没有品牌（表 2-15）。

表 2-15　穿着非品牌服装时的自信心（单位：%）

穿着非品牌服装时的自信心	比例（*n*=101）
自信	92.1
不自信	7.9
合计	100

受访女性对特定服装品牌的忠诚度不算高，58.4%表示不会认定若干品牌购买服装（表 2-16）。

表 2-16　对服装品牌的忠诚度（单位：%）

对服装品牌的忠诚度	比例（*n*=101）
不会认定若干品牌购买服装	58.4
会认定若干品牌购买服装	41.6
合计	100

12.9%的受访女性表示，过去在知名品牌促销时，如果打折力度很大，无论如何一定要买，66.3%表示如果有喜欢或合适的会买，仅 20.8%表示一般不会因此买衣服。而现在，仅有 1.9%表示无论如何一定要买，持此观点的人比过去少了 11%，而且高达 74.3%表示如果有喜欢或合适的才会买，比过去多了 8%，这说明，服装促销对推动女性消费服装始终存在比较大的影响，女性时装消费具有高度的价格敏感性，但面对品牌服装促销，女性的态度和行为变得更加理性（表 2-17）。

表 2-17 知名品牌服装促销时的消费情况（单位：%）

知名品牌服装促销时的消费情况	过去 （*n*=101）	现在 （*n*=101）	现在与过去相比的变动情况
有喜欢或合适的会买	66.3	74.3	+8
一般不会因此买衣服	20.8	23.8	+3
无论如何一定要买	12.9	1.9	−11
合计	100	100	

45.5%的受访女性表示，如果购买的促销品牌服装有小瑕疵，仍会感到比较实惠比较满意，没有遗憾，这说明品牌促销服装的低价能够在一定程度上抵消女性对服装品质的要求，这也说明了女性消费品牌服装的价格敏感性（表 2-18）。

表 2-18 对所购买的有瑕疵品牌促销服装的满意情况（单位：%）

对所购买的有瑕疵品牌促销服装的满意情况	比例（*n*=101）
总感到不太满意	54.5
感到比较实惠比较满意，没有遗憾	45.5
合计	100

上述几组数据表明，受访的城市已婚育青年女性已经表现出更加注重服装品质的趋势，七成以上的受访女性消费的是中等以上价位的服装，而且九成以上认为服装的品质与数量同样重要甚至更加重要，六成表示消费自穿服装时重视服装的品牌。

但已经形成强烈品牌偏好，且非品牌不购买的女性消费者比重并不高，仅为20%~30%。同时，这一群体女性的服装品牌消费还呈现出高度的价格敏感性特点，品牌服装大幅度促销往往会推动她们的时装消费。

在女性发展视野下，女性时装消费对价格和品质的追求总体是理性的。高品质的服装设计精巧、面料考究、做工精良，同时，品牌服装还承载着深刻的符号意义，因此往往服装的价位越高，品质和品牌就越高端，也越有助于塑造女性的美好外在形象，从而推动女性的职业发展、社会交往发展和个性发展。但在追求服装品质和品牌的同时，本书研究的绝大多数受访女性并未形成品牌崇拜心理，九成以上表示，只要穿精心挑选过的适合自己的服装就有自信，不管有没有品牌，而且七成以上会在知名品牌大幅度促销时购买喜欢或合适的服装。从调查数据可以看出，大多数受访的已婚育青年女性在消费服装时，能够比较好地平衡高品质、高品位追求与自身的经济收入水平之间的关系。

对于当今社会不断变化的服装流行时尚，仅 8.9%的受访女性表示一直尽力跟上时尚节奏。表示有时会紧跟时尚但不会始终追求时尚的有52.5%，还有 37.6%表示从不在意时尚、时尚从来不能影响她（表 2-19）。

表 2-19 对时尚的追求（单位：%）

对时尚的追求	比例（n=101）
有时会紧跟时尚但不会始终追求时尚	52.5
从不在意时尚、时尚从来不能影响她	37.6
一直尽力跟上时尚节奏	8.9
其他	1.0
合计	100

9.9%的受访女性表示每年都会根据当年的流行时尚大量添置自己的新装，高达 72.3%表示只会少量添置，还有 17.8%表示基本不会因时尚流行而添置服装（表 2-20）。

表 2-20 追随时尚潮流添置服装的情况（单位：%）

追随时尚潮流添置服装的情况	比例（n=101）
少量添置	72.3
基本不会因时尚流行而添置服装	17.8
每年都会根据当年的流行时尚大量添置自己的新装	9.9
合计	100

本书调查数据显示，时尚虽然会对五成以上的受访女性造成一定影响，但时尚无法左右她们，每年根据时尚流行只是少量添置服装的受访女性达到七成。在女性发展的视野下，女性对服装流行时尚的追求也是总体理性的。流行时尚变化莫测而且更新速度极快，对时尚亦步亦趋将会耗费女性大量的时间、精力和金钱，从而可能会对女性的内涵提升、职业发展和个性发展造成消极影响；但适度追求时尚能够帮助女性更好地融入不同群体、不同场域，从而有助于女性发展。因此，既追随时尚又不会被时尚左右，就女性发展而言，这是理性的表现。

四、女性时装消费的规模

关于女性时装消费的规模，主要考察消费的绝对规模（过去一年每月购衣的平均费用）、相对规模（时装消费支出占个人消费支出的比重）和潜在规模（对已拥有服装数量的满意情况）。

41.0%的受访女性在过去的一年中，用于购买自己服装的每月平均费用在600元以上，27.0%在800元以上，16.0%在1 000元以上，11.0%在1 500元以上，4.0%在2 001元以上，59.0%在600元以下，41.0%在400元以下，7.0%在200元以下（表2-21）。

表2-21　过去一年每月购衣的平均费用（单位：%）

过去一年每月购衣的平均费用	比例（n=100）
200元以下	7.0
201~400元	34.0
401~600元	18.0
601~800元	14.0
801~1 000元	11.0
1 001~1 500元	5.0
1 501~2 000元	7.0
2 001元以上	4.0
合计	100

不仅六成左右受访女性时装消费的绝对规模不大，而且绝大多数受访女性的时装消费支出水平与自身和丈夫的收入水平相匹配。同时，无论是自身高收入还是丈夫高收入的女性，有相当一部分在时装消费支出方面表现出与收入水平不太相称的保守和理性（表2-22和表2-23）。

表2-22　女性平均月收入与平均月购衣费用

女性平均月收入	人数/个	比例（n=99）/%	时装消费平均月支出	人数/个	比例（n=99）/%
2 000元以下	7	7.07	200元以下	6	6.06
2 001~4 000元	45	45.45	201~600元	52	52.53
4 001~6 000元	31	31.31	601~1 000元	25	25.25
6 001~8 000元	6	60.6	1 001~1 500元	5	5.05
8 001~10 000元	6	6.06	1 501~2 000元	7	7.07
10 001以上	4	4.04	2 001元以上	4	4.04
合计	99	100		99	100

表 2-23　丈夫平均月收入与妻子平均月购衣费用

丈夫平均月收入	人数/个	比例（n=99）/%	时装消费平均月支出	人数/个	比例（n=99）/%
2 000 元以下	1	1.01	200 元以下	6	6.06
2 001~4 000 元	18	18.19	201~600 元	52	52.53
4 001~6 000 元	24	24.24	601~1 000 元	25	25.25
6 001~8 000 元	16	16.17	1 001~1 500 元	5	5.05
8 001~10 000 元	13	13.13	1 501~2 000 元	7	7.07
10 001 以上	27	27.27	2 001 元以上	4	4.04
合计	99	100		99	100

仅 15.8%的受访女性表示只要经济条件许可，女性拥有的服装数量多多益善，高达 78.2%的女性表示，如果经济条件许可，可根据每年的流行时尚适当添置新衣，但不追求数量。

关于时装消费的相对规模，19.8%的受访女性表示时装消费在个人消费中占很少的比重，仅 14.9%表示时装消费是自己最大比重的消费，高达 65.3%表示，时装消费在个人消费中所占比重属于中等水平（表 2-24）。

表 2-24　时装消费在个人消费中的比重（单位：%）

时装消费在个人消费中的比重	比例（n=101）
中等	65.3
很少	19.8
最大	14.9
合计	100

关于时装消费的潜在规模，只有 2.0%的受访女性表示自己现在的服装数量虽然很少，但没必要再买了，表现出对时装消费的淡漠。33.7%表示自己的服装已经很多，但还需要再购置，表现出对时装消费狂热的兴趣。还有 34.7%表示，自己目前的服装数量一般，但已经够穿了。有 5.0%表示自己的服装已经很多，不需要再购置了。23.8%表示自己的服装数量一般，还需要很多。后三类女性对服装数量的追求基本呈现出理性的特点，占受访女性的 63.5%（表 2-25）。

表 2-25 对已拥有服装数量的满意情况（单位：%）

对已拥有服装数量的满意情况	比例（n=101）
认为自己目前的服装数量一般，但已经够穿了	34.7
认为自己的服装已经很多，但还需要再购置	33.7
认为自己的服装数量一般，还需要很多	23.8
认为自己的服装已经很多，不需要再购置了	5.0
认为自己现在的服装数量虽然很少，但没必要再买	2.0
其他情况	0.8
合计	100

上述数据显示，无论绝对规模、相对规模还是潜在规模，绝大多数受访女性都处于中等区间。从女性发展视角来看，女性的时装消费规模总体是理性的。

虽然女性的职业发展、个性发展和社会交往发展等都需要一定数量的服装，但无论是从女性自身发展，还是从性别和谐、社会和谐和生态和谐的角度来看，女性时装消费的规模并非越大越好。女性的经济收入、时间精力都是有限的，对时装消费规模的过度追求，势必减少女性在自身其他方面发展的投入，也会减少女性对家人的关爱，却会提升女性对丈夫的经济要求，从而可能破坏家庭内部的性别和谐；女性因满足消费欲望而在婚恋生活中过度强调经济收入的重要性必然给男性造成巨大的心理压力，使其为了金钱利益而违法乱纪从而破坏社会和谐。此外，服装生产需要耗费大量的能源、资源，还会造成各种各样的污染，从而破坏生态和谐。

第二节　女性时装消费的主要类型

以上是根据问卷调查数据所进行的女性时装消费具体表现的单变量描述，但这只能对每个变量的样本分布情况进行独立描述，只有再进一步作聚类分析，才能根据多个变量对样本进行分类，从而对样本的时装消费有综合性的认识。

本书需要了解样本时装消费的分类情况，因此选择的聚类分析变量应当涉及消费的时空、结构和规模，包括以下九个变量：自穿服装的主要购买场所、自穿服装的主要购买时机、逛街（包括网店）的频率、过去一年用于购买自穿服装每月平均费用、时装消费在女性个人消费中所占比重、对自穿现有服装数量满意程度、自穿服装的主要购买价位、对时尚的追逐程度和对自穿服装品牌的重视程度。

但 SPSS 分析表明，这些变量都引入分析时，虽然迭代实现收敛，但有三个变量，即对自穿服装品牌的重视程度、对时尚的追逐程度和自穿服装的主要购买场所的方差分析结果不具有显著性，表明聚类效果不佳。

考虑到方差分析具有显著性的变量，即自穿服装的主要购买价位、自穿服装的主要购买时机与不具有显著性的三个变量相关，具有显著性的六个变量在一定程度上可以代表原来的九个变量。因此，将这六个变量进行快速聚类分析。聚类数确定为 3，因为根据日常生活经验，人们对某种事物的追求和热爱程度，往往大致分为强烈、一般和平淡三种类型。分析结果如表 2-26~表 2-28 所示。

表 2-26　女性时装消费聚类分析

迭代	聚类中心内的更改		
	1	2	3
1	3.651	3.178	3.231
2	0.570	0.648	0.167
3	0.365	0.540	0.083
4	0.227	0.330	0.097
5	0.000	0.136	0.092

注：由于聚类中心内没有改动或改动较小而达到收敛。任何中心的最大绝对坐标更改为 0.000。当前迭代为 6。初始中心间的最小距离为 8.367

表 2-27　女性时装消费聚类分析 ANOVA

变量	聚类		误差		F	Sig
	均方	df	均方	df		
过去一年用于购买自己服装的每月平均费用	71.154	2	2.213	97	32.148	0.000
大多数服装的购买价位	8.603	2	0.658	97	13.084	0.000
对自己现有服装数量满意程度	36.405	2	2.521	97	14.443	0.000
通常购买服装的时期	6.145	2	1.059	97	5.804	0.004
逛百货或销售店或网店的频率	288.772	2	2.715	97	106.357	0.000
时装消费在自己个人消费中所占的比重	2.249	2	0.312	97	7.210	0.001

表 2-28 女性时装消费聚类分析最终聚类中心

聚类	1	2	3
自穿服装的主要购买时机	1.77	2.57	1.81
自穿服装的主要购买价位	2.40	2.32	1.52
逛街（包括网店）的频率	3.93	9.93	8.36
对自穿现有服装数量满意程度	4.00	5.43	3.36
过去一年用于购买自穿服装的每月平均费用	3.30	5.32	2.43
时装消费在女性个人消费中所占比重	2.87	3.29	2.79

表 2-26 显示，按 3 类聚合确定初始聚类的各变量中心点，未经 K-means 算法迭代，其类别间距离并非最优；经迭代运算后类别间各变量中心值得到修正。

表 2-27 显示，对聚类结果的类别间距离进行方差分析。方差分析表明，类别间距离差异的概率值除一项的概率值小于 0.005，其他都小于 0.001，即聚类效果好。

那么，这三个类别分别具有什么样的特征，又该如何命名呢？见表 2-28。

自穿服装的主要购买时机得分最高的是第二类，为 2.57，高于第一类的 1.77 和第三类的 1.81，而该变量的赋值情况是"新款上市时购买赋值 4，一个季节的中期购买赋值 3，换季清仓时购买赋值 2，需要的时候才买赋值 1"，这表明，第二类一般在一个季节的中期或换季清仓时购买服装，而第一类和第三类通常是在需要时或换季清仓时购买。

自穿服装的主要购买价位，第二类的得分为 2.32，只是略低于第一类的 2.40，该变量的赋值情况是"绝大多数选择 1 001 元以上的赋值 4，绝大多数选择 501~1 000 元的赋值 3，绝大多数选择 300~500 元的赋值 2，绝大多数选择 300 元以下的赋值 1"，这表明，第一类和第二类所购买的服装价位绝大多数在 300~1 000 元，第三类得分为 1.52，绝大多数在 300元以下。

逛街（包括逛百货、网店、销售店）频率得分最高的也是第二类，为 9.93，而该变量的赋值情况是"大约一周一次赋值 10，大约两周一次赋值 9，大约三周一次赋值 8"，因此，第二类的逛街频率接近于一周一次。

对自己现有服装数量满意程度得分最高的也是第二类，为 5.43，高于第一类的 4.00 和第三类的 3.36，而该变量的赋值情况是"已很多但还要再购置的赋值 6，数量一般还需要很多的赋值 5，数量很少还需要很多的赋值 4，已很多不需要再购置的赋值 3，数量一般但已经够穿的赋值 2，数量很少但没必要再买的赋值 1”，这表明，第二类已拥有不少服装，但还想拥有更多，而第一类所拥有的服装数量很少还需要很多，第三类已经拥有很多服装无须再大量购置。

过去一年用于购买自己服装的每月平均费用得分最高的也是第二类，为 5.32，远高于第一类的 3.30 和第三类的 2.43，而该变量的赋值情况是“101~200 元赋值 2，201~300 元赋值 3，301~500 元赋值 4，501~700 元赋值 5，701~1 000 元赋值 6”，因此第二类的每月购衣平均费用低于 1 000 元但高于 500 元；第一类低于 500 元，但高于 300 元，第三类低于 300 元，高于 200 元。

时装消费在个人消费中所占的比重，第二类的得分为 3.29，也是三类中最高的，高于第一类的 2.87 和第三类的 2.79，而该变量的赋值情况是“比重最大的赋值 4，比重中等的赋值 3，比重较小的赋值 2，比重最小的赋值 1”，这表明，第二类时装消费占个人消费的比重接近于“最大”，而第一类和第三类的比重都只是中等。

综合以上分析可以看出，除了一项居于第二位外，第二类在其他五项聚类变量下的得分都是最高的，根据赋值情况，第二类的时装消费在数量、价位、时尚的追求和逛街频率等方面都表现出热衷于时装消费的情况，因此，笔者将第二类命名为热衷型。而第三类，在较多聚类变量下与第一类的得分极其相近，但逛街频率的得分为 8.36，接近于第二类的 9.93，远高于第一类的 3.96，根据该变量的赋值情况，第三类的逛街概率大约为两周或三周一次，第一类大约为三个月一次，可见第三类远比第一类更热衷于时装消费，且热衷程度与第二类相当，但第三类的月均购衣费用则不到第二类的一半，所购服装的价位也低于第一类和第二类，可见，第三类对时装消费虽然很感兴趣，但实际支出表现得相当克制，因此，笔者将第三类命名为理智型。

第一类，多项分类变量下的得分都与理智型的第三类接近，有的略高一些，有的略低一些，而且在每月平均购衣费用和购买服装的价位这两项上的得分高于第三类，可见，第一类在时装消费上的支出与第三类相当，甚至略高，其也认识到自己的服装数量很少还需要很多。但是，第一类逛街的频率很低，大约三个月才逛一次，第一类对时装消费并不太热衷，但也并不排斥，因此，笔者将其命名为平淡型。女性时装消费类型比较见表 2-29。

表 2-29　女性时装消费类型及特征

聚类项目 类型	时机	价位	逛街 频率	想拥有的 数量	费用 支出	比重	样本（*n*=101） 数量/比例
热衷型	季中	中等	高	还需要很多	较高	较高	28/28%
理智型	季末	低	高	还需要很多	中等	较低	42/42%
平淡型	季末	中等	低	不太需要	中等	较低	30/30%

以上分析表明，本书研究样本的时装消费可以分为热衷型、理智型和平淡型三类，并且，热衷型和平淡型均为相对少数，而理智型为相对多数。

第三节　女性时装消费的性别关系

消费服装需要大量的金钱、时间和精力，在女性发展尚不充分、女性经济收入水平总体依然逊色于男性的时代背景下，考察女性的时装消费必然需要考察女性时装消费的经济独立性。

对于已婚育女性而言，需要考察消费费用支出来源于自身还是丈夫的心理期待和现实情形。

关于时装消费费用的承担，46.5%的受访女性希望由自己承担；42.6%都可以，无所谓由谁承担；而明确表示希望丈夫承担的仅29.7%（表2-30）。

表 2-30　对自己时装消费费用承担者的期待（单位：%）

对自己时装消费费用承担者的期待	比例（*n*=101）
希望由自己承担	46.5
都可以，无所谓由谁承担	42.6
希望丈夫承担	29.7

关于时装消费的实际费用来源，39.6%的受访女性表示都是自己的钱；25.7%表示大部分是自己的钱，只有一小部分是丈夫出的钱；21.8%表示一部分是自己的钱，一部分是丈夫出的钱；只有5.0%表示一小部分是自己的钱，大部分是丈夫出的钱；也仅有7.9%表示基本都是丈夫出的钱（表2-31）。

表 2-31　女性时装消费的费用来源（单位：%）

女性时装消费的费用来源	时装消费（n=101）	除时装消费外的个人消费（n=101）
都是自己的钱	39.6	27.7
大部分是自己的钱，仅一小部分是丈夫出的钱	25.7	16.8
一部分是自己的钱，一部分是丈夫出的钱	21.8	32.7
基本都是丈夫出的钱	7.9	14.9
一小部分是自己的钱、大部分是丈夫出的钱	5.0	7.9
合计	100	100

除时装消费外个人其他消费支出，27.7%表示都是自己的钱；16.8%表示大部分是自己的钱，只有一小部分是丈夫出的钱；32.7%表示一部分是自己的钱，一部分是丈夫出的钱；7.9%表示一小部分是自己的钱，大部分是丈夫出的钱；14.9%表示基本都是丈夫出的钱。

以上数据表明，多数女性的时装消费等个人消费资金来源主要还是她们自己而非丈夫。

总之，无论是心理期待还是实际情形，受访的已婚育青年女性时装消费的经济独立性总体较强，这既是这一群体女性自身发展的结果，也是她们进一步发展的动力。

在女性发展的视野下，还需要考察女性时装消费对家庭发展和家庭内部性别和谐的影响，因为女性发展不能只是一味地追求女性自身的发展。88%的受访女性认为，自己在穿着打扮消费方面投入的时间和精力几乎没有影响到对家人的关注和照顾。77.2%认为，自己在穿着打扮方面消费的金钱只使她少量减少对家庭的经济贡献。72.3%的受访女性表示，如果家庭经济条件有限，首先考虑为孩子或丈夫添置新服装，仅 27.7%表示首先考虑为自己添置。26.7%表示如果收入难以满足个人消费支出，自己的情绪很平静，并把注意力转移到其他不太需要花费金钱的事情上。59.4%表示自己会比较平静，并常常安慰自己要知足。仅 13.9%表示会感到失落（表 2-32）。

表 2-32　自身收入无法满足个人消费所需时的情绪反应（单位：%）

自身收入无法满足个人消费所需时的情绪反应	比例（n=101）
情绪比较平静，并常常安慰自己要知足	59.4
情绪很平静，并把注意力转移到其他不太需要花费的事情上	26.7
感到失落	13.9
合计	100

如果丈夫不支持自己的时装消费，仅 5.0%表示会怨恨丈夫，认为他没有尽到爱护自己的责任；33.7%的女性表示会失望，但不会怨恨他，毕竟时装消费不是生活的主要内容；60.4%表示，感到无所谓，且会在自己经济能力许可的范围内消费服装（表 2-33）。

表 2-33　丈夫不支持时装消费时女性的情绪反应（单位：%）

丈夫不支持时装消费时女性的情绪反应	比例（n=101）
感到无所谓，且会在自己经济能力许可的范围内消费服装	60.4
会失望，但不会怨恨丈夫	33.7
怨恨丈夫	5.0
其他	0.9
合计	100

以上数据显示，近九成受访女性的穿着打扮消费几乎没有影响到对家人的关注和照顾，近八成在穿着打扮方面的消费只是少量地影响其对家庭的经济贡献，仅不到一成的受访女性会因为丈夫不支持自己的时装消费而怨恨丈夫，六成的受访女性不会因此怨恨丈夫并在自己经济能力许可的范围内消费服装。在女性发展的视野下，已婚育女性在处理个人外在形象发展与家庭、丈夫之间的关系时总体比较理性。在照顾好家庭、处理好与丈夫关系的前提下进行穿着打扮消费，既推动了自己的发展完善，也保证了家庭整体的发展和家庭内的性别和谐，这是全面平衡发展的一种表现。

女性自身和丈夫的经济条件往往是有限的，如果资金使用效率不高，所购买服装利用率低，就会挤压女性自身发展的经济投入，也会造成对丈夫的经济压力，破坏性别和谐。因此，还需要考察女性对自身时装消费的反思。

关于自己衣柜里当季却不常穿服装占所有服装的比重，9.8%的受访女性表示几乎为零，53.5%占 1/3 左右，31.7%占 1/2 左右，5%占大多数，共计 63.3%的受访女性衣柜里不常穿服装占所有服装的比重在 1/3 以下（表 2-34）。

表 2-34　当季却不常穿的服装占所有服装的比重（单位：%）

衣柜里当季却不常穿的服装占所有服装的比重	比例（n=101）
几乎没有	9.8
1/3 左右	53.5
1/2 左右	31.7
占大多数	5.0
合计	100

关于服装买来后却不常穿的原因，42.6%主要是因为价格实惠，买的时候太冲动，其实不太适合自己；20.8%主要是因为自己的服装太多了，轮不上穿；15.8%是因为身材变化穿不了；9.9%主要是因为服装太好看了或太高档了，平时穿不太自在；5.0%主要是因为买的时候心情不好，买得太盲目，其实不太适合自己（表2-35）。

表 2-35　服装买来后却不常穿的原因（单位：%）

服装买来后却不常穿的原因	比例（$n=101$）
主要是因为价格实惠，买的时候太冲动，其实不太适合自己	42.6
服装太多了，轮不上穿	20.8
身材变化穿不了	15.8
服装太好看了或太高档了，平时穿不太自在	9.9
主要是因为买的时候心情不好，买得太盲目，其实不太适合自己	5.0
其他	5.9
合计	100

若服装买回后不常穿并感到后悔，10.1%表示容易受到价格的影响而冲动地购买服装，9.1%容易受到心情的影响从而冲动地购买服装，41.4%会因为喜欢而购买，但有39.4%表示，决定是否再买衣服时会更加慎重（表2-36）。

表 2-36　服装不常穿并感到后悔之后的时装消费决策情况（单位：%）

服装不常穿并感到后悔之后的时装消费决策情况	比例（$n=101$）
会因为喜欢而购买	41.4
决定是否再买衣服时会更加慎重	39.4
容易受到价格的影响从而冲动购买服装	10.1
容易受到心情的影响从而冲动购买服装	9.1
合计	100

购买促销服装后，在过去34.7%的受访女性表示通常不后悔，因为购买的时候已经很理性地选择了，买得都挺合适的；39.6%偶尔后悔，因为购买的时候比较冲动，买的促销服装有些一直穿不了；25.7%常常后悔，因为不少服装买得不太合适。而现在，64.4%表示通常不后悔，因为购买的时候已经很理性地选择了，买得都挺合适的；29.7%偶尔后悔；5.9%常常后悔。现在比起过去，在促销时购衣更加慎重地选择且通常不后悔的比例增加29.7%，而常常后悔的则减少19.8%（表2-37）。这说明，相当部分的女性会反思自己的时装消费，使自己在面对促销时更加理性，以提高

自己和家庭资金的使用效率。

表 2-37　购买促销服装的后悔情况（单位：%）

购买促销服装的后悔情况	过去 （n=101）	现在 （n=101）	现在比过去的变动情况
偶尔后悔	39.6	29.7	−9.9
通常不后悔	34.7	64.4	+29.7
常常后悔	25.7	5.9	−19.8
合计	100	100	

第四节　女性时装消费的基本评价

在消费目的方面，八成女性是在悦己的前提下悦人，九成女性在悦女性的前提下悦男性。

在消费时空方面，五成以上女性一个月及更长时间才逛街一次；六成以上通常选择在中等价位的百货或专卖店购买服装，仅一成左右会在高级百货或专卖店购买；仅不到一成通常在季节新装上市初期购买，近三成通常在季节中期购买，近五成在需要时才购买。

在消费结构方面，七成女性注重品质钦慕品牌，但并未形成品牌崇拜；七成女性只有在品牌女装较大力度促销且有其适合或喜欢的服装时才购买；九成女性并未成为时尚亦步亦趋的奴隶。

在消费规模方面，近八成女性追求适量，并不认为服装越多越好；约六成女性时装消费支出在每月 600 元以下，其中四成支出在每月 400 元以下。八成以上女性时装消费支出与自己或丈夫的收入水平相匹配。

在消费的性别关系方面，近七成女性的消费资金主要来源于自身而非丈夫；八成左右的女性在时装消费时会考虑家庭的经济状况，并控制投入在时装消费方面的时间和精力；六成女性常反思检讨自己的服装不常穿的原因，并会在促销时更慎重地进行选择。

而聚类分析结果也表明七成以上受访女性的时装消费属于理智型甚至平淡型，热衷型只占不到三成。

在女性发展的视野下，已婚育青年女性的时装消费呈现出一个显著特征——总体理性，因为她们能够较好地平衡自身发展与有限的经济收入和时间、精力的关系，也能较好地平衡自身发展与家庭发展、家庭性别和谐的关系。

但是，应当引起关注的是，还是有相当部分女性热衷于时装消费，有的几乎达到狂热的程度。例如，时装消费热衷型女性的各项指标中，逛街频率和对自己现有服装数量满意程度这两项十分突出，这一群体大约一周逛街一次，虽然已拥有很多服装但还想拥有更多。不难想象，对于已育青年女性而言，热衷于逛街和想拥有更多的服装，以及相对于收入而言不低的时装消费支出，极有可能会给她们的丈夫、家庭及她们自己带来经济、精力和时间等在不同方面、不同程度的困扰。

不能忽视的是，时装消费属于理智型的女性也会因时装消费面对重重困扰，尽管理智型女性在购衣的平均费用、购衣的单价、购衣的时机等方面都显然弱于热衷型，其逛街的频率是大约两周一次，其目前拥有的服装数量较少，但还需要很多服装。这表明，这一群体女性对时装消费也有较大的热情，之所以在购衣的平均费用、购衣的单价、购衣的时机等方面没有表现出热衷的迹象，可能只是因为受到经济条件等现实因素的限制才不得不理性消费。

而就问卷调查来看，热衷型和理智型加总占样本的比例高达 72%。

那么，究竟是哪些因素影响着女性的时装消费？消费欲望的不断滋长，以及欲望被现实长期压抑的情况，会对家庭内外的性别和谐造成何种冲击？解决这些问题的对策又在哪里？对于女性自身的发展而言，时装消费的正面效应和负面效应有哪些，又如何消解负面效应？

第三章
女性时装消费的解释分析

在第二章，基于问卷调查数据的描述分析——单变量描述统计和聚类分析，揭示了女性时装消费的具体表现和类型。

本章将进行解释性分析，即一元线性回归分析和多元线性回归分析，以验证第一章提出的研究假设，从而发现究竟有哪些因素对女性时装消费有影响，特别是发现那些与女性发展有关因素的影响力（被解释变量和解释变量详见第一章"研究缘起和研究框架"）。

第一节　女性时装消费的一元回归分析

对于女性时装消费，本书所构建的解释指标体系中，最能够反映女性发展水平的变量是女性的月收入、职务和职称，将这三个变量拟合成一个新因子 "女性职业发展水平"[①]。在进行一元回归分析时，将新因子作为控制变量引入，以验证女性自身发展对女性时装消费的影响。同时，丈夫的收入水平也可能产生影响，因此也将"丈夫的月收入"作为控制变量引入，以从性别视野比较女性自身发展水平对女性时装消费的作用。

---

① 这三个变量 KMO 值为 0.518，Bartlett 球形度检验值为 16.913，在 0.010 水平显著，表明适合因子分析。

一、行动者对女性时装消费的影响

根据第一章提出的研究假设，在此验证分析女性自身的价值理念、生理因素、心理因素、文艺爱好、社会交往等行动者因素对女性时装消费的影响，这些二级指标及其所属的三级指标绝大多数都与女性发展有关。

（一）女性自我意识等价值理念的影响

由于时装消费需要耗费时间、精力和金钱，那么，女性自我意识的强弱及女性对外形美在人际交往、事业发展中重要性的认识等价值理念都可能会影响女性的时装消费。

人的自我意识是指人对自我及其与他人关系的意识，包括个体对自身的意识和对自身与他人关系的意识两大部分（石红梅，2007）。

而女性的自我意识，在对自我认知方面，主要是指女性对自我能力的评价；在人我关系的认知方面，主要是指女性对男女性别权力关系的认识，也就是女性对自身在社会和家庭中所处的地位，以及自身的责任与权益的认识。而女性自我意识强，是指女性对自我能力评价高、自信心强，并认为无论在社会还是家庭，女性与男性的地位平等，女性并不依附于男性，也并不受男性的压迫和奴役，女性有权利做自己，也有权利追求自身的能力发展、职业发展、社会交往发展和个性丰富，而不仅仅作为妻子与母亲存在。

女性自我意识的苏醒和不断加强，是人类社会特别是女性群体十分重大的进步，是女性解放的结果，也是女性进一步解放和发展的条件，但这是一个漫长的过程。

人类历史进入父权制时期以来，除了极少数地区，无论在东方或西方，也无论何种族、民族与阶级，女性的家庭地位绝对低于自己的丈夫，甚至低于自己的儿子。占女性绝大多数的平民阶层女性一旦为人妻、为人母，迫于生存的压力和传统性别文化的束缚，几乎将全部的时间和精力投入家务的操持和孩子的养育上。忍辱负重、勤劳俭朴是她们的总体形象，只问付出不问收获的精神被看做女性贤良淑德的典型表现，得到了家庭内外的赞美、社会上下的称颂，但在这些赞美和称颂声中，贤良淑德、勤劳俭朴的女性，由于操劳过度无暇或无心装扮，过早地衰老了，丈夫对她虽有感念之心却无珍爱之意，这样的女性一生没有自我的追求，这对家庭和社会而言也许是美事，但对女性自身的发展而言是莫大的悲哀。官宦商贾之家的女性，虽然养尊处优不易衰老，但同样只是作为男性的附庸而存在，她们全部的生命意义也只在于成为妻子与母亲，营造良好的家庭氛围是她们人生的最大目标（赵秀林，2008）。

在西方，近代以来，天赋人权等学说通过思想启蒙运动广泛传播，工业革命中女性在社会和家庭的经济功能不断增强。第一次世界大战爆发后，在男性走向战场的同时，女性走向了社会，为国家的正常运行和发展做出了巨大贡献，在这样的历史进程中，女权主义运动不可避免的风起云涌，广大女性的自我意识逐渐苏醒并增强。

在中国，尽管在政治最为动荡的魏晋南北朝时期，以及晚明商品经济萌芽的江南地区，女性有过些许自我意识的萌动（赵秀林，2008；刘春玲，2005），但在要求女性"三从四德"的儒家礼教和"存天理、灭人欲"的程朱理学的强力禁锢和束缚之下，直到 20 世纪初，中国女性的自我意识才真正开始觉醒并逐渐加强。在这一时期，中国的知识女性号召女子解放自己，提出"去依赖""尽义务""增能力"的妇女解放思想，也就是女性要去除对男性和家庭的经济依赖，女性不仅要为家庭尽义务也要为国家和社会尽义务，女性要提升自己的学识文化和各方面的能力。为此，一些知识女性试图通过创设女子实业学堂、组织女子实业学会等方式，谋求女子经济独立。她们还积极参与到反帝爱国运动和反清民主革命中，在"拒俄运动""抵制美货""争取路矿权"等斗争中都可见到女性特别是知识女性的身影（畅引婷，1998）。此后，在新民主主义革命及中华人民共和国的建设和发展中，在中国共产党的领导和社会有识之士的推动之下，自尊、自爱、自立、自强等女性自我意识在各阶层、各群体女性中逐渐树立并不断加强，众多女性广泛地参与到社会劳动中，追求自己的职业发展、社会交往、精神提升和个性发展。而在家庭生活中，众多女性认为自己与丈夫的地位是平等的，认为自己应当在人格上得到丈夫和孩子等家人的尊重和理解，认为女性不应当承担全部家务，女性应当享有一定的自由支配时间，女性应当可以追求自己的兴趣爱好，可以进行个人消费等。

那么，我国当代青年女性的自我意识状况如何呢？

在接受本书研究问卷调查的女性中，82.2%表示希望自己能够在事业上取得较大成功，其中 61.4%表示，如果丈夫事业前途远大，必要时她愿意放弃或降低自己的事业发展期待；有 20.8%表示，绝不会为家庭放弃自己的事业；不想工作，而将照顾好家庭作为人生最大责任和乐趣的受访女性仅有 1.0%；有一份工作就行且必要时可以不工作的占 16.8%（表 3-1）。

表 3-1　女性关于自身事业追求的观点（单位：%）

女性的事业追求	比例（n=101）
绝不会为家庭放弃自己的事业	20.8
如果丈夫的事业前途远大，必要时愿意放弃或降低自己的事业发展期待	61.4
有一份工作就行且必要时可以不工作	16.8
照顾好家庭是自己的最大责任和乐趣	1.0
合计	100

注：表 3-1~表 3-13 所列均为有效样本和有效百分比

在家庭责任承担方面，89.0%的受访女性认为，买菜煮饭做卫生等家务劳动应当是夫妻共同承担的责任；74.3%认为，在生活上照顾孩子应当是夫妻共同承担的事务；92.1%表示，教育孩子应当是夫妻共同承担的责任（表 3-2）。

表 3-2　认为家庭责任应夫妻共同分担的比例（单位：%）

认为应由夫妻共同分担的家庭责任	比例（n=101）
买菜煮饭做卫生等家务劳动	89.0
照顾孩子	74.3
教育孩子	92.1

在休闲娱乐方面，50%认为无论工作、家务多忙都要挤出休闲娱乐的时间。

在兴趣爱好方面，60%表示，虽然丈夫强烈要求其放弃兴趣爱好，但她还是会坚持，同时尽量协调好兴趣爱好与家庭责任承担之间的关系；另有 28%表示，若兴趣爱好与家庭偶尔有矛盾她会坚持，但若长期矛盾她会主动放弃（表 3-3）。

表 3-3　坚持兴趣爱好的坚决程度（单位：%）

若丈夫反对女性坚持兴趣爱好的坚决程度	比例（n=100）
没有兴趣爱好	5
主动放弃，以后再说	6
偶尔矛盾会坚持，长期矛盾会放弃	28
坚持爱好，但会协调	60
坚持爱好，并与丈夫抗争	1
合计	100

在社会交往方面，66.3%表示，结婚后特别是有孩子后，在家务事都安排处理妥当的前提下，会参加好朋友之间的聚会；24.8%认为朋友间的

聚会经常要有，无论家务事多忙，都要定期聚会；仅有 8.9%认为，能不参加就不参加，一切围着家庭转（表3-4）。

表 3-4 关于参加朋友聚会的观点（单位：%）

关于参加朋友聚会的观点	比例（n=101）
朋友间的聚会经常要有，无论家务事多忙，都要定期聚会	24.8
结婚后特别是有孩子后，在家务事都安排处理妥当的前提下，会参加好朋友之间的聚会	66.3
能不参加就不参加，一切围着家庭转	8.9
合计	100

在女性个人时装消费的经济支出方面，99%的受访女性认为，为人母的女性应该在打扮自己的外表方面投入金钱，其中，42.6%认为应该投入但不应投入大量金钱；55.4%认为应该投入，但应看家庭具体条件；认为不应该投入和应该大量投入的均仅有 1.0%的受访女性（表3-5）。

表 3-5 女性关于在个人时装消费方面投入金钱、精力、时间的观点（单位：%）

关于应在个人时装消费方面投入金钱、时间、精力的观点	金钱（n=101）	精力（n=101）	时间（n=101）
应该投入，但应看家庭具体条件	55.4	36.6	37.6
应该投入但不应大量投入	42.6	62.4	59.4
应该大量投入	1.0	1.0	1.0
不应该投入	1.0	0.0	1.0
合计	100	100	100

在女性个人时装消费的时间、精力耗费方面，98%的受访女性认为，为人母的女性应该在打扮自己的外表方面投入时间，其中，59.4%认为应该投入但不应投入大量时间；37.6%认为应该投入，但应看家庭具体条件；认为不应该投入和应该大量投入的均仅有 1.0%。100%的受访女性认为，为人母的女性应该在打扮自己的外表方面投入精力，其中，62.4%认为应该投入但不应投入大量时间；36.6%认为应该投入，但应看家庭具体条件；认为应该大量投入的也仅有 1.0%，而且没有人认为不应该投入。

关于女性要不要为家庭委屈自己的认识，61.4%认为现代女性既要对自己好一点，必要时还是要受点委屈，二者要平衡；37.6%认为现代社会进步了，女人要对自己好，不能因为丈夫和孩子委屈自己；仅有 1.0%认为忍辱负重、吃苦耐劳、勤俭持家是女性特有的美德，现代女性还是要坚守这些美德（表3-6）。

表 3-6　女性关于要不要为家庭委屈自己的观点（单位：%）

女性关于要不要委屈自己的观点	比例（n=101）
女人要对自己好，不因丈夫和孩子委屈自己	37.6
现代女性既要对自己好一点，必要时还是要受点委屈，二者要平衡好	61.4
忍辱负重、吃苦耐劳、勤俭持家是女性特有的美德，必须坚守	1.0
合计	100

上述数据表明，当代青年女性，无论是自我的事业发展追求、家务承担、个性发展、社会交往发展还是消费欲望满足，都注意平衡自我与家庭之间的关系。总体而言，这一群体有着较强的自我意识，但同时又是理性、有节制、顾全大局的自我意识。

在自我意识觉醒并不断强化之后，女性必然更多地走向社会以追求自身的职业发展、社会交往和个性丰富。她首先需要面对一个现实问题，即建构一个怎样的自我外在形象面对他人。而服装在人外在形象的建构中是最不可或缺的，也是最重要的一个因素，因为人们需要借助服装遮体避羞，而且服装在人的形象中最突出、最显眼，不同的服装最显著地建构着不同的外在形象，如职业装塑造女性聪颖干练的形象、礼服塑造女性优雅高贵的形象、休闲服塑造女性轻松自在的形象、运动服塑造女性活力动感的形象、家居服塑造女性温婉恬静的形象。更重要的是，服装不仅塑造着人的外在形象，还传递着诸多信息，如自我定位、自我追求、所属阶层、性情脾气、品位追求等，是每位个体人十分重要的象征符号。

女性的自我意识可能会对女性的时装消费产生影响，自我意识越强，则自我的事业期待越高、参与社会交往越多、家庭地位期待越高、家庭责任承担期待越低，越认为自己应当为时装消费投入时间、精力、金钱，因此时装消费规模就越大、消费时空、消费结构也就越高级；反之，自我意识越弱，时装消费规模就越小、消费时空、消费结构也就越低端。那么，调查数据控制变量的一元线性回归分析是否能够验证上述假设呢？

SPSS 分析显示，女性自我意识的指标"坚持兴趣爱好的强烈程度"，对因变量对自己现有服装数量满意程度的标准回归系数为 0.232[①]，调整后的 R^2 为 0.044，即可以解释 4.4%的误差。而在分别控制女性职业发展水平和丈夫月收入后，标准回归系数变动极小[②]。这说明，面对兴趣爱

① t 值为 2.363，F 值为 5.585，0.050 水平显著。

② 本书研究绝大多数一元回归模型控制分析前后标准回归系数的平方差小于 0.050，控制变量基本不起作用。

好与家庭责任承担的冲突，女性的自我意识越强，就越坚定地追求自己的兴趣爱好，就越需要添置更多的服装以参与相关的社会活动。虽然受到各种条件的制约，这种需要未必能转化为实际的时装消费支出，却会使女性对已拥有的服装数量感到不满。女性职业发展水平和丈夫收入水平对这一影响关系几乎不起作用。

SPSS 分析显示，女性关于外表给他人印象重要性的认识对追逐时尚的程度有影响，标准回归系数为 0.241[①]，调整后的 R^2 为 0.049，即可以解释 4.9%的误差。控制女性职业发展水平后，这一影响关系消失，而控制丈夫月收入后，回归系数基本保持不变。这说明，女人越认为外表会影响自己给他人留下的印象，就越追求时尚，女性职业发展水平是这一影响关系成立的条件，而丈夫收入水平对此几乎没有影响。

（二）女性生理因素的影响

服装直接附着在人的身体上，因此，不能忽视身材变化、年龄增长、外表长相等生理因素对女性时装消费的影响。

绝大多数女性在结婚后身材会发生一些变化，其中最大的一次身材变化发生在孕产期，在笔者的问卷调查中，46.6%的受访女性生育孩子后身材变化较大。而由于饮食、心情、忙闲等因素的影响，在非孕产期，女性的身材也不时发生细微变化，54.5%的受访女性表示平时自己的身材会发生一些变化。

追求完美外形的女性，往往对服装尺寸的合身性要求很高，因此身材的微小变化都有可能使其消费新的服装。24.8%的受访女性因为衣服有一点点不合身就不会再穿，高达 96.9%会因身材的微小变化而添置新服装，其中 45.5%有时会，15.8%经常会，只有 3.0%从来不会（表 3-7）。

表 3-7　因身材微小变化而添置服装的情况（单位：%）

因身材微小变化而添置服装的情况	比例（n=101）
经常	15.8
有时	45.5
偶尔	35.6
从来不会	3.0
其他	0.1
合计	100

① t 值为 2.470，F 值为 6.101，0.050 水平显著。

SPSS 的一元线性回归分析也验证了女性身材变化对时装消费的影响。

自变量生育孩子对身材的影响情况与因变量追逐时尚的程度、时装消费在个人消费中所占比重的标准回归系数分别为 0.250[①]、0.253[②]，调整后的 R^2 为 0.053、0.055，即可以解释 5.3%、5.5%的误差。在控制女性职业发展水平后，这两对影响关系消失，而控制丈夫月收入后，回归系数变动极小。这说明生育孩子对女性身材的影响越大，女性越追逐时尚，时装消费支出占个人总支出的比重也就越大，但女性职业发展水平是这些影响关系成立的条件，而丈夫收入水平则基本不起作用。

自变量身材微小变化而添置服装的情况与因变量追逐时尚的程度、对自己现有服装数量满意程度的标准回归系数分别 0.377[③]、0.308[④]，调整后的 R^2 为 0.133、0.086，即可以解释 13.3%、8.6%的误差。而控制女性职业发展水平后，标准回归系数分别提高到 0.473[⑤]、0.423[⑥]，调整后的 R^2 为 0.186、0.140，即可以解释 18.6%、14.0%的误差。在控制丈夫月收入后，标准回归系数几乎不变。这说明女性越注重服装的合身度，越追逐时尚，也就越渴望拥有更多的服装，女性职业发展水平在一定程度压抑了这一影响关系，但丈夫收入水平对此几乎没有影响。

在不同的年龄阶段，女性对服装的需求是不同的，女性的年龄也应当是需要考量的影响因素。SPSS 分析显示，自变量女性年龄对因变量穿衣打扮符合女性审美的程度的标准回归系数为-0.197[⑦]，调整后的 R^2 为 2.9%，即可以解释 2.9%的误差。这表明女性年龄越大，穿衣打扮越符合男性的审美标准，这可能与本书研究样本为 44 岁以下青年女性有关。女性最美的年华在青春时期（50 岁以前的青春时期），与男性互动最频繁最美好的也是在这一时期，但随着年龄的增长，青春逐渐流逝，所以青年女性年龄越大越渴望留住青春，也就越会通过穿着打扮强调自己的女性特质，而女性特质往往符合男性对女性的审美偏好。但在分别控制女性职业发展水平和丈夫月收入后，这一影响关系消失，这说明，女性职业发展水平和丈夫收入水平是这一影响关系成立的条件。

自变量女性年龄对因变量自穿服装一般价位的标准回归系数为

---

① t 值为 2.564，F 值为 6.573，0.050 水平显著。
② t 值为 2.603，F 值为 6.774，0.050 水平显著。
③ t 值为 4.048，F 值为 16.385，0.000 水平显著。
④ t 值为 3.222，F 值为 10.379，0.050 水平显著。
⑤ t 值为 2.458，F 值为 6.043，0.050 水平显著。
⑥ t 值为 2.139，F 值为 4.574，0.050 水平显著。
⑦ t 值为-2.000，F 值为 4.002，0.050 水平显著。

$0.360^{①}$，调整后的 R^2 为 0.141，即可以解释 14.1%的误差。而分别控制女性职业发展水平和丈夫月收入后，回归系数变动极小。这说明青年时期的女性，年龄越大，所消费服装的价位越高，女性职业发展水平和丈夫月收入对这一影响关系几乎不起作用。

外表的美丽程度也会影响女性的时装消费。许多服装都适合外表美丽的女性穿着，而外表较为普通平凡的女性则很难遇见让自己的外形瞬间增辉的服装，比起外表平凡的女性，美丽女性更容易为服装所打动，所以时装消费的数量多、花费大；由于外表美丽的女性比较容易选购到适合自己的服装，其服装的拥有量大，也因此对服装品质的要求更高，而对服装品质的高要求又可能会大大增加时装消费的支出金额。

SPSS 一元线性回归分析结果证实了上述假设。

自变量外表的自我评价、外表的他人评价与因变量自穿服装的主要购买场所的标准回归系数分别为 $0.338^{②}$ 和 $0.268^{③}$，调整后的 R^2 为 0.105、0.062，即可以解释 10.5%和 6.2%的误差；自变量外表自我评价、外表他人评价与因变量自穿服装的一般价位的标准回归系数分别为 $0.357^{④}$ 和 $0.369^{⑤}$，调整后的 R^2 为 0.119、0.128，即可以解释 11.9%和 12.8%的误差。控制女性职业发展水平和丈夫月收入后，外表自我评价对自穿服装主要购买场所、自穿服装一般价位的影响力都基本保持不变。这说明女性认为自己的外表越美丽，购买服装的场所就越高端，所购服装的价位也越高，而且不受女性职业发展水平和丈夫收入水平的影响。而控制女性职业发展水平后，外表他人评价对自穿服装主要购买场所、自穿服装一般价位的影响力消失。控制丈夫月收入后，外表他人评价的影响力基本保持不变。这表明女性外表美丽程度的他人评价越高，女性所选择的购买场所越高端，所购服装的价位也越高。女性职业发展水平是这一关系成立的条件，而丈夫收入水平对这一关系几乎没有影响。

自变量外表自我评价、外表他人评价与因变量过去一年中用于购买自穿服装每月平均费用的标准回归系数分别为 $0.270^{⑥}$、$0.308^{⑦}$，调整后的 R^2 为 0.064、0.086，即可以解释 6.4%和 8.6%的误差，这表明女性外

---

① t 值为 4.169，F 值为 17.383，0.000 水平显著。
② t 值为 3.569，F 值为 12.741，0.010 水平显著。
③ t 值为 2.769，F 值为 7.666，0.010 水平显著。
④ t 值为 3.801，F 值为 14.445，0.000 水平显著。
⑤ t 值为 2.769，F 值为 15.619，0.000 水平显著。
⑥ t 值为 2.779，F 值为 7.725，0.005 水平显著。
⑦ t 值为 3.204，F 值为 10.265，0.005 水平显著。

表越美丽，时装消费支出就越高。但控制女性职业发展水平后，这一影响关系消失了，而控制丈夫月收入后，影响关系基本不变。这表明，女性职业发展水平是这一影响关系成立的条件，而丈夫收入水平对此几乎没有影响。

自变量外表自我评价、外表他人评价与因变量对自己现有服装数量满意程度的标准回归系数分别为 0.270[①]、0.207[②]，调整后的 R^2 为 0.042、0.033，即可以解释 4.2%和 3.3%的误差。这表明女性外表越美丽就越渴望拥有更多的服装，但控制女性职业发展水平后，影响关系都消失，而控制丈夫月收入后，影响关系基本不变。这表明，女性职业发展水平是这些影响关系成立的条件，而丈夫收入水平对此几乎不起作用。

（三）女性心理因素的影响

在心理因素中，爱美心理、惯性心理、逐乐心理及自我概念表达心理都可能影响女性的时装消费。

1. 爱美心理的影响

爱美，是指喜爱欣赏美、乐于展示美和渴望拥有美的心理。美的事物能使人产生美感，从而产生愉悦、欢欣、陶醉等美好的情感（黄健云，2009），因此爱美、审美、追求美就成为人精神丰富发展的重要内涵。

美能够给人带来如此美好的情绪感受，对美的爱慕和神往自然就成为人的追求，男性、女性概莫能外。男性爱美，主要是喜欢欣赏、拥有她人之美，表现出审美主体的显著特征，即主要乐于"看"而不是"被看"。而女性爱美，则既欣赏他人之美，又期望拥有、展示、欣赏自我之美，从而既表现出审美客体的特征，又表现出审美主体的特征，既乐于"被看"也乐于"看"。

在审美过程中，为什么女性乐于"被看"呢？笔者认为源于两个方面。

第一，女性本身具有引发更多美感的客观基础，自身美被欣赏而产生的精神愉悦使女性愿意成为审美的客体。唯物主义美学观认为，人的美感之所以产生，必须具备两个重要前提，其中之一就是客观事物（任平安和赵艳屏，1986），即美感产生的重要基础是美的客观事物。女性的肤质一般较为细腻柔嫩、身材较为娇小圆润，而男性则一般肤质较为粗糙硬朗、身材较为魁梧粗壮，女性柔美的服饰会破坏男性的阳刚之美，但男性粗犷

---

① t 值为 2.314，F 值为 5.355，0.050 水平显著。
② t 值为 2.102，F 值为 4.420，0.050 水平显著。

的装扮更能衬托女性的娇美。也就是说，女性既适合女性化又适合男性化或中性化的装束，而男性所适合的装扮范畴则狭窄得多。从外在美的客观基础来看，女性能够给审美主体带来多样化的美感，或淡雅或娇艳，或优雅或狂野，或高贵或简约，或知性或柔美，浓妆淡抹总相宜，从而在审美主体的内心留下更多爱慕、神往的美好情感，如此美好的情感被女性感知之后，反过来也能给女性带来满足、愉悦的心理体验，因此女性愿意成为审美的客体。

第二，就社会因素和文化因素而言，女性之所以愿意成为审美的客体，应与性别不平等而男性社会地位高于女性的传统性别文化有关。在传统社会时期，男性的职能是从事社会生产挣钱养家，而女性则从事家务劳动，这使男性对女性拥有很大的统治权和控制权，女性需要用服从、服务和美丽的外表讨好男性。特别是对于权势富贵家庭而言，女性不必从事家务劳动，有大量的时间可以用来装扮自己的外表以取悦丈夫。久而久之，男性习惯审视女性的外表美，而女性也习惯于被审视。直到今天，性别不平等、男性社会地位高于女性的状况仍然在一定范围和一定程度上存在，这使女性仍然愿意成为男性审美的客体。

无论是"看"还是"被看"，女性都能从中获得美好的情感体验，也就格外爱美，而由于服装是人与人交往之时决然不可或缺的重要介质，服装之美就成为女性的重要追求。正如马克思所言："人类总是按照美的规律进行创造。"早在原始社会时期，人们就懂得用兽骨、贝壳、石头等来装饰自己（汪开庆，2009）。随着社会的进步和服装行业的发展，到了现代社会，服装更是越来越成为生活中流动着的艺术品（林柳，2003）。服装设计师结合雕塑、建筑、音乐、舞蹈、诗歌等不同艺术形式，融汇各国家、各民族不同历史时期的独特文化和理念，运用丰富多样的材质、色彩、图案、款型和生产工艺，设计、生产出各式各样的服装，这些服装或简约干净或装饰繁复，或宽松大气或玲珑婉约，或风情浪漫或端庄大方，或可爱活泼或成熟雅致，或热烈张扬或宁静含蓄，或中性野性或妩媚柔美，或甜美淑女或嬉皮牛仔，或小家碧玉或高贵名媛，或东方气韵或西方气派，或现代后现代或复古民族风，一款又一款层出不穷，各具特色也各有其美，散发着不可抗拒的美的巨大魔力，吸引着女性去喜爱、拥有和展示它们。在笔者的问卷调查中，87.1%的受访女性认为，如果一个女性讲究穿着打扮，是出于爱美的心理，选择的比例远高于其他选项（表3-8）。

表 3-8　认为女性讲究穿着打扮的原因（单位：%）

认为女性讲究穿着打扮的原因	比例（n=101）
爱美的心理	87.1
本身就长得美，希望更美	37.6
受周围打扮得很美的女性的无形影响	37.6
本身长得不够美，以此树立自信	28.7
有文艺气质	19.8
从小受到母亲等家人的影响	18.8
受到广告的影响	9.9
受到影视明星的影响	7.9

　　服装经过精心搭配后会更美，但这必然要求女性具备较强的审美能力，因此重视服装搭配是女性爱美也是女性审美能力的重要表现，52.5%的受访女性表示，平时总是重视服装搭配。为了能够搭配出更完美的效果，不可避免地会增加时装消费的支出。

　　SPSS 分析验证了女性爱美心理对时装消费的影响。

　　自变量是否常因抵不住美衣诱惑而购衣与因变量追逐时尚的程度、过去一年用于购买自穿服装每月平均费用的标准回归系数为 0.230[①]、0.286[②]，调整后的 R^2 为 0.044、0.072，即可以解释 4.4%和 7.2%的误差。在控制女性职业发展水平和丈夫月收入后，是否常因抵不住美衣诱惑而购衣与因变量追逐时尚的程度的回归系数变动都极小。这说明女性越爱美就越追逐时尚，女性职业发展水平和丈夫收入水平对此几乎没有影响。而控制女性职业发展水平后，是否常因抵不住美衣诱惑而购衣对过去一年用于购买自穿服装每月平均费用的影响消失，控制丈夫月收入后，回归系数基本保持不变。这说明女性越爱美，时装消费支出越高，女性职业发展水平是这一影响关系成立的条件，丈夫月收入对这一关系几乎没有影响。

　　自变量重视服装搭配的程度与因变量自穿服装一般价位、购买自穿服装的品牌重视程度、过去一年用于购买自穿服装每月平均费用、时装消费在女性个人消费中所占比重、对自己现有服装数量的满意程度的标准回归系数分别为 0.197[③]、0.253[④]、0.265[⑤]、0.291[⑥]、0.269[⑦]，调整后的 R^2 为 0.029、

---

① t 值为 2.356，F 值为 5.552，0.050 水平显著。
② t 值为 2.955，F 值为 8.732，0.005 水平显著。
③ t 值为 1.999，F 值为 3.997，0.050 水平显著。
④ t 值为 2.605，F 值为 6.788，0.050 水平显著。
⑤ t 值为 2.719，F 值为 7.392，0.010 水平显著。
⑥ t 值为 3.032，F 值为 9.192，0.010 水平显著。
⑦ t 值为 2.780，F 值为 7.729，0.010 水平显著。

0.055、0.061、0.076、0.063，可解释 2.9%、5.5%、6.1%、7.6%和 6.3%的
误差。分别控制女性职业发展水平和丈夫月收入后，重视服装搭配的程度
对自穿服装一般价位的影响消失。这说明，女性越重视服装搭配，所购买
服装的价位越高，但女性职业发展水平和丈夫月收入是这一影响关系成立
的条件。而控制女性职业发展水平后，重视服装搭配的程度对购买自穿服
装的品牌重视程度、过去一年用于购买自穿服装每月平均费用的影响都消
失，控制丈夫月收入后影响系数基本不变。这说明女性越重视服装搭配，
就越重视自穿服装的品牌，时装消费支出就越高，女性职业发展水平是这
些影响关系成立的条件，而丈夫收入水平对此几乎没有影响。

　　上述几组数据分析结果表明，女性越爱美，时装消费的规模就越大、
水平就越高，但都受到女性职业发展水平的制约。

　　笔者深入访谈的个案故事，也验证了女性爱美心理对女性时装消费的
影响。D 和 H 在工作多年后，都已经拥有了数量众多的个人服装。由于收
入水平不高，而且时装消费耗费了她们太多的金钱、时间和精力，她们曾
经多次告诫自己不能再购买新服装了。她们自信地认为，自己已经拥有了
各式各样的服装，市场上的服装对她们再也不会产生很大的诱惑。但是，
她们都无奈地表示，往往在这样的念头闪现后不久，就又有一件又一件的
服装以其独特之美在刹那间捕获她们的心，使她们不由自主地一次又一次
地消费服装。

　　还有一些女性，消费服装并非为了穿着，而仅仅是因为服装太美了，
想要收藏和观赏。服装店店主 X 告诉笔者，一位客户经常在她店里购买各
式各样美丽的服装，但 X 从来未见过她穿过。这位客户告诉 X 说，有些
服装太美了，让她无法抗拒，但她平时又不愿意太张扬，所以就只买不外
穿。不过，夜深人静之时，她会把这些衣服一件一件地拿出来试穿，感受
自我与服装交融辉映的美，在这样的过程中她感觉很快乐、很陶醉，有时
甚至会试穿到凌晨一两点钟。

　　女性爱美，但对于"什么是美的、什么是不美的"认识，即审美旨趣，
则不仅有个体差异，而且每位个体人有阶段差异。作为人的精神世界非常
重要的组成部分，个体人的审美旨趣常常随年龄增长、身份变动、时代变
迁、风尚潮流等不断变化。

　　服装由色彩、图案、款型、材质和风格等诸多要素构成，女性审美旨
趣的变化会直接影响其对服装上述要素的偏好，并因此影响其时装消费。

　　在色彩方面，年轻时，有的女性一般偏爱粉红、大红、明黄、果绿等
明艳色系，但步入中年后可能更喜欢黑色、灰色、咖啡色、杏色等无彩色

或素色。而有的女性则恰恰相反，她们年轻时认为红色、黄色俗艳不雅，更偏爱黑色、白色和灰色，而在步入中年后则认为艳丽的色彩可以衬托气色使自己充满活力。在材质方面，化纤面料价格较为低廉，且可以制作各种花色款型的服装，因此年轻女性能够接受化纤面料，而中老年女性，则更愿意接受较为质朴且舒适的棉麻面料。在款型方面，年轻女性一般更愿意穿着显露身体曲线的窄小瘦削款型，而中老年女性一般更喜欢宽松的版型。在风格方面，年轻女性一般更喜欢休闲型、性感型或纯美型的服装，而中老年女性一般更喜欢较为正式、保守、传统的服装。

无论是什么样的变化，其实质都是变化，只要关于色彩、图案、款型、材质和风格五方面当中任何一方面的审美旨趣发生变化，都会使女性不愿再穿之前购买的服装，从而需要根据变化后的审美旨趣重新选购服装。

40.6%的受访女性表示，自己对服装色彩、风格等的审美旨趣有过比较大的变化，并在新的审美旨趣的指导下重新添置了大量的服装。62.3%表示，对于服装的风格，如纯美、野性、知性、休闲等，其喜好有过变化，其中56.4%是随年龄段而变化，而5.9%则是经常变化。

SPSS 分析也验证了女性审美旨趣变化对时装消费的影响。

自变量服装风格喜好变化情况与因变量追逐时尚的程度、时装消费在女性个人消费中所占比重的标准回归系数为 0.320[①]、0.267[②]，调整后的 R^2 为 0.093、0.062，即可以解释 9.3%、6.2%的误差。控制女性职业发展水平后，服装风格喜好变化情况对追逐时尚的程度的影响消失，控制丈夫月收入后影响系数基本不变。这说明服装风格喜好越经常变化，女性越追逐时尚，但女性职业发展水平是这一影响关系成立的条件，丈夫收入水平对此几乎没有影响。而控制女性职业发展水平和丈夫月收入后，服装风格喜好变化情况对时装消费在女性个人消费中所占比重的影响几乎没有变化。这说明女性服装风格审美旨趣变化越频繁，服装支出占个人消费总支出的比重也越大，而且几乎不受女性职业发展水平和丈夫收入水平的影响。

自变量服装色彩喜好变化情况与因变量追逐时尚的程度的标准回归系数为 0.209[③]，调整后的 R^2 为 0.034，即可以解释 3.4%的误差。但在控制了女性职业发展水平和丈夫月收入后，影响关系消失。这说明女性服装色彩审美旨趣变化越频繁，也就越追逐时尚，但女性职业发展水平和丈夫收入水平是这一影响关系成立的条件。

---

① t 值为 3.360，F 值为 11.290，0.010 水平显著。

② t 值为 2.759，F 值为 7.610，0.010 水平显著。

③ t 值为 2.125，F 值为 4.517，0.050 水平显著。

笔者的访谈对象 M 和 L 都曾经历过审美旨趣的极大变化。M 天生丽质，高级知识分子，颇有气质且肤色亮白，40 岁之前，她一直只喜欢黑、白、灰三种色彩的服装，尤其喜欢黑色，满衣柜一年四季的服装几乎全都是黑色。但 40 岁之后，她突然开始购买并穿着花色鲜艳靓丽的服装，因为她在 40 岁之后突然感到自己将很快老去，再不穿得花俏些，以后就没有机会穿了，现在觉得鲜艳的花色也挺好看，显得很有生气，而黑色对她而言太沉闷了。L 对色彩审美的变化则与 M 恰恰相反，L 也是一位知识分子，35 岁，长相姣好，但肤色偏暗沉，在 30 岁之前，她一直喜欢黄色、蓝色、绿色、橙色等明艳色彩的服装，但在 30 岁之后，她突然感到这些色彩显得太俗气，过于张扬，此后她购买并穿着的全都是黑色、白色、灰色、米色之类淡雅色系的服装，而在之前，她最不喜欢的就是这四种颜色，认为它们死气沉沉毫无美感。而对于 M 和 L 而言，无论审美旨趣如何变化，只要变化了，重新消费服装也就无可避免。

2. 惯性心理的影响

对于相当部分的女性而言，消费本身其实只是一种习惯，不是真正的需要。不消费就若有所失，消费就满足、快乐，所以不知不觉就增加了消费频次，扩大了消费规模。同理，消费什么、去哪里消费、什么时候消费，其实也是在某种思想指导、某种情境刺激之下多次重复消费之后养成的习惯。

SPSS 分析验证了消费习惯对女性时装消费的影响。

自变量购买服装是否主要因为惯性与因变量时装消费在个人消费中所占的比重、过去一年用于购买自穿服装每月平均费用的标准回归系数分别为 0.292[①] 和 0.277[②]，调整后的 R^2 为 0.076、0.067，即可以解释 7.6% 和 6.7% 的误差。控制女性职业发展水平后，惯性对时装消费在个人消费中所占的比重的影响基本不变，这说明常因惯性购衣会增加时装消费占个人消费的比重，女性职业发展水平对这一影响关系不起作用。在控制丈夫月收入后，回归关系消失。这说明丈夫收入水平是这一影响关系成立的条件。

在控制了女性职业发展水平后，惯性对过去一年用于购买自穿服装每月平均费用的影响有所提高，回归系数为 0.378[③]，调整后的 R^2 为 0.129，即可以解释 12.9%。这说明如果常因惯性购衣会增加时装消费支出，女性的职

① t 值为 3.036，F 值为 9.215，0.005 水平显著。

② t 值为 2.852，F 值为 8.136，0.005 水平显著。

③ t 值为 3.140，F 值为 9.860，0.001 水平显著。

业发展水平在一定程度上抑制了这一影响关系。在控制丈夫月收入后，这一影响关系消失。这说明，丈夫收入水平是上述影响关系成立的条件。

3. 逐乐心理及自我概念表达心理的影响

由于社会行动的目的，即动机，往往来自行动者的心理，特别是时装消费，其动机更是来源于行动者的逐乐心理和自我概念表达心理等心理因素，为免赘述，这些因素的影响作用分析将在"行动目的"部分进行阐述。

（四）女性兴趣爱好的影响

由于服装是一种生活的艺术，女性是否拥有文艺性质的兴趣爱好可能会影响女性的时装消费，SPSS 分析结果证实了这一假设。

自变量是否爱好舞蹈与因变量消费服装"悦己"程度的标准回归系数为-0.328[1]，调整后的 R^2 为 0.098，即可以解释 9.8%的误差。在控制女性职业发展水平和丈夫月收入后，是否爱好舞蹈对消费服装"悦己"程度的影响几乎没有变化。这说明爱好舞蹈艺术的女性更可能为得到他人的欣赏而消费服装，舞蹈是向他人展示形体美的艺术，爱好舞蹈使女性养成了希望自己的形体得到他人欣赏和认可的习惯思维，而服装与人的形体相依相随，又是社会交往不可或缺的介质，因此爱好舞蹈的女性会比不爱好舞蹈的女性更可能为了得到他人的欣赏而消费服装。几乎不受女性职业发展水平和丈夫收入水平的影响。

但是音乐、美术、雕塑、语言艺术等文艺爱好对女性时装消费的影响不显著，这可能是因为这些兴趣爱好并不像舞蹈爱好那样与女性的形体和服装息息相关。

而自变量是否有非艺术类的爱好与因变量对自穿现有服装数量满意程度的标准回归系数为-0.235[2]，调整后的 R^2 为 0.046，即可以解释 4.6%的误差。但控制女性职业发展水平后，这一回归关系消失，而控制丈夫月收入后，回归系数几乎不变。这说明，拥有非艺术类爱好使女性对自己所拥有的服装数量更容易感到满足，这些兴趣爱好与文艺无关从而使女性不容易为服装的美和时尚所吸引，而且它们占用了较多的时间、精力和金钱，使女性难以对时装消费产生浓厚兴趣，控制分析结果证明了这一点，女性职业发展水平是这一影响关系成立的条件。丈夫月收入对这一影响关系基

---

① t 值为-3.397，F 值为 11.537，0.001 水平显著。

② t 值为-2.406，F 值为 5.789，0.050 水平显著。

本不起作用。

（五）女性社会交往的影响

由于服装是人参与社会交往所必需的介质。一般而言，越频繁地参与社会交往就越需要更多、更时尚、更高品质的服装。

自变量参加朋友聚会的频率与因变量追逐服装时尚的程度的标准回归系数为 0.232[①]，调整后的 R^2 为 0.044，即可以解释4.4%的误差。根据变量赋值情况，女性越经常参加朋友聚会，越追逐服装时尚。但控制女性职业发展水平后，回归模型不成立，而控制丈夫月收入后，回归系数基本不变。这说明女性职业发展水平是这一影响关系成立的条件，而丈夫月收入对此几乎没有影响。

女性自身的受教育程度和经济实力也属于影响女性时装消费的行动者范畴。但是，帕森斯认为，人的智力和能力水平应当列入行动可借助的工具手段，所以关于女性自身的受教育程度和经济实力的影响，笔者将在"工具手段"部分论及。

二、行动目的对女性时装消费的影响

在女性发展视野下，为悦女性还是为悦男性、为悦己还是为悦人消费服装，需要特别考察的行动目的。

SPSS分析显示，行动目的指标穿衣打扮符合女性审美程度对女性时装消费的影响不显著，但与"悦己""悦人"相关的诸多指标的影响都显著。

（一）"悦己"目的的影响

所谓"悦己"，是指满足自己的需要，这里既指女性通过时装消费满足自己基本的生理需要，也满足自己的心理需要。遮体蔽羞、保护身体并维护最起码的人身尊严，这是最外在、最基本的目的，会促使女性进行时装消费，但其对时装消费目的、时空、结构和规模的影响相当有限，而且只要身材、身高不变化，就可以多年不添置新服装。

在接受笔者问卷调查女性中，仅有9.0%表示，选择服装时主要考虑遮体避羞合身就行，比重远低于主要考虑是否有特色的57.4%、主要考虑能否体现自己独特个性的56.4%、主要考虑穿得美不美的54.5%、主要考

---

① t 值为 2.376，F 值为 5.644，0.050 水平显著。

虑能否体现自己职业身份的 29.7%、也略低于主要考虑能否体现自己社会地位的 11.9%。

正是因为女性在消费服装时很少主要为了遮体避羞，SPSS 分析显示，该行动目的对女性时装消费的影响不具有显著。

1. 满足心理需要，愉悦自我目的的影响

服装作为美的创造物，选购、拥有和穿着服装总会给人们带来满足、愉悦的心理感受，对于爱美的女性而言更是如此，而满足愉悦的感觉又是人类永恒的追求。因此，女性往往会出于对快乐感受的向往而消费服装。

SPSS 分析结果也证明了女性追逐快乐、满足的心理动机对女性时装消费的影响。

自变量心情不好时是否购买服装、购买自穿服装的心情与因变量对自穿现有服装数量满意程度的标准回归系数分别为 0.286[①]、0.274[②]，调整后的 R^2 为 0.072、0.066，即可以解释 7.2%和 6.6%的误差。分别控制女性职业发展水平和丈夫月收入后，心情不好时是否购买服装的影响系数基本不变。这说明，女性越是会在心情不好时购衣，就越是对已拥有的服装数量感到不满，女性职业发展水平和丈夫月收入对这一关系几乎没有影响。控制女性职业发展水平后，购买自穿服装心情的影响系数增加为 0.360[③]，调整后的 R^2 为 0.115，即可以解释 11.5%的误差，而控制丈夫月收入后，影响系数几乎不变。这说明女性越是会在心情不好时购衣，就越是对已拥有的服装数量感到不满，女性职业发展水平在一定程度上抑制了这一影响关系，而丈夫月收入对这一关系几乎没有影响。

自变量购买自穿服装的心情与因变量追逐时尚的程度、时装消费在女性个人消费中所占比重的标准回归系数为 0.217[④]、0.265[⑤]，调整后的 R^2 为 0.037 和 0.061，即可以解释 3.7%和 6.1%的误差。控制女性职业发展水平后，购买自穿服装的心情与因变量追逐时尚的程度回归模型不成立，而控制丈夫月收入后，回归系数基本不变。这说明购买新衣服时的心情越好，女性越希望为了拥有好心情而追逐时尚，但女性职业发展水平是这一影响关系成立的条件，而丈夫月收入对这一关系几乎没有影响。

控制女性职业发展水平和丈夫月收入后，购买自穿服装的心情与因变

① t 值为 2.956，F 值为 8.736，0.010 水平显著。
② t 值为 2.831，F 值为 8.013，0.010 水平显著。
③ t 值为 2.990，F 值为 8.938，0.005 水平显著。
④ t 值为 2.211，F 值为 4.860，0.050 水平显著。
⑤ t 值为 2.736，F 值为 7.485，0.010 水平显著。

量时装消费在女性个人消费中所占比重的回归系数基本不变。这说明购买新衣服时的心情越好，女性越希望为了拥有好心情而消费服装，从而提高了时装消费在个人消费中所占的比重，女性职业发展水平和丈夫收入水平对这一关系都几乎没有影响。

2. 满足心理需要，表达自我认知目的的影响

心理学家罗杰斯的自我理论认为，对于一个人的个性与行为具有重要意义的是自我概念，而不是真实自我。自我概念可区分为现实的自我概念和理想的自我概念（Rogers，1975）。现实的自我概念就是人对自身所具有的相貌、身材、道德、能力、修养等方面状况的认知，理想的自我概念就是人对自我的某种期待。

服装是人的第二层皮肤，尤其是在与他人进行社会交往时更是不可或缺。同时，服装还是变化多端、内涵丰富的意义符号，不同色彩、款式、材质、图案的服装可以揭示不同的性格、理念、修养、品位及身份地位等个人信息，因此人们常常通过服装来表达自我认知和自我期待。这正如社会心理学家高莱所言，"服装是自我的镜子，每当我们从镜子中观察我们的脸和衣着时，总是件有趣的事，也是自我期望感到愉快的事，是对自己诸方面的综合评价"（刘晓华，2007）。被称为"时装设计师中的哲学家"的克里斯汀·迪奥认为，"在这个机械化的时代里，时装是人性、个性和独立性的最后隐匿处之一，对现代的颓废和凡庸所带来的影响，产生一种抗争作用"（张辛可，2006）。我国著名的舞蹈艺术家杨丽萍说，服饰表达着她的自我和审美，给她力量。

SPSS 分析显示，表达自我的目的对女性的时装消费有影响作用。

自变量选择服装时是否主要考虑体现自己职业身份与因变量购买自穿服装重视品牌程度的标准回归系数为 0.197[1]，调整后的 R^2 为 0.029，即可以解释 2.9% 的误差。自变量选择服装是否主要考虑体现自己的独特个性与因变量自穿服装主要购买价位的标准回归系数为 0.197[2]，调整后的 R^2 为 0.029，即可以解释 2.9% 的误差。自变量选择服装是否主要考虑特色与因变量追逐时尚的程度的标准回归系数为 0.236[3]，调整后的 R^2 为 0.046，即可以解释 4.6% 的误差。分别控制女性职业发展水平和丈夫月收入后，这三对变量间的回归模型不成立。这表明女性越希望通过服装来体现自我的

---

① t 值为 1.997，F 值为 3.989，0.050 水平显著。

② t 值为 1.996，F 值为 3.982，0.050 水平显著。

③ t 值为 2.416，F 值为 5.839，0.050 水平显著。

职业身份，对服装品牌就越重视；女性越希望通过服装来表达自己的独特个性，自穿服装的购买价位就越高；女性越希望自己穿着的服装有特色就越是紧跟时尚的步伐，但女性职业发展水平和丈夫收入水平是这些影响关系成立的条件。

选择服装是否主要考虑能表明自己的社会地位对女性时装消费的影响的统计没有显著性，这可能是因为本书研究的样本均为女性，大多数社会地位并不高，并不想或不需要通过服装来表明自己的社会地位。

人对自我的认知往往存在偏差，因此需要通过较长时间的探索才能真正认识自我，这反映在时装消费上就表现为女性认为自己属于某种类型，适合或喜欢某些色彩、款型和风格的服装，但事实上她并不适合，经过一段时间的自我体验和听取他人的意见后，她认识到了这一点，于是继续探寻适合自己的服装，而在探寻的过程中，需要不时地添置新的服装以替代之前的选择，这无疑会增加女性的时装消费支出，至少会使女性对服装数量有更多的向往和追求。

例如，服装的色彩大致分为暖色调（红、黄、橙）、冷色调（紫、绿、蓝）和无彩色（黑、白、灰），暖色调看起来较为张扬，而冷色调和无彩色看起来比较内敛而富有气质。由于不希望自己的外表引起他人过分的关注，或者更希望自己看起来内敛有气质，众多女性都会首选冷色调和无彩色的服装。但是，服装的美需要穿着者本身气质和肤色的衬托，就肤色而言，有的女性适合暖色调，有的女性适合冷色调和无彩色。那么，对于那些喜欢冷色调和无彩色但又更适合暖色调服装的女性而言，她在时装消费方面就必然要经历一个转变的过程，而这也就意味着她需要增加时装消费支出，而当受到收入水平限制无法实际增加消费支出时，她还是会对服装数量有更高的期待和追求。

除了适合自己的服装色彩需要通过探索来了解，适合的服装风格、款式、材质也需要通过探索来了解。在接受笔者问卷调查的女性中，72.2%都曾经历过上述的自我认知探索过程，其中55.4%表示，对于自己适合穿何种色彩或款型的服装，是经过一段时间的摸索后才了解的，而16.8%则表示自己一直在摸索，但至今仍不了解，仅有27.7%表示很早就了解（表3-9）。43.6%表示喜欢的服装有时与适合穿的服装不一致。

表 3-9　对自己所适合服装的认知情况（单位：%）

对自己所适合服装的认知情况	比例（n=101）
早就了解	27.7
经过一段时间的摸索后才了解	55.4
一直在摸索，但至今仍不了解	16.8
其他	0.1
合计	100

　　笔者所访谈的 F，在找到自己所适合的服装色彩、风格之前，就曾经历过漫长曲折的探索过程，并因此在时装消费方面花费了大量的时间、精力和金钱。在 23 岁之前，F 一直喜欢淡雅风格的服装，尤其喜欢米色系的服装，但她的肤色偏黄，米色并不适合她，在购买了一些米色系服装并穿着一段时间后，F 深感不满，于是陆续淘汰了这些服装并继续探索。在不断地尝试、探索之后，F 终于找到了最适合自己的款型、风格和色彩。但是，探索的代价也是巨大的，从 23 岁到 40 岁，整整 17 年，时装消费支出是 F 最大比重的个人消费支出，她每年收入的 1/2 花费在个人的时装消费上，绝大部分的业余时间和精力也都被时装消费占用。而由于很长时间都没有能够找到最适合并让她满意的服装，所以在这不断探索的 17 年中，无论她购买了多少服装，她都感到还远远不能满足日常需要。

　　许多女性与 F 一样，在找到最适合自己的服装风格之前，总是需要通过购买和穿着大量服装进行探索，她们总在买衣服却总感觉没有衣服可穿，很大程度上就与她们还处在探索过程有关。而那些从事服装行业特别是从事服装销售行业的女性，每天为不同的顾客导购并可以以相对较低廉的价格拥有各式时装，她们能更快更准确地找到适合自己的服装。有一次，笔者在一家女装品牌专卖店购衣时，店长告诉笔者，她的很多女性顾客不知道自己适合穿什么，总是在买，又总是不满意，又重新再买，她自己过去也是这样，买了很多衣服，很快发现都不适合，浪费了很多钱。但在开设了这家服装品牌专卖店后，她自己的时装消费变得理性多了，知道自己到底适合什么。

　　但像店长一样有着服装行业从业经历的女性很少，对于绝大多数、从未在服装行业工作过的女性而言，探索所适合服装的过程更长、花费更多。而如果收入水平有限，自我认知探索过程的漫长，将使女性无法提高时装消费的水平，也无法增加时装消费的支出。

　　SPSS 分析显示，自变量对自己所适合服装的认知情况与因变量自穿服装主要购买价位的标准回归系数为 0.347[1]，调整后的 R^2 为 0.111，可以解释 11.1%的误差。但控制女性职业发展水平后，回归模型不成立，而控制丈夫月收入后回归系数基本不变。根据变量赋值情况，这说明越了解自己适合穿什么服装的女性，时装消费水平越高，女性职业发展水平是这一影响关系成立的条件，而丈夫收入水平几乎不起作用。

SPSS 分析还显示，自变量对自己所适合服装的认知情况对因变量追逐时尚的程度和对自己现有服装数量满意程度有影响，标准回归系数为 0.216[2]、0.268[3]，调整后的 R^2 为 0.037、0.062，即可以解释 3.7%和 6.2%的误差。控制女性职业发展水平和丈夫月收入后，对自己所适合服装的认知情况对追逐时尚的程度的回归系数变动极小。这说明女性越了解自己适合什么样的服装，她就越追逐时尚，女性职业发展水平和丈夫收入水平对此基本没有影响。控制女性职业发展水平后，对自己所适合服装的认知情况与因变量对自己现有服装数量满意程度的回归系数增加为 0.400[4]，调整后的 R^2 为 0.146，即可以解释 14.6%的误差，控制丈夫月收入后，回归系数基本不变。这说明女性越了解自己适合什么样的服装，越渴望拥有更多的服装，女性职业发展水平上一定程度上抑制了这一影响关系，而丈夫收入水平几乎不起作用。

数据分析似乎并没有验证关于"自我认知探索时期越长时装消费越多"的假设，这可能是因为，本书研究对象是已婚育女性，经济收入水平有限，大多数女性在对自我缺乏准确认知、尚未找到合适自己的服装风格之前，无法进行大规模和高水平的时装消费。但在自我认知比较到位、已经寻找到合适的服装风格的时候，女性就会提高自己的时装消费规模和水平。

3. 满足心理需要，追求多元理想自我目的的影响

通过服装实现多元理想自我的目的也会影响女性的时装消费。

在有些女性的自我概念里，有着十分丰富、多元、立体的理想自我：干练、妩媚、端庄、可爱、时尚、古典、优雅、狂野、淡雅、炫彩、沉静、热烈、朴素、华丽，她们希望自己在不同的时间和空间呈现不同特质。例如，她们希望自己文静贤淑，也希望自己妩媚狂野；她希望自己充满现代气息，又希望自己富有古典气韵。但每种色彩、款型、图案、材质、风格

---

① t 值为 3.680，F 值为 13.539，0.000 水平显著。
② t 值为 2.199，F 值为 4.835，0.050 水平显著。
③ t 值为 2.766，F 值为 7.652，0.010 水平显著。
④ t 值为 3.382，F 值为 11.437，0.001 水平显著。

的服装所传达的信息总是特定的，要塑造出多侧面的理想自我，就需要各式各样不同色系、不同面料、不同款型、不同图案的服装，这势必影响女性的时装消费。

SPSS 分析结果验证了上述研究假设，自变量理想自我的种类，与因变量追逐时尚的程度、对自己现有服装数量的满意程度的标准回归系数为 0.295[1]、0.218[2]，调整后的 R^2 为 0.078、0.038，即可以解释 7.8% 和 3.8% 的误差。控制女性职业发展水平后，理想自我的种类对追逐时尚的程度的回归系数增加为 0.457[3]，调整后的 R^2 为 0.196，即可以解释 19.6% 的误差，控制丈夫月收入后，回归系数变动极小。这表明，女性的理想风格越多样化，就越追逐时尚，女性职业发展水平在一定程度上抑制了这一影响关系，而丈夫收入水平基本不起作用。控制女性职业发展水平后，理想自我的种类对自己现有服装数量的满意程度的回归模型不成立，控制丈夫月收入后，回归系数基本不变。这表明女性的理想风格越多样化，越渴望拥有更多的服装，但女性职业发展水平是这一影响关系成立的条件，而丈夫月收入几乎不起作用。

自变量希望拥有各式各样服装的程度与因变量追逐时尚的程度的标准回归系数为 0.377[4]，调整后的 R^2 为 0.134，可以解释 13.4% 的误差。控制女性职业发展水平后，对追逐时尚的程度的回归系数增加为 0.463[5]，调整后的 R^2 为 0.202，即可以解释 20.2% 的误差，而控制丈夫月收入后，回归系数基本不变。这说明女性越希望拥有各式各样的服装，就越追逐时尚，女性职业发展水平在一定程度上抑制了这一影响关系，而丈夫月收入对这一关系没有影响。

以上分析结果说明，女性理想自我的种类数量越多、性情维度越多，就越追逐时尚，需要消费越多的服装。但是，受到收入等其他客观条件的限制，女性理想自我种类越多，虽然越会使女性对已拥有的服装感到不满，但并不一定导致女性现实时装消费支出的增加。

（二）"悦人"目的的影响

人是生活在社会中的人，人所追求的事物既可以有其独特个性，又需

---

① t 值为 3.072，F 值为 9.438，0.005 水平显著。

② t 值为 2.225，F 值为 4.951，0.050 水平显著。

③ t 值为 3.985，F 值为 15.881，0.000 水平显著。

④ t 值为 4.051，F 值为 16.408，0.000 水平显著。

⑤ t 值为 4.049，F 值为 16.395，0.000 水平显著。

要符合社会大众的一般要求，对服装的追求更是如此。服装是人参与社会交往所必须借助的介质。女性的时装消费既可以"悦己"，又需要"悦人"，也就是说，符合他人对美的要求和规范，在特定的时间和空间穿着适当的服装，使他人感受到美，并进而对其产生认同、欣赏、爱慕、神往、珍惜的情感，这会给女性本身带来快乐和满足，甚至有时会为女性带来实实在在的好处，如丈夫对她的珍爱，他人基于对其好感而给予的工作机会、交易机会、升职机会等。女性对自己美好外在形象给自身带来好运的期冀，并非一直都有或一直都那么明晰，有时纯粹只是为了给他人留下美好的印象，而没有明确的具体的目的。但是，无论是纯粹的"悦人"还是通过"悦人"实现"悦己"目的，共同的前提都是"悦人"。

SPSS 分析验证了"悦人"目的对女性时装消费的影响。

自变量根据场合精心挑选服装的频率，与因变量过去一年用于购买自穿服装每月平均费用和对自己现有服装数量满意程度的标准回归系数为 0.266[①]、0.248[②]，调整后的 R^2 为 0.061、0.052，即可以解释 6.1% 和 5.2% 误差。控制女性职业发展水平后，自变量根据场合精心挑选服装的频率，与因变量过去一年用于购买自穿服装每月平均费用的回归模型不成立，而控制丈夫月收入后，回归系数基本不变。这表明越是迎合不同场合的要求，女性的时装消费支出就越多，但女性职业发展水平是这一影响关系成立的条件，而丈夫月收入对此几乎没有影响。控制女性职业发展水平后，根据场合精心挑选服装的频率与因变量对自己现有服装数量满意程度的回归系数增加为 0.393[③]，调整后的 R^2 为 0.140，可以解释 14.0% 误差，控制丈夫月收入后，回归系数基本不变。这表明越是迎合不同场合的要求，女性越渴望拥有更多的服装，女性职业发展水平在一定程度上抑制了这一影响关系，而丈夫月收入对这一关系几乎没有影响。

自变量根据场合精心挑选服装的频率与因变量购买自穿服装的品牌重视程度、追逐时尚的程度、自穿服装的主要购买价位的标准回归系数分别为 0.295[④]、0.287[⑤]、0.197[⑥]，调整后的 R^2 为 0.078、0.073、0.029，即可以解释 7.8%、7.3% 和 2.9% 的误差。分别控制女性职业发展水平和丈夫月

① t 值为 2.736，F 值为 7.485，0.010 水平显著。
② t 值为 2.547，F 值为 6.487，0.050 水平显著。
③ t 值为 3.310，F 值为 10.957，0.005 水平显著。
④ t 值为 3.068，F 值为 9.415，0.005 水平显著。
⑤ t 值为 2.978，F 值为 8.866，0.005 水平显著。
⑥ t 值为 1.998，F 值为 3.994，0.050 水平显著。

收入后，根据场合精心挑选服装的频率与因变量购买自穿服装的品牌重视程度、追逐时尚的程度的回归系数都基本不变。这表明越是迎合不同场合的要求，女性越重视品牌，也越追逐时尚，而女性职业发展水平和丈夫收入水平对此几乎没有影响。但分别控制女性职业发展水平和丈夫月收入后，根据场合精心挑选服装的频率与因变量自穿服装的主要购买价位的回归模型不成立。这表明女性越在乎服装与出席场合的匹配，自穿服装的购买价位就越高，但女性职业发展水平和丈夫收入水平是这一影响关系成立的条件。

自变量穿衣打扮是否为得到朋友同事的欣赏与因变量追逐时尚的程度的标准回归系数为 0.241[①]，调整后的 R^2 为 0.048，即可以解释 4.8% 的误差根据赋值情况，分别控制女性职业发展水平和丈夫月收入后，回归系数都基本不变。这表明女性越希望得到同事、朋友的欣赏，也就越在意自己的服装是否时尚，女性职业发展水平和丈夫收入水平对这一关系几乎没有影响。

三、情境条件对女性时装消费的影响

情境条件，是指女性时装消费所发生的情境条件，这些是外在于女性的客观力量，直接或间接地影响着女性的时装消费，既指工业化时代中资本不断制造时尚的特性与服装行业的发达成熟、大众传媒的巨大影响力等宏观的社会环境，也指行动者所工作生活的城市、参与社会生产时所处的组织机构这样的中观环境，以及行动者日常生活、职业发展、社会交往的人际互动这样的微观环境。

（一）社会宏观情境条件的影响

1. 资本不断推动的时尚潮流的影响

时尚是什么？在前工业社会，时尚是上流社会所推崇、追求的、可以炫耀他们身份地位的事物，其突出的特征是不断地抛弃又不断地创新。上流社会的时尚总会带动中下阶层的追捧，如果中下阶层也拥有了上流社会所追求的事物时，两者之间身份地位的区隔也就不复存在，因此，为了继续表明自己身份地位的非凡高贵，上流社会需要创造出新的时尚。而新时尚又很快会为中下阶层所模仿，于是上流社会的人们需要不断地创造新时

---

① t 值为 2.468，F 值为 6.089，0.050 水平显著。

尚以保持自己身份地位的象征。这正如社会学家齐美尔在《时尚哲学》中所言，"时尚总是只被特定人群中的一部分人所运用，他们中的大多数只是在接受它的路上，一旦一种时尚被广泛地接受，我们就不再把它叫做时尚了"（西美尔，2001）。

但在工业革命之后逐渐席卷世界各国的工业化进程之中，在"福特主义"和资本的共同推动下，时尚已经越来越属于社会大众，而且它的生命力就在于将越来越多的普罗大众卷入其中。工业化的发展使社会生产能力大大增强，为了使大量生产的同类商品不至于严重积压，资本必须能够唤起社会大众对这些商品的兴趣和欲望，所以资本致力于推动时尚的广泛流行。而人们对某一具体事物的欲望总是会饱和，为了使生产永续进行、资本不断增殖，资本需要致力于推动新时尚的创造，而且资本为了自身利益的不断增长，更新时尚的速度也越来越快。也就是说，在工业化时代，资本是时尚背后的主谋和推手。

总之，从前工业社会到后工业社会，时尚的本质没有变，都是不断地变化与不断地追随，有人创新，有人模仿，有人不断引领，有人亦步亦趋。但不同的是，在现代社会，出于对利润的追求，最先创造和引领新时尚的人们渴望而不是害怕时尚的流行，而且，时尚更新的速度也加快了。

服装，由于是人们在社会交往时须臾不可或缺的重要道具，服装行业向来是资本逐利并创造时尚永不缺席的场域。每年秋冬两季，世界服装行业的顶尖品牌、设计师及时尚媒体云集在巴黎、纽约、米兰、伦敦四大国际时装周，他们共同商定当年或次年的流行色、流行款等流行趋势，并通过时装周众多的秀场发布，再通过时尚媒体宣传造势，接着众多服装厂商按照这些流行趋势组织新一季服装的生产和销售。为了不断激发消费者新的消费欲望，使资本的利润之泉永远丰盈，时装周每年所确定的流行趋势或迥异于相近年份，或能够与相近年份的流行风相互搭配、相互映衬。

每年的流行风，无论何种色彩、何种款式、何种风格、何种图案、何种材质，总是有人特别适合、能穿出味道，当她们首先身着流行风穿行在大街小巷，总是能够引发人们的美感，而这种美感会深深地刺激那些爱美的女性，唤起其穿着同样服装的欲望，于是越来越多的女性采取行动添置流行服装。而当一年又一年的新时尚轮番出台之后，惊艳、钦慕、追求、流行，新的惊艳、新的钦慕、新的追求、新的流行……周而复始地在爱美女性的身上上演。

SPSS 分析验证了时尚对女性时装消费的影响。

自变量对于服装流行时尚的态度与因变量消费服装"悦己"程度的标

准回归系数为-0.284①，调整后的 R^2 为 0.071，即可以解释 7.1%的误差。分别控制女性职业发展水平和丈夫月收入后，回归系数基本不变。这表明女性越追逐时尚越是为了"悦人"而消费服装，女性职业发展水平和丈夫收入水平对这一关系几乎没有影响。

自变量根据当年潮流添置服装的情况与因变量时装消费在个人消费中所占比重、对自己现有服装数量的满意程度的标准回归系数为 0.214②、0.222③，调整后的 R^2 为 0.040、0.036，即可以解释 3.6%和 4.0%的误差。分别控制女性职业发展水平和丈夫月收入后，根据当年潮流添置服装的情况与因变量时装消费在个人消费中所占比重的回归系数变动极小。这表明女性越追逐时尚，时装消费占个人消费的比重越大，女性职业发展水平和丈夫收入水平对这一关系几乎没有影响。

控制女性职业发展水平后，根据当年潮流添置服装的情况与因变量对自己现有服装数量的满意程度回归系数增加为 0.408④，调整后的 R^2 为 0.152，可以解释 15.2%的误差。而控制丈夫月收入后，回归系数基本不变。这表明女性越追逐时尚越渴望拥有更多的服装，女性职业发展水平在一定程度上抑制了这一影响关系，而丈夫月收入对这一关系几乎没有影响。自变量对服装流行时尚的态度与因变量过去一年用于购买自穿服装每月平均费用、时装消费在个人消费中所占比重和对自己现有服装数量的满意程度的标准回归系数分别为 0.333⑤、0.282⑥、0.357⑦，调整后的 R^2 分别为 0.102、0.070、0.118，即可以解释 10.2%、7%和 11.8%的误差。分别控制女性职业发展水平和丈夫月收入后，对服装流行时尚的态度与因变量变量过去一年用于购买自穿服装每月平均费用、时装消费在个人消费中所占比重的回归系数基本保持不变。这说明女性越追逐时尚，时装消费的绝对规模和相对规模就越大，女性职业发展水平和丈夫收入水平对此几乎没有影响。

控制女性职业发展水平后，对服装流行时尚的态度与自变量对自己现有服装数量满意程度的回归系数小幅增加为 0.450⑧，调整后的 R^2 为 0.190，可以解释 19.0%的误差。而控制丈夫月收入后，回归系数变动极小。这说

① t 值为-2.901，F 值为 8.413，0.005 水平显著。
② t 值为 2.181，F 值为 5.152，0.050 水平显著。
③ t 值为 2.270，F 值为 5.152，0.050 水平显著。
④ t 值为 3.457，F 值为 11.948，0.001 水平显著。
⑤ t 值为 3.502，F 值为 12.261，0.001 水平显著。
⑥ t 值为 2.927，F 值为 8.566，0.005 水平显著。
⑦ t 值为 3.798，F 值为 14.427，0.000 水平显著。
⑧ t 值为 3.908，F 值为 15.271，0.000 水平显著。

明女性越追逐时尚，女性时装消费的潜在规模就越大，女性职业发展水平对这一影响关系有所抑制，而丈夫收入水平则几乎不起作用。

而自变量衣服完好合身但不时尚时的做法与因变量过去一年用于购买自穿服装每月平均费用、对自己现有服装数量满意程度的标准回归系数分别为 0.354[①]、0.230[②]，调整后的 R^2 分别为 0.116 和 0.043，即可以解释 11.6% 和 4.3% 的误差。分别控制女性职业发展水平和丈夫月收入后，这两对变量的回归系数基本保持不变。这说明女性越快越多地抛弃不再时尚的服装，时装消费绝对支出就越多，也越渴望拥有更多的服装，女性职业发展水平和丈夫收入水平对此几乎没有影响。

以上几组数据说明，被资本操纵的时尚是影响女性时装消费的重要因素，越追逐时尚，女性时装消费规模就越大，但这受到女性职业发展水平的制约。

2. 日趋成熟发达的服装行业的影响

意在刺激消费欲望的服装时尚，除了通过每年在国际时装周上发布流行趋势，以及透过时尚媒体宣传造势来推动之外，还需要服装设计、生产、销售等环节的大力支撑。改革开放以来特别是近十年来，我国服装行业尤其是女装行业已经有了比较大的发展，这对进一步刺激人们的时装消费欲望起到了重要作用。

1）服装市场日益细分的影响

改革开放以来，特别是从 1988 年、1989 年到 2003 年，我国服装设计专业培养的服装设计师以每年一千人左右的速度递增，累积到 2003 年，我国各类服装设计师保守估计有一万多人[③]。当前，中国服装设计师数量的数据并没有权威发布，若仍以 2003 年的数据为基础，按 1988~2003 年的递增速度计算，那么至 2016 年，中国至少拥有服装设计师两万人。由于服装可以大致分为男装、女装、童装三大类，女装设计师大约占三分之一，为 6 000 人左右，这些设计师接受过专业的服装设计训练，并对国际时装潮流保持密切关注。在企业和设计师生存与发展的巨大压力之下，每年推向市场的女装新品不计其数，众多时装都有其独到的魅惑之力，使爱美女性在不经意间被深深吸引。

以职业女性最偏爱的黑色便西装为例，从版型而言大致分为宽松型、

---

① t 值为 3.748，F 值为 14.051，0.000 水平显著。

② t 值为 2.348，F 值为 5.513，0.050 水平显著。

③ 中国服装设计师协会主席王庆独家专访. 搜狐女人频道，http://women.sohu.com/2003/12/04/02 article216470255，shtml，2013-12-04.

修身型，而从宽松到修身可以有若干宽松度，不同的宽松度、修身度的设计尽管只是细微的尺寸差别，却可以给穿着者带来不同的穿着体验及审美体验。从长短来分亦是如此，从短至腰部以上到长至臀部以下，不同长度的设计也可以塑造穿着者不同的风格。而袖子也有长袖、超长袖、七分袖、五分袖、短袖等不同长度的设计，袖口也可以增加不同花色的设计。袖口的文章做足之后，设计师又在肩袖处大展身手，仿古公主袖，泡泡袖，加蕾丝、加钻、加毛领等。设计师的灵感之星又跃上了便西装的肩头，镶上不同材质的肩饰后，几乎人手一件的黑色便西装瞬间又散发出令职业女性难以抗拒的干练、帅气气息。而不同色彩、材质的扣子的运用，以及一枚别针、一条围巾的搭配，也会令一件黑色便西装呈现出不同气质。

虽然在服装设计界有一句名言"没有绝对原创的创新"，即几乎所有的服装设计都是在古典款式基础上的创新，但是服装设计师并非原创的创新常常让那些期待流行重现的女性失望。有时尽管似乎流行重现，但她们很难盘活衣柜里因过时而被冷落的服装，设计师在古典款式上所做的细微创新使新款与旧款之间有着难以逾越的鸿沟，即使两种流行风相差无几，但岁月的无情流逝早已使旧衣无法新穿。例如，20世纪80年代曾经流行过萝卜裤，上大下小的裤型，而2010~2011年流行的哈伦裤看起来似乎与其极其相似，但仍有细微差别，萝卜裤的上部较为宽松但设计简单，而哈伦裤的上部则处理得较为夸张，有一些褶皱，也许这细微的差别不能算创新，但二十余年的轮回流行，漫长的时光已经极大地改变了女性服装收藏的光泽和质感，更重要的是，女性自身的年龄、气质、体形也发生了极大变化。因此，即便流行能够重现，女性也需要重新添置时尚服饰。

服装设计的理念越来越丰富，自然界的、文化的，古典的、现代的，东方的、西方的，民间的、宫廷的，诸多元素被设计师艺术加工后一一运用到服装设计中。服装设计的风格也越来多样化，正如"女性爱美的天性"中所阐述的那样，或简约干净或装饰繁复，或宽松大气或玲珑婉约，或风情浪漫或端庄大方，或可爱活泼或成熟雅致，或热烈张扬或宁静含蓄，或中性野性或妩媚柔美，或甜美淑女或嬉皮牛仔，或小家碧玉或高贵名媛，或东方气韵或西方气派，或现代后现代或复古民族风，一款又一款、层出不穷。

与设计能力不断提升相对应的是，我国的服装生产技术也日臻成熟，色彩、面料、款式、图案等各个环节的生产工艺都有了很大的进步，为完美实现设计师的设计提供了现实条件。例如，色彩是服装非常重要的一部分，红色热烈、黑色冷峻、蓝色浪漫、绿色清新、白色纯洁、灰色淡雅，而只要色彩的明度和纯度发生微小变化，那么审美体验也会发生微妙的变化，因此设计师常常运用不同色彩设计各式服装以不断刺激女性消费服装的愿望。现代调色技术运用红、黄、蓝三原色，加上黑、灰、白三种无彩色，可以调制出上百种不同的色彩，而且色牢度较好，因此既可以很好地实现设计师在色彩方面的设计，也可以激发设计师更多的设计灵感。服装面料的开发技术也日渐丰富和成熟，全棉、亚麻、棉麻、丝麻、真丝、羊毛、混纺羊毛、牛仔布、莱卡、皮绒，各种面料可供设计师肆意发挥。提花、绣花、印染、漂染、褶皱、镂空等各项生产工艺也都为设计师作品的完美呈现提供了坚实基础。

在历经多年发展后，我国服装企业的目标市场实现了细分，形成目标消费群体从低收入阶层到高收入阶层的纵向分层结构，使各阶层女性都可以在各自收入水平承受范围之内，进行较为频繁的时装消费。品牌企业开发出的新装甫一上市就会被小服装企业模仿生产，后者所生产的服装虽然品质不可与品牌服装同日而语，但由于不需要支付设计师费用，而且在面料选择和做工方面不如品牌服装考究，成本较低、具有价格优势，为中低收入女性的时装消费提供了更多的可能。

设计师的精妙设计，加上生产技术、工艺的日益提升，以及不同层次服装的百花齐放，我国女装市场已经进入了繁荣发展的时代，这些各具特色、各有其美的服装似一波又一波的浪花不断地涌向女性的生活，吸引着女性去热爱、拥有和展示它们。

SPSS 分析验证了上述研究假设。

自变量购衣是否主要因美衣层出不穷与因变量过去一年内每月平均购衣费用的标准回归系数为 0.286[1]，调整后的 R^2 为 0.072，即可以解释 7.2% 的误差。控制了女性职业发展水平后，这对变量的回归模型不成立，而控制丈夫月收入后，回归系数基本保持不变。这说明，女性越容易被市场上不断推出的美丽服装诱惑，时装消费支出就越大，但女性职业发展水平是这一影响关系成立的条件，而丈夫的收入水平对此几乎不起作用。

自变量购衣是否主要因美衣层出不穷与因变量对自己现有服装数量的满意程度的标准回归系数为 0.292[2]，调整后的 R^2 为 0.076，即可以解释 7.6% 的误差，控制女性职业发展水平和丈夫月收入后，回归系数变动极小。这说明女性越容易被市场上的美丽服装吸引，越渴望拥有更多的服装，而女

---

① t 值为 2.955，F 值为 8.732，0.005 水平显著。
② t 值为 3.041，F 值为 9.249，0.005 水平显著。

性职业发展水平和丈夫收入水平都对这一影响关系几乎不起作用。

自变量偶遇心仪服装的购买频率与因变量时装消费在个人消费中所占比重的标准回归系数为 0.219[①]，调整后的 R^2 为 0.038，即可以解释 3.8% 的误差。控制女性职业发展水平后，这对变量的回归模型不成立，而控制丈夫月收入后，回归系数基本保持不变。这说明，女性职业发展水平是这一影响关系成立的条件，而丈夫的收入水平对此几乎没有影响。

上述分析结果表明，不断推向市场的美丽服装会在一定程度上影响女性时装消费实际支出，女性越容易被美丽的服装打动，时装消费的绝对规模和相对规模就越大，但这是以女性职业发展水平为条件的。层出不穷的美丽服装对消费潜在规模的影响并不以女性职业发展水平为条件，这也正说明了这一因素稳定的影响力。

自变量被模特或广告画吸引购衣的频率与因变量购买自穿服装主要时机的标准回归系数为 0.231[②]，调整后的 R^2 为 0.056，即可以解释 5.6% 的误差。分别控制女性职业发展水平和丈夫月收入后，回归模型不成立。这表明女性越容易被美丽的服装打动，就越会在新上市时购买服装，但女性职业发展水平和丈夫收入水平是这一影响关系成立的条件。

2）服装品牌发展的影响

经过多年发展，我国服装品牌逐渐增多，具有较高知名度和美誉度的服装品牌不断涌现。品牌服装设计精巧、选料考究、做工完美，往往能够很好地帮助女性实现给他人留下美好印象的目的，每一个服装品牌都有自己的品牌文化，有不同的品牌附加值。因此，不同的服装品牌具有不同社会地位、个性性情、品位追求的符号象征作用，通过对服装品牌的选择，女性在他人面前建构着自我。

过去，我国服装产业不发达，服装品牌建设还不普遍，女性挑选服装时品牌意识并不强。近十年来，我国服装品牌进入大发展时期，国际大品牌服装亦通过各种渠道进入中国市场。尽管一些女性的存量服装已经相当多，但在品牌发展的浪潮中，仍有众多女性重新添置了品牌服装，期冀通过所拥有服装的升级换代实现人生格调的大提升。

SPSS 分析表明，自变量购买自穿服装注重品牌的程度与因变量过去一年用于购买自穿服装每月平均费用的标准回归系数为 0.243[③]，调整后的 R^2 为 0.050，即可以解释 5.0% 的误差。控制女性职业发展水平和丈夫月收

---

① t 值为 2.233，F 值为 4.985，0.050 水平显著。
② t 值为 2.358，F 值为 5.559，0.010 水平显著。
③ t 值为 2.484，F 值为 6.170，0.050 水平显著。

入后，回归系数基本不变。这表明女性越注重服装品牌，时装消费绝对规模就越大，女性职业发展水平和丈夫收入水平对这一关系几乎没有影响。

3）服装销售网点和网络服装商店的影响

过去，每个城市一般只有一个商业中心，也只有在商业中心才有销售服装的百货商场和专柜。但进入21世纪以来，随着城市化水平的不断推进及城市建设的不断发展，每个城市都在培植更多的商业中心。越来越多的百货商场和城市综合体开始在城市的各个区域布局，这就意味着女性与那些待售美丽服装的空间距离越来越近，而吸引力也就越来越大。

而随着国家引导、鼓励、支持个体私营经济政策的逐步确立，不仅百货商场的服装专柜增加了，人们住宅周围的服装销售店数量也在不断增长。服装行业进入门槛较低，对技能、学历和资金的要求不高，于是成为许多人特别是爱美女性创业的首要选择。近年来服装零售网点呈现全面开花的态势，几乎可以说是遍布大街小巷。过去，只有大型百货商场才设有服装专柜，女性一般只有在节假日才有可能去选购服装，但今天随处可见的服装零售点，使众多女性在上下班、散步甚至去菜市场的路上就可以接触到大量新款潮流服装，并极有可能在惊鸿一瞥中相中某款新装，这无疑会影响女性的时装消费。

百货商店或服装销售店总有打烊的时候，网络虚拟服装商城却永远在线。根据中国互联网络信息中心[①]发布的数据，截至2013年1月，中国网民规模达到5.64亿人，而2002年我国网民数量仅5 910万人，年均增长约5 000万人。随着互联网技术的发展和电脑、智能手机的普及，网络服装商店也越来越多。相对于逛街搜衣，通过电脑或手机网络购买服装，虽然不能试穿，但无论多早多晚、阴晴雨雪，都可以浏览商品、下单购买，更加方便、省时、实惠，而且可以提高挑选效率，这都可能会刺激女性的时装消费。

总之，百货商场、服装销售店、网络商城几乎处处可及、无时不在的布局，可能会影响女性的时装消费，SPSS分析证实了上述研究假设。

自变量逛网店选购服装的频率与因变量购买自穿服装品牌重视程度、时装消费在个人消费中所占比重的标准回归系数分别为-0.216[②]、0.265[③]，调整后的R^2分别为0.037、0.061，即可以解释3.7%和6.1%的误差。控制

---

① 中国互联网信息中心. 第31次中国互联网网络发展状况统计报告. http：//www.cnnic.net.cn/hlwfzyi/hlwxzbg/hlwtjby/201301/t20130115-38508.htm，2013-01-15.

② t值为-2.198，F值为4.829，0.010水平显著。

③ t值为2.740，F值为7.505，0.010水平显著。

了女性职业发展水平后，自变量逛网店选购服装的频率与因变量购买自穿服装品牌重视程度的回归模型不成立，而控制丈夫月收入后，回归系数基本保持不变。这说明女性逛网店频率越高，就越不重视服装的品牌，但女性职业发展水平是这一影响关系成立的条件，而丈夫的收入水平对此几乎没有影响。

控制女性职业发展水平后，自变量逛网店选购服装的频率与因变量时装消费在个人消费中所占比重的回归系数增加为 0.358[①]，调整后的 R^2 为 0.113，可以解释 11.3% 的误差。而控制丈夫月收入后，回归系数基本不变。这表明女性逛网店频率越高，时装消费占其个人消费的比重会越大，女性职业发展水平在一定程度上抑制了这一影响关系，丈夫月收入对此几乎没有影响。

自变量逛百货公司选购服装的频率与因变量购买自穿服装主要时机、自穿服装的主要购买价位和过去一年用于购买自穿服装每月平均费用的标准回归系数分别为 0.221[②]、0.207[③]、0.236[④]，调整后的 R^2 分别为 0.039、0.033、0.046，即可以解释 3.9%、3.3%、4.6% 的误差。控制了女性职业发展水平后，自变量逛百货公司选购服装的频率与因变量购买自穿服装主要时机、过去一年用于购买自穿服装每月平均费用的回归模型不成立，而控制丈夫月收入后，回归系数基本保持不变，这说明，女性逛百货商店频率越高，越会在服装新上市时购买，消费绝对规模也越大，女性职业发展水平是这些影响关系成立的条件，丈夫的收入水平对此几乎没有影响。

控制女性职业发展水平后，自变量逛百货公司选购服装的频率与自穿服装的主要购买价位的回归系数增加为 0.319[⑤]，调整后的 R^2 为 0.087，可以解释 8.7% 的误差。而控制丈夫月收入后，回归系数基本不变。这表明女性逛百货商店频率越高，所购买服装的价位就越高，但女性职业发展水平在一定程度上抑制了这一影响关系，而丈夫月收入对这一关系几乎没有影响。

以上分析表明，百货商店和网络商城对女性时装消费的时空、结构和规模都有影响。

---

① t 值为 2.966，F 值为 8.799，0.005 水平显著。
② t 值为 2.256，F 值为 5.088，0.050 水平显著。
③ t 值为 2.106，F 值为 4.435，0.050 水平显著。
④ t 值为 2.407，F 值为 5.795，0.050 水平显著。
⑤ t 值为 2.604，F 值为 6.779，0.050 水平显著。

4）服装行业营销手段的影响

设计、生产出各有其美的服装，并通过各类销售渠道销售，这只是资本获利的第一步。向消费者展示这些美丽服装，并使消费者渴望拥有且实际购买，是资本获利的又一个关键环节。因此，服装经销商潜心研究营销方式和手段，使服装的橱窗展示、店堂陈列和各种各样的促销手段成为刺激消费者的重要方式。

服装经销商给仿真模特穿上美丽的服装陈列在橱窗里，还将橱窗布置得或温馨或富有个性，并在店堂内外张贴大幅精美的真人模特着装广告画，使匆匆经过的女性在惊鸿一瞥中被深深吸引而不由自主地走进店堂。网络服装商店的真人模特服装展示广告也频频在人们上网时自动弹出，使女性总在不经意间心动、行动。

SPSS 分析表明，自变量被模特或广告画吸引购衣的频率，与因变量对自己现有服装数量满意程度的标准回归系数为 0.229[1]，调整后的 R^2 为 0.043，即可以解释 4.3%的误差。控制了女性职业发展水平后，这对变量的回归模型不成立。而控制丈夫月收入后，回归系数变动极小。这说明女性越容易被服装模特或广告画吸引就越渴望拥有更多的服装，女性职业发展水平是这一影响关系成立的条件，而丈夫收入水平对此几乎不起作用。

在女性被广告、橱窗或店堂里展示的服装打动之后，付款消费就成为资本获利最后也是最关键的一环，为了促使人们购买，服装行业在实践中探索出了花样繁多的促销手段。例如，限时降价、换季清仓买就送、改行抛售，还设置"光棍节""白色情人节"等各种节日打折促销，并且刻意制造"此时最优惠，优惠很快就结束"的紧迫感等。这对财力有限又渴望塑造美好、丰富外在形象的女性总能产生巨大的吸引力。现代社会的信息通信业和广告业发达，商家的促销广告总能快速地覆盖众多女性，从而影响女性的时装消费。

在上述促销方式中，有期限的换季清仓特价活动最为常见。服装行业的时尚变幻极快，四季服装都各不相同，再加上厂商、经销商对规模经济的追求，众多款型的服装总是难以迅速销售一空。在换季之前的一段时间里，商家需要清货回笼资金以获得充实的资金再进新品，而要在短时间内清货，就必须大幅度减让价格以吸引消费者购买。这使商家必须定立较高的原价，在当季正价销售的时候可以保证足够的利润，而在换季或转行清货时能够以较大折扣对消费者形成强大吸引力，从而能够迅速回笼资金。

---

① t 值为 2.234，F 值为 5.483，0.050 水平显著。

换季清仓特价销售是常见的促销形式。

但是，商家用于低价促销的服装，一般都存在码数不全、不同程度破损、污染及不再时尚等问题。商家促销时，往往不允许试穿，促销也常常不在当季，促销时购买的服装往往不合身、不完美，不能很好地满足穿着之需。因此，女性出于价格实惠的原因而购买促销服装后，内心总会留下些许遗憾，而正是这样的遗憾会使女性总感觉自己还需要更多，更好的服装。在接受笔者问卷调查的女性中，有54.5%表示若购买的促销品牌服装有小瑕疵会感到遗憾，不太满意。42.6%表示，衣服买后不常穿的第一原因是"因为价格实惠，买的时候太冲动，其实不适合自己"，这一比例远高于其他选项。

SPSS 分析结果显示，自变量过去购买促销服装后的后悔程度与因变量时装消费在女性个人消费中所占比重、对自己现有服装数量的满意程度的标准回归系数分别为 0.274[1]、0.273[2]，调整后的 R^2 分别为 0.066、0.065，即可以解释 6.6%、6.5%的误差。控制女性职业发展水平后，这两对变量的回归模型不成立，而控制丈夫月收入后，回归系数基本不变。这说明女性在购买促销服装后越是后悔，对自己所拥有的服装数量就越不满意，时装消费在个人消费支出中的比例也就越大。女性职业发展水平是这一影响关系成立的条件，而丈夫收入水平几乎不起作用。

虽然根据生活经验，服装行业营销人员的服务水平对女性时装消费可能存在比较大的影响，但本书并没有测量该变量，因为营销人员的服务水平虽然可能会影响消费的具体场所和具体品牌，但受到现实经济水平的限制，其不可能从根本上影响女性时装消费的目的、结构和规模。

3. 大众传媒的影响

电视、网络、报纸杂志等大众传媒在现代社会中影响广泛，这些信息载体所宣扬的消费生活方式和各种各样的广告往往会影响人们的消费行动。

自变量穿衣打扮观念是否主要受影视剧的影响与因变量追逐时尚的程度的标准回归系数为 0.273[3]，调整后的 R^2 为 0.046，即可以解释 4.6%的误差。控制了女性职业发展水平后，回归系数小幅增加为 0.332[4]，调整后的 R^2 为 0.095，即可以解释 9.5%的误差。控制了丈夫月收入后，回归系

① t值为 2.840，F值为 8.066，0.005 水平显著。
② t值为 2.822，F值为 7.965，0.010 水平显著。
③ t值为 2.411，F值为 5.815，0.050 水平显著。
④ t值为 2.723，F值为 7.414，0.010 水平显著。

数变动极小。这说明穿衣观念主要受到影视剧影响的女性更推崇服装时尚，但女性职业发展水平在一定程度上抑制了这一影响关系，丈夫收入水平基本不起作用。

（二）中观情境条件的影响

行动者所工作生活城市的不同也可能会影响女性时装消费，每个城市的经济发展水平、居民可支配收入水平和消费文化都有所不同。SPSS 分析证明了这一假设，自变量目前居住的城市与因变量对自穿服装品牌的重视程度、自穿服装主要购买场所的标准回归系数分别为-0.200[①]、-0.201[②]，调整后的 R^2 分别为 0.030、0.031，即可以解释 3.0%和 3.1%的误差。控制了女性职业发展水平后，这两对回归模型不成立；而控制丈夫月收入后，回归系数基本保持不变。这说明居住的城市越发达，女性时装消费的场所越低端，就越不重视服装品牌。这可能是因为越发达的城市消费水平越高、生活成本就越高，经济实力有限的女性无法在高端的场所消费服装，也无法选择品牌服装。女性职业发展水平是这一影响关系成立的条件，而丈夫收入水平对此几乎没有影响。

行动者职业发展所处组织机构对女性时装消费的影响，体现在组织机构所处行业的外向度，以及对员工上班期间着装统一性的要求。

若女性所处的职业行业是外向性的，日常工作需要与较多的大众接触，就可能重视时装消费。SPSS 分析结果证实了上述假设，自变量女性职业行业外向度与因变量自穿服装主要购买场所、对自穿服装品牌重视程度的标准回归系数分别为 0.239[③]、0.264[④]，调整后的 R^2 分别为 0.047、0.060，即可以解释 4.7%和 6%的误差。控制了女性职业发展水平后，自变量女性职业行业外向度与因变量自穿服装主要购买场所的回归模型不成立。而控制丈夫月收入后，回归系数基本保持不变。这说明女性所处的职业行业越是需要与大众接触，就越需要通过服装树立美好形象，则其购买自穿服装的场所就越高端，女性职业发展水平是这一影响关系成立的条件，而丈夫的收入水平对此几乎没有影响。

控制女性职业发展水平后，自变量女性职业行业外向度与因变量对自

---

① t 值为-2.036，F 值为 4.189，0.050 水平显著。
② t 值为-2.047，F 值为 4.144，0.050 水平显著。
③ t 值为 2.433，F 值为 5.918，0.050 水平显著。
④ t 值为 2.707，F 值为 7.326，0.010 水平显著。

穿服装品牌重视程度的回归系数增加为 0.402①，调整后的 R^2 为 0.148，可以解释 14.8%的误差。而控制丈夫月收入后，回归系数基本不变。这表明，女性所处的职业行业越是需要与大众接触，就越需要通过服装树立美好形象，也越注重服装品牌，但女性职业发展水平在一定程度上抑制了这一影响关系，而丈夫月收入对这一关系几乎没有影响。

一般而言，如果组织机构要求员工上班时统一着装，那么职业女性穿着个性服装的机会将大为减少，就会降低购买服装的欲望和数量。SPSS分析证明了这一假设，自变量单位是否要求上班统一穿着制服与因变量对自己现有服装数量满意程度的标准回归系数为 0.282②，调整后的 R^2 为 0.070，即可以解释 7.0%的误差。控制了女性职业发展水平后，回归模型不成立；而控制丈夫月收入后，回归系数基本保持不变。这说明上班时如果需要穿着工作服，女性对服装的欲望随之降低，女性职业发展水平是这一影响关系成立的条件，而丈夫的收入水平对此几乎没有影响。

自变量单位是否要求上班统一穿着制服与因变量穿着打扮符合女性审美程度的标准回归系数为–0.206③，调整后的 R^2 为 0.033，即可以解释 3.3%的误差。控制了女性职业发展水平后，回归模型不成立；而控制丈夫月收入后，回归系数基本保持不变。这说明上班时如果需要穿着工作服，则女性穿着打扮会更追求男性的审美标准而非女性的审美标准，这可能是因为工作服往往单调乏味，难以表现女性的性别特征和魅力，上班时需要穿着工作服的女性在平时的穿着打扮更希望得到男性的欣赏，但女性职业发展水平是这一影响关系成立的条件，而丈夫的收入水平对此几乎没有影响。

（三）微观情境条件的影响

女性时装消费的微观情境，主要是指女性在日常生活、职业发展、社会交往中与其有人际互动的人们，由于关系密切、接触频繁，可能会影响女性的时装消费，如婆婆、丈夫、孩子、领导、同事、朋友等。

SPSS 分析显示，自变量孩子的年龄与因变量自穿服装一般价位、自穿服装主要购买场所的标准回归系数分别为 0.342④、0.222⑤，调整后的 R^2

---

① t 值为 3.375，F 值为 11.392，0.001 水平显著。

② t 值为 2.921，F 值为 8.532，0.005 水平显著。

③ t 值为–2.097，F 值为 4.398，0.050 水平显著。

④ t 值为 3.552，F 值为 12.619，0.001 水平显著。

⑤ t 值为 2.217，F 值为 12.619，0.050 水平显著。

分别为 0.108、0.039，可以解释 10.8% 和 3.9% 的误差。控制女性职业发展水平和丈夫月收入后，自变量孩子年龄与因变量自穿服装主要购买价位回归系数变动极小。这说明孩子的年龄越大，女性购买服装的价位越高，女性职业发展水平和丈夫收入水平对此几乎没有影响。

控制女性职业发展水平后，自变量孩子的年龄与因变量自穿服装主要购买场所的回归模型不成立，而控制丈夫月收入后，回归系数基本保持不变。这说明孩子的年龄越大，女性时装消费水平就越高，但女性职业发展水平是这一影响关系成立的条件，而丈夫的收入水平对此几乎没有影响。

SPSS 分析显示，孩子的性别、数量的影响都没有统计显著性，前者可能与受访女性长期在城市而非农村工作生活有关，后者可能与受访女性绝大多数只生育一个孩子有关。丈夫、领导、朋友、同事对女性时装消费的影响也都没有统计显著性，这可能与女性时装消费的独立性、自主性比较强有关。

四、女性所能借助的工具和手段的影响

对于女性时装消费而言，采取行动必须使用的工具和手段，是指女性拥有的能够用于时装消费的金钱、时间和精力。在现代社会，女性多大程度上拥有经济实力、精力和时间进行个人消费，可能与女性自身的受教育程度、事业发展、收入水平、家庭地位，以及丈夫的收入水平和夫妻关系有关。

（一）女性职业发展和经济收入水平的影响

受教育程度的提高和就业的普遍实现使女性能够拥有一定的经济收入，而女性收入水平的高低对女性时装消费可能有着重要的影响。毕竟，在严格遵循等价交换原则的市场经济环境下，无论多么渴望拥有美丽新衣，最终都只能用足够的金钱来交换。SPSS 分析结果验证了女性职业发展和经济收入水平对女性时装消费的影响。

自变量女性的月均收入与自变量自穿服装的主要购买价位和过去一年中用于购买自己服装的每月平均费用的标准回归系数分别为 0.303[1] 和 0.314[2]，调整后的 R^2 为 0.083、0.089，即可以解释 8.3% 和 8.9% 的误差。这说明女性自身的收入水平影响着女性个人时装消费的结构和规模，收入水

---

[1] t 值为 3.136，F 值为 9.834，0.010 水平显著。

[2] t 值为 3.245，F 值为 10.533，0.010 水平显著。

平越高则时装消费水平越高、规模越大；收入越低，则时装消费规模越小、水平越低。

劳动技能的提升，使女性能够拥有更高的收入水平，也使女性有更强的自我意识、更多的社会交往和兴趣爱好，从而增加女性时装消费的数量和品质。SPSS 分析结果表明，自变量女性的技术职称与因变量个人服装主要购买场所、过去一年用于购买自穿服装每月平均费用的标准回归系数为 0.422[①]、0.250[②]，调整后的 R^2 为 0.164、0.047，即可以解释 16.4%、4.7% 的误差。这说明女性的技术职称水平影响着女性时装消费的结构和规模，职称越高，女性消费的场所也越高端，绝对规模也越大。

值得关注的是，自变量女性的文化程度与因变量穿着打扮符合女性审美程度的标准回归系数为-0.231[③]，调整后的 R^2 为 0.044，即可以解释 4.4% 的误差。控制女性职业发展水平后，回归系数调整为-0.372[④]，调整后的 R^2 为 0.124，可以解释 12.4%的误差。而控制丈夫月收入后，回归系数基本不变。这表明女性文化程度越高，则女性越可能为取悦男性而穿着打扮。这可能是因为女性文化程度越高，则参与的职业性社会交往越多，而当今社会，男性的职业发展比起女性仍然占据明显的优势地位，渴望获得更好职业发展的女性就需要使自己的穿着打扮得到男性的认可与欣赏。女性职业发展水平在一定程度上抑制了女性文化程度对女性穿衣打扮性别审美取向的影响关系，而丈夫月收入对这一关系几乎没有影响。

（二）配偶收入水平和经济资助的影响

当已婚女性自身的经济收入不能完全满足自我时装消费需求时，配偶收入水平和经济支持就会影响女性时装消费，SPSS 分析结果验证了这一研究假设。

自变量丈夫的月收入与因变量女性自穿服装主要购买价位的标准回归系数为 0.281[⑤]，调整后的 R^2 为 0.069，即可以解释 6.9%的误差。而在控制女性职业发展水平后，回归系数小幅增加为 0.389[⑥]，调整后的 R^2 为 0.137，即可以解释 13.7%的误差。这说明丈夫收入水平越高，女性时装消

---

① t 值为 3.630，F 值为 13.180，0.001 水平显著。

② t 值为 2.002，F 值为 4.006，0.050 水平显著。

③ t 值为-2.362，F 值为 5.577，0.050 水平显著。

④ t 值为-3.108，F 值为 9.662，0.010 水平显著。

⑤ t 值为 2.880，F 值为 8.295，0.005 水平显著。

⑥ t 值为 3.217，F 值为 10.350，0.001 水平显著。

费的水平也越高，女性职业发展水平一定程度抑制了这一影响关系。

自变量夫妻关系的好坏程度与因变量自穿服装主要购买场所的标准回归系数为 0.199[1]，调整后的 R^2 为 0.030，即可以解释 3.0%的误差。控制了女性职业发展水平后，这对变量的回归模型不成立，而控制丈夫月收入后，回归系数基本保持不变。这说明夫妻关系越好，女性的服装购买场所越高端，女性职业发展水平是这一影响关系成立的条件，而丈夫的收入水平对此几乎没有影响。

自变量购买自穿服装丈夫出资情况与因变量自穿服装主要购买价位的标准回归系数为-0.266[2]，调整后的 R^2 为 0.062，即可以解释 6.2%的误差。控制女性职业发展水平后，回归系数调整为-0.358[3]，调整后的 R^2 为 0.113，即可以解释 11.3%的误差，控制丈夫月收入后，回归系数几乎不变。这说明丈夫越多地在经济上资助女性的时装消费，女性时装消费的水平就越高，女性职业发展水平程度在一定程度上抑制了这一影响关系，丈夫收入水平几乎不起作用。

自变量丈夫的月收入情况、夫妻关系的好坏程度、购买自穿服装丈夫出资情况与因变量过去一年用于购买自穿服装每月平均费用的标准回归系数分别为 0.353[4]、0.206[5]、-0.227[6]，调整后的 R^2 分别为 0.116、0.033、0.042，即可以解释 11.6%、3.3%和 4.2%的误差。控制女性职业发展水平后，自变量丈夫的月收入情况与因变量过去一年用于购买自穿服装每月平均费用的回归系数基本不变。这表明丈夫的收入水平越高，女性时装消费的绝对规模越大，女性职业发展水平对这一关系几乎没有影响。

控制女性职业发展水平和丈夫月收入后，自变量夫妻关系的好坏程度、购买自穿服装丈夫出资情况与因变量过去一年用于购买自穿服装每月平均费用的回归系数变动极小。这表明夫妻关系越好、丈夫对妻子时装消费的经济资助越多，女性时装消费的绝对规模越大，而女性职业发展水平和丈夫收入水平对这一影响关系基本不起作用。

---

[1] t 值为 2.017，F 值为 4.067，0.050 水平显著。
[2] t 值为-2.750，F 值为 7.563，0.010 水平显著。
[3] t 值为-2.966，F 值为 8.798，0.050 水平显著。
[4] t 值为 3.717，F 值为 13.816，0.000 水平显著。
[5] t 值为 2.080，F 值为 4.328，0.050 水平显著。
[6] t 值为-2.305，F 值为 5.314，0.050 水平显著。

（三）配偶承担家务劳动情况的影响

时装消费不仅需要经济能力，还需要有相当的时间和精力。从时间和精力上来看，已婚育女性在比较长的时期内，如孩子 0 到 3 岁未能进入幼儿园的时期、孩子上小学的时期、孩子上中学且走读的时期，都是时间和精力特别稀缺的时期；对于职业女性而言更是如此，工作和家庭的双重重压使众多已婚育女性并不能在时装消费上投入充足的时间和精力。

虽然随着网络的普及，相当部分工作清闲的女性有条件在上班时通过网络购衣，但大多数的女性并非如此。本书研究问卷调查表明，工作很清闲的受访女性仅有 5%，工作清闲的也仅有 11%，上班时可以比较自由地上网购物的仅有 24.8%，23.8%有时可以，20.8%偶尔可以，30.7%则都不可以。

68.8%的受访女性表示，除了工作、家务等事务外，每天属于自己自由支配的时间有 1~3 个小时，相当部分时间是在接送孩子的间隙，或是孩子入睡后，这往往是为人母的女性精疲力竭的时候，而此时服装卖场早已打烊，只有网络商场可供游逛，但网络的虚拟性和风险性使女性往往逛得多买得少。

如果丈夫等家人愿意分担家务劳动，则女性能够有更多的时间、精力进行时装消费，SPSS 分析结果验证了这一假设。自变量家务是否主要由妻子完成与因变量逛网店选购服装频率的标准回归系数为–0.245[1]，调整后的 R^2 为 0.050，即可以解释 5.0%的误差。控制女性职业发展水平和丈夫月收入后，回归系数基本不变。这说明女性承担的家务越少，她就有越多的时间和精力逛街选购服装，女性职业发展水平和丈夫收入水平对这一关系几乎没有影响。

而上述的宏观情境条件影响分析，验证了逛百货和逛网店对时装消费的影响。女性逛百货的频率对时装消费的时机、价位和绝对规模有影响。逛网店的频率，则会影响对服装品牌的重视程度和时装消费相对规模。

五、规范准则对女性时装消费的影响

女性时装消费分析理论里的"规范准则"，是指行动者采用工具手段行动时，所必须遵循的社会性规范准则。在本书，是指女性时装消费采用工具手段时所遵循的社会规范准则，其对女性时装消费有着重要的影响。

---

[1] t 值为–2.488，F 值为 6.191，0.050 水平显著。

经济条件和时间精力是女性进行时装消费不可或缺的工具手段，本书需要探析的规范规则，应当是保障女性获得经济收入、财产权益和休闲时间的部分，这集中体现在《中华人民共和国劳动法》（以下简称《劳动法》）、《中华人民共和国妇女权益保障法》（以下简称《妇女权益保障法》）和《中华人民共和国婚姻法》（以下简称《婚姻法》）等法律法规中。

（一）法律法规对女性参与社会生产获得经济收入的保障

女性获得经济收入，主要途径是参与社会生产获得工资或劳务收入，保障女性参与社会生产获得经济收入的法律法规主要是《劳动法》和《妇女权益保障法》。

《劳动法》保护妇女劳动权益的规定如下：

第十二条，劳动者就业，不因民族、种族、性别、宗教信仰不同而受歧视。

第十三条，妇女享有与男子平等的就业权利。在录用职工时，除国家规定的不适合妇女的工种或者岗位外，不得以性别为由拒绝录用妇女或者提高对妇女的录用标准。

第二十九条，女职工在孕期、产期、哺乳期的用人单位不得依据本法第二十六条、第二十七条规定解除劳动合同。

第四十六条，工资分配应当遵循按劳分配原则，实行同工同酬。

第七十条，国家发展社会保险事业，建立社会保险制度，设立社会保险基金，使劳动者在年老、患病、工伤、生育等情况下获得帮助和补偿。

《妇女权益保障法》保护妇女劳动权益的规定如下：

第二十二条，国家保障妇女享有与男子平等的劳动权利；

第二十三条，各单位在录用职工时，除不适合妇女的工种或者岗位外，不得以性别为由拒绝录用妇女或者提高对妇女的录用标准；

第二十四条，实行男女同工同酬。在分配住房和享受福利待遇方面男女平等；

第二十五条，在晋职、晋级、评定专业技术职务等方面，应当坚持男女平等的原则，不得歧视妇女；

第二十六条，任何单位均应根据妇女的特点，依法保护妇女在工作和劳动时的安全和健康，不得安排不适合妇女从事的工作和劳动。妇女在经期、孕期、产期、哺乳期受特殊保护；

第二十七条，任何单位不得以结婚、怀孕、产假、哺乳等为由，辞退女职工或者单方解除劳动合同；

第二十八条，国家发展社会保险、社会救济和医疗卫生事业，为年老、疾病或者丧失劳动能力的妇女获得物质资助创造条件。

在知识经济时代，文化教育程度与职业和收入有着很强的直接正相关关系，因此，考察保障女性参与社会劳动获得经济收入的法律法规，还需考察保障女性接受文化教育权益的法律法规。《妇女权益保障法》在第三章对此做了专门规定：

第十五条，国家保障妇女享有与男子平等的文化教育权利。

第十六条，学校和有关部门应当执行国家有关规定，保障妇女在入学、升学、毕业分配、授予学位、派出留学等方面享有与男子平等的权利。

第十八条，父母或者其他监护人必须履行保障适龄女性儿童少年接受义务教育的义务。

第十九条，各级人民政府应当依照规定把扫除妇女中的文盲、半文盲工作，纳入扫盲和扫盲后继续教育规划，采取符合妇女特点的组织形式和工作方式，组织、监督有关部门具体实施。

第二十条，各级人民政府和有关部门应采取措施，组织妇女接受职业教育和技术培训。

第二十一条，国家机关、社会团体和企业事业单位应当执行国家有关规定，保障妇女从事科学、技术、文学、艺术和其他文化活动，享有与男子平等的权利。

虽然，我国女性在参与社会劳动、接受文化教育等方面存在诸多不尽如人意的状况，但客观地来看，各种法律法规对女性相关权利的保障，为女性个人发展提供了更多可能，当然也为女性能够拥有一定的经济收入并将其中的一部分分配给自己的个人消费提供了重要基础。

（二）法律法规对女性婚姻家庭财产权益的保障

女性获得经济权益保障，主要是指女性对亲属财产继承的权利，以及在婚姻中与配偶的财产权利关系，对此有集中体现的法律法规主要是《妇女权益保障法》、《劳动法》和《婚姻法》的有关规定。

《妇女权益保障法》保障女性家庭财产权益的规定：

第三十条，国家保障妇女享有与男子平等的财产权利。

第三十一条，在婚姻、家庭共有财产关系中，不得侵害妇女依法享有的权益。

第三十二条，妇女在农村土地承包经营、集体经济组织收益分配、土地征收或者征用补偿费使用以及宅基地使用等方面，享有与男子平等的权利。

第三十四条，妇女享有的与男子平等的财产继承权受法律保护。在同一顺序法定继承人中，不得歧视妇女。丧偶妇女有权处分继承的财产，任何人不得干涉。

第三十五条，丧偶妇女对公、婆尽了主要赡养义务的，作为公、婆的第一顺序法定继承人，其继承权不受子女代位继承的影响。

第四十七条，妇女对依照法律规定的夫妻共同财产享有与其配偶平等的占有、使用、收益和处分的权利，不受双方收入状况的影响。

第四十四条，国家保护离婚妇女的房屋所有权。夫妻共有的房屋，离婚时，分割住房由双方协议解决；协议不成的，由人民法院根据双方的具体情况，照顾女方和子女权益的原则判决。夫妻双方另有约定的除外。夫妻共有的房屋，离婚时，女方的住房应当按照照顾女方和子女权益的原则协议解决。夫妻居住男方单位的房屋，离婚时，女方无房屋住的，男方有条件的应当帮助解决。

《婚姻法》关于女性财产权益保障的规定：

第十三条，夫妻在家庭中地位平等。

第十七条，夫妻在婚姻关系存续期间所得的下列财产，归夫妻共同所有：

（一）工资、奖金；

（二）生产、经营的收益；

（三）知识产权的收益；

（四）继承或赠与所得的财产，遗嘱或赠与合同中确定只归夫或妻一方的财产除外；

（五）其他应当归共同所有的财产。

夫妻对共同所有的财产，有平等的处理权。

第二十条，夫妻有互相扶养的义务。一方不履行扶养义务时，需要扶养的一方，有要求对方付给扶养费的权利。

《婚姻法》针对部分夫妻实行财产分别所有制导致对承担家务的妻子财产权益侵害的情况，规定了家务劳动补偿制度。

第四十条，夫妻书面约定婚姻关系存续期间所得的财产归各自所有，一方因抚育子女、照料老人、协助另一方工作等付出较多义务的，离婚时有权向另一方请求补偿，另一方应当予以补偿。

上述法律法规保障着女性的婚姻家庭财产权益。但是，自 2011 年 8 月起施行的《最高人民法院关于适用〈中华人民共和国婚姻法〉若干问题的解释（三）》（以下简称《婚姻法》解释三）的特定条文被认为是对女性婚姻财产权益的侵害：

第七条，婚后由一方父母出资为子女购买的不动产，产权登记在出资人子女名下的，可按照婚姻法第十八条第（三）项的规定，视为只对自己子女一方的赠与，该不动产应认定为夫妻一方的个人财产。由双方父母出资购买的不动产，产权登记在一方子女名下的，该不动产可认定为双方按照各自父母的出资份额按份共有，但当事人另有约定的除外。

上述条文从字面上看并非特别针对女性，更不是歧视侵害女性权益，但在公开发布之后，却引发了女性的强烈不满。由于女性在就业和经济收入方面事实上的弱势地位，夫妻双方的结婚住房往往由男方出资购买并将产权登记在男方名下，而根据新发布的《婚姻法》解释三，如果离异，女方将不能主张对结婚住房的权益，这对于那些结婚时间较长、为家庭做出了较多牺牲奉献、自身经济收入较低甚至没有经济收入且在情感上被背叛被伤害的女性而言，无疑是极不公平的。

但《婚姻法》解释三有关房产权益条文的出台，有着十分深刻的社会背景：进入 21 世纪以来，由于各种因素的综合作用，房价不断攀升，成为中低收入阶层最为沉重的经济负担。而根据 2005 年通过的《婚姻法》司法解释二的有关规定，在结婚后，父母为双方购置房屋出资的，该出资应当认定为对夫妻双方的赠与，父母明确表示赠与一方的除外。于是，有些女性急功近利，不惜以婚姻为代价，在短时间内结婚、离婚，并在离婚时依据法律规定分得一半的财产，其中房子是最大的一块收益。而在我国，购置结婚房产往往主要由男方及其父母出资，一旦女方在婚后短时间内要求离异，那么男方将蒙受巨大的经济损失，这一现象在我国逐渐成为严重的社会问题，不利于社会和谐。

正是由于《婚姻法》解释三有关房产权益条文的出台有着上述社会背景，尽管其引发了人们的广泛争议，但仍然得以颁布施行。而女性在经历了最初的讶异、不满甚至愤怒之后，逐渐变得平静，开始反思检讨，并逐渐认识到女性不能依赖丈夫，经济上的自强自立才是女性拥有美好生活的根本出路。为此女性应当努力学习、提高素质、锻炼能力、增强才干。从长远来看，《婚姻法》解释三的有关内容对女性时装消费有着重要的影响。它使女性有着更强的自我意识和更高的自我事业发展追求，从而可能拥有更好的经济收入水平，女性时装消费也就因此能够具有更大的自主性和独立性。

（三）法律法规对女性获得自由支配时间权利的保障

工作时间和家务劳动时间是不可自由支配的，二者的时间长，则可自由支配的休闲娱乐、学习提高的时间也就相应缩短。那么，对于女性而言，可用于个人消费的时间和精力也就随之减少。

我国法律法规重视对人们包括对女性获得可自由支配时间权利的保障。关于工作时间的限制，《劳动法》中有明确的规定：

第三十六条，国家实行劳动者每日工作时间不超过 8 小时、平均每周工作时间不超过 44 小时的工时制度。

第三十八条，用人单位应当保证劳动者每周至少休息 1 日。

第四十条，用人单位在下列节日期间应当依法安排劳动者休假：（一）元旦；（二）春节；（三）国际劳动节；（四）国庆节；（五）法律、法规规定的其他休假节日。

第四十一条，用人单位由于生产经营需要，经与工会和劳动者协商后可以延长工作时间，一般每日不得超过 1 小时；因特殊原因需要延长工作时间的，在保障劳动者身体健康的条件下延长工作时间每日不得超过 3 小时，但是每月不得超过 36 小时。

第四十三条，用人单位不得违反本法规定延长劳动者的工作时间。

第四十四条，有下列情形之一的，用人单位应当按照下列标准支付高于劳动者正常工作时间工资的工资报酬：（一）安排劳动者延长时间的，支付不低于工资的百分之一百五十的工资报酬；（二）休息日安排劳动者工作又不能安排补休的，支付不低于工资的百分之二百的工资报酬；（三）法定休假日安排劳动者工作的，支付不低于工资的百分之三百的工资报酬。

第四十五条，国家实行带薪年休假制度。劳动者连续工作 1 年以上的，享受带薪年休假。具体办法由国务院规定。

依据《劳动法》的规定，每个劳动者每个工作日工作时间不得超过 8 小时，理论意义上，劳动者在工作日能够由自己支配的休闲时间有 16 个小时，除去睡眠 8 小时，上下班时间约 2 小时，尚有 6 小时的可自由支配时间，但这 6 小时有多少是女性自身能够真正自由支配的时间，则很大程度上取决于女性承担家务劳动的情况。

对于家务劳动的夫妻双方责任，法律并无明确规定，但无论是《婚姻法》还是《妇女权益保障法》都原则性地规定了在婚姻家庭生活中女性与男性的平等地位和权利，《婚姻法》总则中规定：

第四条，夫妻应当互相忠实，互相尊重；家庭成员间应当敬老爱幼，互相帮助，维护平等、和睦、文明的婚姻家庭关系。

第十三条，夫妻在家庭中地位平等。

因此，女性在家务劳动承担方面的具体情况取决于其与配偶的协商，取决于其丈夫的性别平等意识。

（四）法律法规对女性时装消费影响的变量测量

相关法律法规是客观性的变量，应该如何测量呢？由于女性对自我事业发展的期待，以及女性的受教育程度、就业情况、经济收入情况和家务承担情况等，都是相关法律法规的现实执行结果，可以将上述这些指标作为相关法律法规的替代性指标，用于考察规范准则因素对女性时装消费的影响，而这在"行动者""工具手段"等其他部分已经进行了分析，不再赘述[①]。

六、一元线性回归分析小结

本章所进行的一元回归分析表明，有 45 个解释变量至少影响一个被解释变量，一共有 87 个一元回归模型成立。但仅有 1 个标准回归系数在 0.4 以上，仅 18 个系数在 0.3~0.4，绝大多数系数都在 0.2~0.3（表 3-10）。

表 3-10　女性时装消费一元回归分析标准回归系数

变量	EV1 悦己	EV2 审美	EV3 场所	EV4 时机	EV5 价位	EV6 品牌	EV7 时尚	EV8 费用	EV9 比重	EV10 满意	合计
行动者											
A1										0.232[1]	1
A2							0.241[1]				1
A3							0.250[1]		0.253[1]		2
A4							0.377[2]			0.308[2]	2
A5		−0.197[1]			0.360[5]						2
A6			0.338[2]		0.357[5]		0.270[3]			0.227[1]	4
A7			0.268[2]		0.369[5]		0.308[3]			0.207[1]	4
A8							0.320[2]		0.267[2]		2
A9							0.209[1]				1
A10					0.197[1]	0.253[1]		0.265[2]	0.291[1]	0.269[2]	5
A11								0.277[3]	0.292[3]		2

---

① 《婚姻法》解释三在 2011 年 8 月颁布实施，而笔者进行问卷调查的时间在 2012 年 7 月至 12 月，因此，问卷填答的情况可以反映出该规范准则对被调查者思想观念和态度行为的影响。

续表

变量	EV1 悦己	EV2 审美	EV3 场所	EV4 时机	EV5 价位	EV6 品牌	EV7 时尚	EV8 费用	EV9 比重	EV10 满意	合计
A12	-0.328^4										1
A13										-0.235^1	1
A14							0.232^1				1
目的											
AM1										0.286^2	1
AM2							0.217^1		0.265^*	0.274^2	3
AM3					0.347^5		0.216^1			0.268^2	3
AM4							0.295^4			0.218^1	2
AM5							0.377^5				1
AM6						0.197^1					1
AM7							0.236^1				1
AM8					0.197^1						1
AM9					0.197^1	0.295^3	0.287^3	0.266^2		0.248^1	5
AM10							0.241^1				1
情境											
C1									0.214^1	0.222^1	2
C2	0.284^4						0.333^4	0.282^3		0.357^5	4
C3							0.354^5			0.290^1	2
C4								0.219^1			1
C5							0.286^3			0.292^3	2
C6							0.243^3				1
C7				0.231^2						0.229^1	2
C8				0.221^1	0.207^1		0.236^1				3
C9						-0.216^2			0.265^2		2
C10									0.274^2	0.273^2	2
C11							0.273^1				1
C12			-0.201^1			-0.200					2
C13			0.239^1			0.264^2					2
C14	-0.206^1									0.282^3	2
C15			0.222^1		0.342^4						2
工具											
T1	-0.231^1										1
T2			0.422^4					0.250^1			2
T3					0.303^2			0.314^2			2
T4					0.281^3						1

续表

变量	EV1 悦己	EV2 审美	EV3 场所	EV4 时机	EV5 价位	EV6 品牌	EV7 时尚	EV8 费用	EV9 比重	EV10 满意	合计
T5					-0.266^2						1
T6			0.199^1					0.206^1			2
合计	2	3	7	2	12	6	14	13	10	18	87

*、**、***、****、*****分别表示在 0.050、0.010、0.005、0.001 和 0.000 水平上有统计意义
用符号 1、2、3、4、5 分别代表*、**、***、****、*****
注：EV 指被解释变量（该注释适用于表 3-11~表 3-12）
EV1——消费服装"悦己"的程度　　　EV2——穿着打扮符合女性审美的程度
EV3——自穿服装的主要购买场所　　　EV4——自穿服装的主要购买时机
EV5——自穿服装的一般价位　　　　　EV6——对自穿服装品牌的重视程度
EV7——追逐时尚的程度　　　　　　　EV8——过去一年平均每月购衣费用
EV9——时装消费在女性个人消费中所占比重　　　EV10——对自有服装数量满意程度

综合看来，与女性发展相关的变量是不可忽视的重要影响因素。

在控制女性职业发展水平后，87 个回归模型中，有 41 个不成立，说明这些模型成立的条件是女性职业发展水平（表 3-11）。而在控制丈夫月收入后，只有 11 个回归模型不成立。这说明比起丈夫的收入水平，女性的职业发展水平是影响女性时装消费更加重要的因素。

表 3-11　以女性职业发展水平为条件的回归关系

代码	解释变量与被解释变量	代码	解释变量与被解释变量
	行动者		情境条件
A1	"坚持兴趣爱好的强烈程度"▲	C1	每年根据当年流行添置服装的情况 ▲
A2	关于外表给他人印象重要性的认识 ▲ EV7	C2	对服装时尚的态度 ▲
A3	生孩子对身材的影响情况　EV7　EV9	C3	服装完好且合身但已不时尚时的做法
A4	身材暂时微小变化添置服装的情况 ▲	C4	无计划购衣遇见心仪服装是否购买 EV9
A5	女性的年龄	C5	购衣是否主要因美衣层出不穷 EV8
A6	外表的自我评价 ▲　　EV8　EV10	C6	购买自穿服装时注重品牌的程度 ▲
A7	外表的他人评价 ▲ EV3 EV5 EV8 EV10	C7	是否会因被模特或广告画吸引购衣 EV4 EV10
A8	服装风格喜好变化情况　　　　　EV7	C8	逛百货选购服装的频率　　EV4　EV8

代码	解释变量与被解释变量	代码	解释变量与被解释变量
	行动者		情境条件
A9	服装色彩喜好变化情况	C9	逛网店选购服装的频率　　　　EV6
A10	重视服装搭配的程度▲EV5　EV6　EV8	C10	过去购买促销服装后的后悔程度 EV9　EV10
A11	主要因惯性而购衣	C11	穿衣打扮主要受影视剧的影响
A12	是否爱好舞蹈 ▲	C12	目前居住的城市　　　EV3　EV6
A13	是否有非艺术类爱好▲　　　EV10	C13	女性职业行业外向度　　　　EV3
A14	参加朋友聚会的频率 ▲　　　　EV7	C14	上班时是否需穿着工作服 EV2　EV10
		C15	孩子的年龄　　　　　　　EV3
	行动目的		工具手段
AM1	心情不好时是否购衣 ▲	T1	女性文化的程度 ▲
AM2	购买自穿服装的心情　　　▲ EV7	T2	女性的职称 ▲
AM3	对自己适合穿什么的探索 ▲	T3	女性的月均收入 ▲
AM4	自己理想风格的种类数量 ▲	T4	丈夫的月均收入 ▲
AM5	希望拥有各式各样服装的程度 ▲ EV5	T5	丈夫承担妻子购衣费用的程度 ▲
AM6	选择服装是否考虑体现自我职业身份 EV6	T6	夫妻关系好坏程度▲　　　　EV3
AM7	选择服装时是否主要考虑特色 ▲ EV7		
AM8	选择服装时是否主要表达独特个性▲ EV5		
AM9	根据出席场合精心挑选服装的频率 EV5　EV6　EV7　EV8		
AM10	穿衣打扮是否为得到同事、朋友欣赏▲		

注：表 3-11 和表 3-12 中带▲的指标是与女性发展有关的指标
表 3-11 阴影部分为以女性职业发展水平为条件的回归关系

　　87 个一元回归模型中，有 43 个模型在控制女性职业发展水平和丈夫月收入后，标准回归系数有所增加或减少，但绝大多数变化幅度都非常小，而且回归模型的 t 值和 F 值都在 0.050 水平以上显著，因此可以看做基本不受女性职业发展水平或丈夫月收入的影响。女性职业发展水平和丈夫收入水平是女性时装消费最具有现实性的条件，不受这两个条件约束而存在回归关系，这表明，这些自变量对女性时装消费的影响是稳定的、深刻的（表 3-12）。

表 3-12　不以女性职业发展水平和丈夫收入水平为条件的回归关系

代码	解释变量与被解释变量	代码	解释变量与别解释变量
	行动者		情境条件
A1	"坚持兴趣爱好的强烈程度" ▲ EV10	C1	每年根据当年流行添置服装的情况 ▲ EV9 EV10
A2	关于外表给他人印象重要性的认识 ▲	C2	对服装时尚的态度 ▲EV1 EV8 EV9 EV10
A3	生孩子对身材的影响情况	C3	服装完好合身但已不时尚时的做法 EV8 EV10
A4	身材暂时微小变化添置服装的情况 ▲ EV7 EV10	C4	无计划购衣遇见心仪服装是否购买
A5	女性的年龄 EV5	C5	购衣是否主要因美衣层出不穷 EV10
A6	外表的自我评价 ▲ EV3 EV5	C6	购买自穿服装时注重品牌的程度 ▲ EV8
A7	外表的他人评价 ▲	C7	是否会因被模特或广告画吸引购衣
A8	服装风格喜好变化情况 EV9	C8	逛百货选购服装的频率 EV5
A9	服装色彩喜好变化情况 EV7	C9	逛网店选购服装的频率 EV9
A10	重视服装搭配的程度 ▲ EV9 EV10	C10	过去购买促销服装后的后悔程度
A11	主要因惯性而购衣	C11	穿衣打扮主要受影视剧的影响 EV7
A12	是否爱好舞蹈 ▲ EV1	C12	目前居住的城市
A13	是否有非艺术类爱好 ▲	C13	女性职业行业外向度 EV6
A14	参加朋友聚会的频率 ▲	C14	上班时是否需穿着工作服
		C15	孩子的年龄 EV5
	行动目的		工具手段
AM1	心情不好时是否购衣 ▲ EV10	T1	女性文化的程度 ▲ EV2
AM2	购买自穿服装的心情 ▲ EV9 EV10	T2	女性的职称 ▲ EV3
AM3	对自己适合穿什么的探索 ▲EV7 EV10	T3	女性的月均收入 ▲ EV5
AM4	自己理想风格的种类数量 ▲ EV7	T4	丈夫的月均收入 ▲ EV5
AM5	希望拥有各式各样服装的程度 ▲ EV7	T5	丈夫承担妻子购衣费用的程度 ▲ EV5
AM6	选择服装是否考虑体现自我职业身份	T6	夫妻关系好坏程度 ▲ EV8
AM7	选择服装时是否主要考虑特色 ▲		
AM8	选择服装时是否主要表达独特个性 ▲		
AM9	根据出席场合精心挑选服装的频率 EV8		
AM10	穿衣打扮是否为得到同事、朋友欣赏▲ EV7		

注：表 3-12 中阴影部分为不以女性职业发展水平和丈夫收入水平为条件的回归关系

上述不受两个控制变量影响的回归关系中，自变量涵盖行动者、行动目的、情境条件和工具手段，行动者因素主要包括身材、年龄、外表等生理因素，爱美、审美变化等心理因素，以及舞蹈爱好因素；行动目的因素主要包括追逐快乐和表达理想自我目的；情境条件因素主要包括宏观的服装时尚和商业布局因素，以及微观的孩子年龄因素；工具手段因素主要涉及女性文化程度、夫妻关系和女性时装消费的丈夫经济资助。

不难看出，这些因素大多数都与女性发展有关，如时尚的因素，本书是从女性对时尚的认识、态度、追求的角度进行测量的。一般而言，女性自我发展水平越高、自我意识越强，就越追求时尚。时尚因素对女性时装消费的影响，某种程度上也反映着女性发展水平对女性时装消费的影响。

身材的变化，并不只是单纯的生理因素，因身材暂时发生一些微小变化而添置服装的情况也是与女性发展有关的变量，因为身材的微小变化只会在一定程度上影响服装穿着效果，只有自我意识强、对自己外在形象要求高，同时经济收入水平高的女性才更有可能因身材暂时发生一些微小变化就添置新服装。

与美有关的因素，也都与女性发展有关。例如，重视服装搭配的程度，由于服装搭配是一门关于美的学问，女性重视服装搭配至少表明其有比较高的审美要求。而外表的美丽程度，绝不仅只是生理因素，它是人的先天条件和后天努力综合作用的结果，也绝不仅仅是外在的因素，它还是人内在素养的自然流露和展现，因此综合反映着女性的发展水平。同时，值得关注的是，在控制分析时，外表他人评价对女性时装消费的影响全部消失，但外表自我评价对时装消费场所和价位的影响依然存在。可见，关于自己的外表，女性更多地受到自我认知而非他人观点的左右，这也在一定程度上反映着女性发展的水平。

兴趣爱好、追逐快乐和表达多元理想自我，也都反映着女性个性和精神世界丰富发展的要求。文化程度、夫妻关系则反映女性自身发展和性别关系水平。

在控制女性职业发展水平和丈夫月收入后，有一些回归关系发生了变动，但绝大多数变动都极小，控制分析前后标准回归系数调整后 R^2 的差大都小于 0.1，控制变量被看做对原回归关系基本不起作用。只有理想自我的种类对追逐时尚的程度标准回归系数调整后 R^2 的差略大于 0.1——原回归系数为 0.295，调整后的 R^2 为 0.078，控制女性职业发展水平后，回归系数增加为 0.457，调整后的 R^2 为 0.196，可以解释的误差增加了 11.8%。这说明女性理想自我种类越丰富，就越追逐时尚，而女性职业发展水平在一定程度上抑制了这一影响关系。也就是说，如果不考虑职业发展水平，女性理想自我的丰富性对女性追逐时尚的影响力更大，而女性理想自我的丰富性是女性发展的重要指标。

总之，控制女性职业发展水平和丈夫月收入的一元回归分析结果，无论是原回归关系消失、基本不变还是略有增加，都表明与女性发展相关的因素是女性时装消费重要的影响因素。

那么，如果将这些因素同时引入回归分析，与女性发展有关因素的影响力又如何呢？这需要进行多元回归分析。

第二节　女性时装消费的多元回归分析

以上进行的是单因素影响分析，如果将 82 个可能对女性时装消费有影响的诸多因素同时进行分析，到底哪些是最重要的影响因素，各自的影响力有多大，影响的方向又如何呢？这需要先将这些解释变量进行因子分析，再进行多元线性回归分析。

在绪论部分，因子分析的结果是，82 个变量中有 59 个变量拟合成了 25 个新因子。本节将这 25 个因子一一引入女性时装消费的 10 个被解释变量，构建多元线性回归模型。

与 25 个解释变量因子一起进行多元回归分析的，还有单变量生育孩子对身材的影响、身材微小变化添置服装的情况、女性的年龄、孩子的年龄、婚后参加朋友聚会的情况、选择服装是否主要考虑体现独特个性、选择服装是否主要考虑特色、职业外向度、单位是否要求上班统一穿着制服、所处职业行业的外向度、穿衣打扮是否受到影视剧的影响、穿衣打扮的观念是否主要受广告的影响、穿衣打扮的观念是否主要受丈夫的影响、穿衣打扮的观念是否主要受婆婆的影响、穿衣打扮的观念是否主要受好朋友的影响、穿衣打扮的观念是否主要受同事的影响等变量，这些变量难以与其他变量拟合成因子，但可能又是重要的解释变量，因此作为单变量引入分析。

本书所有的多元线性回归分析都运用"逐步引入"法对解释变量进行筛选剔除。

SPSS 分析结果表明，引入模型的因子或单变量容差都接近 1，方差膨胀因子 VIF 都略大于 1 而远小于 10，说明这些解释因子和单变量之间的多重共线性较弱，适合进行线性回归分析。

一、与消费目的有关的多元线性回归分析

（一）被解释变量消费服装"悦己"程度的多元回归分析

对于被解释变量消费服装"悦己"程度，共有三个因子和两个单变量被引入回归模型，复相关系数 R 为 0.773，调整后 R^2 为 0.551（表 3-13），即这些变量一共可以解释 55.1% 的误差。

表 3-13　模型 1

解释变量	标准回归系数
对服装美和穿着场合适当性的追求	−0.501[*****]
音乐舞蹈爱好	−0.387[*****]
选择服装对体现自我社会特征的考量	−0.285[***]
穿衣打扮的观念是否主要受好朋友的影响	−0.290[***]
习惯性逐乐	0.267[*]
调整后的 R^2	0.551
F	12.766[*****]

*、**、***、****、*****分别表示在 0.050、0.010、0.005、0.001 和 0.000 水平上有统计意义

引入模型 1 的变量有四个是负向影响，根据赋值情况，拥有音乐舞蹈爱好、追求服装美和适宜性、需要向他人表明职业身份和社会地位的女性，更可能为"悦人"而消费服装。这可能是因为音乐舞蹈特别舞蹈是一门向他人展现形体美的艺术，爱好音乐舞蹈使女性养成了希望得到他人认同和欣赏的习惯思维，而在社会交往中，服装也是向他人展示形体美的艺术，爱好音乐舞蹈的女性更倾向于为"悦人"而消费服装。注重服装搭配、追求服装与所出席场合的适宜性，以及需要向他人表明自己的职业身份和社会地位，很大程度上都是为了得到他人的认可和欣赏，这在时装消费上就表现为更多地考虑他人的标准和喜好。

（二）被解释变量穿着打扮符合女性审美的程度的多元回归分析

对于被解释变量穿着打扮符合女性审美的程度，有三个因子被引入回归模型，复相关系数 R 为 0.567，调整后 R^2 为 0.278（表 3-14），即这些变量可以解释 27.8% 的误差。

表 3-14　模型 2

解释变量	标准回归系数
理想自我追求	−0.376***
丈夫收入水平及其对家庭经济掌控程度	−0.351**
服装喜好的变化情况	0.350**
调整后的 R^2	0.278
F	7.277*****

*、**、***、****、*****分别表示在 0.050、0.010、0.005、0.001 和 0.000 水平上有统计意义

引入模型 2 的因子中有两个是负向的影响，根据赋值情况，女性追求的理想自我类型越多，则其穿衣打扮越是符合男性审美的标准，这可能是因为理想自我丰富立体的女性需要消费大量有特色、高品质的服装，而自身的经济收入水平难以支撑消费支出，所以需要取悦丈夫；而如果丈夫收入水平高，即使女性对家庭日常经济开支的掌控程度高，其穿衣打扮依然主要符合男性的审美标准。这都说明，女性自身的职业发展对女性全面、独立发展有着无法取代的重要作用。

二、与消费时空有关的多元线性回归分析

对于被解释变量购买自穿服装主要场所，有两个因子被引入回归模型，复相关系数 R 为 0.469，调整后 R^2 为 0.187（表 3-15），即这些变量可以解释 18.7% 的误差。根据赋值情况，夫妻关系越好、丈夫对妻子时装消费越支持，女性的时装消费场所就越高端。而在购买促销服装后越后悔的女性，时装消费的场所就越低端，这可能是因为促销服装总是差强人意，在购买促销服装后，女性常常需要重新添置令自己满意的服装，但购买促销服装已经占用了一部分资金，挤占了女性可以投入在时装消费方面的资金，从而使女性只能在较低端的场所消费服装。

表 3-15　模型 3

解释变量	标准回归系数
夫妻关系与丈夫对妻子时装消费的态度	0.327*
促销购买后悔情况	−0.315*
调整后的 R^2	0.187
F	6.621*****

*、**、***、****、*****分别表示在 0.050、0.010、0.005、0.001 和 0.000 水平上有统计意义

对于被解释变量购买自穿服装主要时机，有五个因子或单变量被引入

回归模型，复相关系数 R 为 0.749，调整后 R^2 为 0.511（表 3-16），即这些变量可以解释 51.1% 的误差。

表 3-16 模型 4

解释变量	标准回归系数
女性对时尚的态度与追求	0.415*****
女性对美和时尚的敏感度	0.378***
心情不好时购衣情况	−0.295**
女性文化程度、职称和忙闲程度	−0.294**
单位是否要求上班统一穿着制服	0.214*
调整后的 R^2	0.551
F	11.227*****

*、**、***、****、*****分别表示在 0.050、0.010、0.005、0.001 和 0.000 水平上有统计意义

表 3-16 影响力最大的两个因子，都与时尚有关。这说明，女性越是容易被美与时尚触动，越难以控制自己的购买欲望，就越会在服装新上市时购买。

而习惯于在心情不好时购买服装的女性，更不可能在服装新上市时购买，这可能是因为，将消费服装作为排解不良情绪重要方式的女性，时装消费支出往往较大，受到收入水平的限制，无法承受新上市服装的高价位。

三、与消费结构有关的多元线性回归分析

对于被解释变量自穿服装的主要购买价位，有 8 个因子和 4 个单变量被引入回归模型，复相关系数 R 为 0.917，调整后 R^2 为 0.618，即这些变量可以解释 61.8% 的误差（表 3-17）。

表 3-17 模型 5

解释变量	标准回归系数
女性个人消费丈夫出资情况	−0.434*****
年龄	0.356******
女方家庭经济资助与女性家务承担	−0.323*****
女性经济实力和事业发展	0.281****
事业心	0.252*****
身材微小变化添置服装的情况	−0.241***
单位是否要求上班统一穿着制服	0.220***
个性丰富发展与家庭关系处理情况	0.215**
理想自我追求	0.191*
广告的影响	0.182*

续表

解释变量	标准回归系数
受美丽服装诱惑的程度	0.160*
促销购买后悔情况	−0.147*
调整后的 R^2	0.618
F	16.388*****

*、**、***、****、*****分别表示在 0.050、0.010、0.005、0.001 和 0.000 水平上有统计意义

在表 3-17 中，女性个人消费丈夫出资情况的影响力是最大的，根据赋值情况，丈夫为女性个人消费出资越多，则女性购买自穿服装的价位越高。女方经济资助与女性家务承担的影响力也较大，女方经济实力越弱、越需要女性的资助、女性家务承担越多，那么女性的家庭地位就越低，女性购买自穿服装的价位也就越低。而女性的事业心越强，经济实力和事业发展越好，自穿服装的购买价位也就越高。同时，女性个性越丰富、越坚持自我的兴趣爱好、越追求多样化的理想自我，所购买服装的价位也就越高。

总之，在引入模型的 12 个因子或变量中，与女性自身发展状况相关因素的影响力最突出。

还值得关注的是，越经常因为身材微小变化而添置服装，所购服装的价位就越低，这可能是因为这一类型的女性服装淘汰率较高、时装消费开支较大，无法承受高价位。而购买促销服装后越后悔，则所购服装的价位就越低，这可能是因为促销服装大多差强人意，无法很好地满足所需，女性不得不额外增加时装消费支出，而热衷于购买促销服装的女性往往收入不高，更倾向于消费低价位的服装。

对于被解释变量购买自穿服装对品牌重视程度，只有一个因子被引入回归模型，相关系数 R 为 0.379，调整后 R^2 为 0.126（表 3-18），即可以解释 12.6%的误差，如果女性所从事的职业社会互动性越强，那么其对自穿服装品牌的重视程度就高；与非品牌服装相比，品牌服装更有助于塑造美好适宜的职业形象。

表 3-18　模型 6

解释变量	标准回归系数
职业的外向度	0.379**
调整后的 R^2	0.126
F	8.074***

*、**、***、****、*****分别表示在 0.050、0.010、0.005、0.001 和 0.000 水平上有统计意义

SPSS 多元回归分析结果显示，对于被解释变量女性追逐时尚的程度，有两个因子被引入回归模型，复相关系数 R 为 0.618，调整后 R^2 为 0.356（表 3-19），可以解释 35.6% 的误差。这表明，女性理想自我类型越丰富、越追求美及美的适宜性，就越追逐服装时尚潮流。

表 3-19　模型 7

解释变量	标准回归系数
理想自我追求	0.383**
对服装美和穿着场合适当性的追求	0.357**
调整后的 R^2	0.356
F	14.520*****

*、**、***、****、*****分别表示在 0.050、0.010、0.005、0.001 和 0.000 水平上有统计意义

四、与消费规模有关的多元线性回归分析

SPSS 分析结果显示，有两个因子和一个单变量输入被解释变量为过去一年用于购买自穿服装每月平均费用的回归模型，复相关系数 R 为 0.602，调整后 R^2 为 0.321（表 3-20），可以解释 32.1% 的误差。

表 3-20　模型 8

解释变量	标准回归系数
女性对时尚的态度和追求	0.445****
丈夫收入水平及其对家庭经济的掌控程度	0.338**
孩子的年龄	0.322*
调整后的 R^2	0.321
F	8.717*****

*、**、***、****、*****分别表示在 0.050、0.010、0.005、0.001 和 0.000 水平上有统计意义

在模型 8 中，影响力最大的因素是女性对时尚的态度和追求，即女性越追求时尚，时装消费实际支出金额就越大。

特别值得关注的是，女性自身的事业发展和经济实力等因素影响不显著，而丈夫的收入水平及其对家庭经济的掌控程度的影响显著，根据赋值情况，这说明丈夫收入水平越高、女性掌控家庭经济程度越高、丈夫为女性个人消费出资越多，则女性时装消费的实际支出金额就越大。

SPSS 多元回归分析结果显示，对于被解释变量时装消费在女性个人消费中所占比重，有两个因子和一个单变量被引入回归模型，复相关系数 R 为 0.568，调整后 R^2 为 0.279（表 3-21），可以解释 27.9% 的误差。

表 3-21　模型 9

解释变量	标准回归系数
习惯性逐乐心理	0.456****
女性个人消费的丈夫出资情况	-0.364**
婚后参加朋友聚会的频率	-0.258*
调整后的 R^2	0.279
F	7.318*****

*、**、***、****、*****分别表示在 0.050、0.010、0.005、0.001 和 0.000 水平上有统计意义

在模型 9 中，影响力最大的是习惯性逐乐心理，女性越是习惯追求时装消费所带来的快乐感受，时装消费在个人消费中的比重就越大。女性个人消费丈夫出资情况的影响力次之，根据变量赋值情况，个人消费丈夫出资越多，女性时装消费占个人消费的比重就越大，可见丈夫的经济支持对女性时装消费的重要性。

需要特别关注的是，婚后越是经常参加朋友聚会，女性时装消费占个人消费的比重就越低，这可能是因为经常参加朋友聚会的女性，各种消费支出较多，挤占了时装消费支出。

对于被解释变量对自穿现有服装数量满意程度，有一个因子和两个单变量被引入回归模型，复相关系数 R 为 0.614，调整后 R^2 为 0.336（表 3-22），可以解释 33.6% 的误差。

表 3-22　模型 10

解释变量	标准回归系数
生育孩子对身材的影响	0.308*
身材微小变化添置衣服的情况	0.341**
个性丰富发展与家庭关系处理情况	0.283*
调整后的 R^2	0.336
F	9.264*****

*、**、***、****、*****分别表示在 0.050、0.010、0.005、0.001 和 0.000 水平上有统计意义

在模型 10 中，影响力最大的两个变量都与身材有关，生育孩子对身材的影响越大，越追求服装的合身性，女性就越渴望拥有更多的服装。而女性的个性越丰富，越追求自我发展，也越渴望拥有更多的服装。

五、基于多元线性回归分析 10 个模型的比较分析

本书通过多元回归分析建立了 10 个模型。从表 3-23 和表 3-24 可知，25 个因子中，22 个因子至少对一个模型有影响。还有一些不适合进行因

子分析的单变量，也与 25 个因子一起进行回归分析，被引入回归模型的单变量有 16 个。

表 3-23　多元回归分析模型的标准回归系数

变量	M1 悦己	M2 审美	M3 场所	M4 时机	M5 价位	M6 品牌	M7 时尚	M8 费用	M9 比重	M10 满意
行动者										
AC1					0.252^5					
AC2					0.215^2					0.283^1
AC3					0.356^6					
AC4										0.308^1
AC5					-0.241^3					0.341^2
AC6					0.160^1					
AC7		0.350^2								
AC8	-0.501^5						0.357^1			
AC9	-0.387^5									
AC10									0.258^1	-
目的										
AM1	0.267^1								0.456^4	
AM2				0.295^2						
AM3		-0.376^3			0.191^1		0.383^2			
AM4	-0.285^3									
情境										
C1				0.415^5					0.445^4	
C2				0.378^3						
C3			-0.315^1		-0.147^1					
C4					0.182^1					
C5						0.379^2				
C6				0.214^1	0.220^3					
C7	-0.290^3									
C8								0.322^1		
工具										
T1					0.281^4					
T2				-0.294^2						
T3		-0.351^2						0.338^2		
T4					-0.434^5				-0.364^2	

续表

变量	M1 悦己	M2 审美	M3 场所	M4 时机	M5 价位	M6 品牌	M7 时尚	M8 费用	M9 比重	M10 满意
工具										
T5					−0.323[5]					
T6			0.327[1]							
R	0.773	0.278	0.469	0.749	0.917	0.379	0.618	0.602	0.568	0.614
调整 R^2	0.551	0.567	0.187	0.511	0.618	0.126	0.356	0.321	0.279	0.336
F	12.766[5]	7.277[5]	6.621[5]	11.227[5]	16.388[5]	8.074[3]	14.520[5]	8.717[5]	7.318[5]	9.264[5]

*、**、***、****、*****分别表示在 0.050、0.010、0.005、0.001 和 0.000 水平上有统计意义

表3-23 用符号 1、2、3、4、5 分别代表*、**、***、****、*****

M1——模型 1 被解释变量为消费服装"悦己"的程度

M2——模型 2 被解释变量为穿着打扮符合女性审美的程度

M3——模型 3 被解释变量为自穿服装的主要购买场所

M4——模型 4 被解释变量为自穿服装的主要购买时机

M5——模型 5 被解释变量为自穿服装的一般价位

M6——模型 6 被解释变量为对自穿服装品牌的重视程度

M7——模型 7 被解释变量为追逐时尚的程度

M8——模型 8 被解释变量为过去一年平均每月购衣费用

M9——模型 9 被解释变量为时装消费在女性个人消费中所占比重

M10——模型 10 被解释变量为对自穿现有服装数量满意程度

表 3-24 女性时装消费解释因子代码

代码	解释变量	代码	解释变量
	行动者		情境条件
AC1	事业心 ▲	C1	对时尚的态度、追求 ▲
AC2	个性丰富发展与家庭关系处理情况▲	C2	对美和时尚的敏感度▲
AC3	年龄	C3	促销购买后悔情况
AC4	生育对身材的影响	C4	穿衣打扮是否受广告的影响
AC5	身材微小变化添置服装的情况▲	C5	职业的外向度
AC6	受美丽服装诱惑的程度	C6	单位是否要求上班统一穿着制服
AC7	服装喜好变化情况	C7	穿衣打扮的观念是否主要受好朋友影响
AC8	对服装美和穿着场合适当性的追求 ▲	C8	孩子的年龄
AC9	音乐舞蹈爱好 ▲		
AC10	婚后参加朋友聚会的频率▲		
	行动目的		工具手段
AM1	习惯性逐乐心理 ▲	T1	女性的经济实力和事业发展 ▲
AM2	心情不好时购衣的情况	T2	女性文化程度、职称和忙闲程度 ▲
AM3	理想自我追求 ▲	T3	丈夫收入水平及其对家庭经济掌控程度

代码	解释变量	代码	解释变量
	行动目的		工具手段
AM4	选择服装对体现自我社会特征的考量 ▲	T4	女性个人消费的丈夫出资情况
		T5	女方家庭经济实力与女性的家务承担
		T6	夫妻关系与丈夫对妻子时装消费的态度 ▲

注：表中带▲的指标是与女性发展有关的指标

这些被引入回归模型的因子或单变量，涉及行动者的价值理念、生理因素、兴趣爱好、社会交往，情境条件中的宏观、中观、微观因素，工具手段中的金钱、时间和精力因素、行动目的的心理动机等方面。

（一）影响力较大的因素

对模型有影响的因素中，影响力最大的是对服装美和穿着场合适当性的追求，其对变量消费服装"悦己"程度的标准回归系数为-0.501，是模型1中影响力最大的因素。

习惯性逐乐心理对时装消费在女性个人消费中所占比重的回归系数为0.456，是模型9中影响力最大的变量。

对时尚的态度和追求，与自穿服装的主要购买时机和过去一年平均每月购衣费用的标准回归系数分别为0.415和0.445，是模型4和8中影响力最大的变量。

具有较大影响力的，还有女性个人消费的丈夫出资情况，其对自穿服装的一般价位的回归系数为-0.434，是模型5中影响力最大的变量。

理想自我追求，对追逐时尚的程度的标准回归系数为0.383，是模型7中影响力最大的变量。

理想自我追求，对穿着打扮符合女性审美的程度的标准回归系数为-0.376，是模型2中影响力最大的变量。

职业外向度，对购置服装时对品牌重视程度的标准回归系数为0.379，是模型6中唯一的影响变量。

身材微小变化添置服装的情况，与对自穿现有服装数量满意程度的标准回归系数为0.341，是模型10中影响力最大的变量。

夫妻关系与丈夫对妻子时装消费的态度，对自穿服装的主要购买场所的标准回归系数为0.327，是模型3中影响力最大的变量。

（二）影响较广泛的因素

对模型有影响的因素中，最多的影响 3 个模型，绝大多数只影响 2 个或 1 个。

影响 3 个模型的只有理想自我追求，分别影响追逐时尚的程度、穿着打扮符合女性审美的程度、自穿服装的一般价位三个变量，标准回归系数分别为 0.383、-0.376、0.191。

影响 2 个模型且影响力较大的有以下四个因素。

（1）对服装美和穿着场合适当性的追求，对变量消费服装"悦己"程度的标准回归系数为 -0.501，对追逐时尚程度的回归系数也达到 0.357。

（2）对时尚的态度和追求，对自穿服装的主要购买时机和过去一年平均每月购衣费用的标准回归系数分别为 0.415 和 0.445。

（3）女性个人消费的丈夫出资情况对自穿服装的一般价位和时装消费在女性个人消费中所占比重的回归系数分别为 -0.434、-0.364。

（4）丈夫收入水平及其对家庭经济掌控程度对穿着打扮符合女性审美的程度和过去一年平均每月购衣费用的回归系数分别为 -0.351、0.338。

还有四个变量也影响了 2 个模型，但重要性相对较小。

（1）个性丰富发展与家庭关系处理情况，对自穿服装的一般价位和对自穿现有服装数量满意程度的标准回归系数分别为 0.215、0.283。

（2）身材微小变化添置服装的情况，对自穿服装的一般价位和对自穿现有服装数量满意程度的标准回归系数分别为 -0.241、0.341。

（3）单位是否要求上班统一穿着制服，对自穿服装的一般价位和自穿服装的主要购买时机的标准回归系数分别为 0.220、0.214。

（4）促销购买后悔情况，对自穿服装的一般价位和自穿服装的主要购买时机的标准回归系数分别为 -0.147、-0.315。

（三）与女性发展有关的因素是重要的影响因素

综观 10 个回归模型，影响力较大且影响较广泛的因素与五个方面有关：习惯性逐乐心理、对理想自我的追求、对服装美和穿着场合适当性的追求、对时尚的态度和追求、丈夫的经济收入水平及其对妻子时装消费的经济资助，而这些因素都是与女性发展有关的因素（表 3-25）。

表 3-25　多元回归分析模型的标准回归系数（影响较大的部分）

变量	M1 悦己	M2 审美	M3 场所	M4 时机	M5 价位	M6 品牌	M7 时尚	M8 费用	M9 比重	M10 满意
行动者										
AC3					0.356^5					
AC4										0.308^1
AC5					-0.241^3					0.341^2
AC7		0.350^2								
AC8	-0.501^5						0.357^1			
AC9	-0.387^5									
目的										
AM1	0.267^1								0.456^4	
AM3		-0.376^3			0.191^1		0.383^2			
情境										
C1				0.415^5				0.445^4		
C2				0.378^3						
C3			-0.315^1		-0.147^1					
C5						0.379^2				
C8								0.322^1		
工具										
T3		-0.351^2						0.338^2		
T4					-0.434^5				-0.364^2	
T5					-0.323^5					
T6			0.327^1							
R	0.773	0.278	0.469	0.749	0.917	0.379	0.618	0.602	0.568	0.614
调整 R^2	0.551	0.567	0.187	0.511	0.618	0.126	0.356	0.321	0.279	0.336
F	12.766^5	7.277^5	6.621^5	11.227^5	16.388^5	8.074^3	14.520^5	8.717^5	7.318^5	9.264^5

*、**、***、****、*****分别表示在 0.050、0.010、0.005、0.001 和 0.000 水平上有统计意义

表 3-25 用符号 1、2、3、4、5 分别代表*、**、***、****、*****

M1——模型 1　被解释变量为消费服装"悦己"的程度

M2——模型 2　被解释变量为穿着打扮符合女性审美的程度

M3——模型 3　被解释变量为自穿服装的主要购买场所

M4——模型 4　被解释变量为自穿服装的主要购买时机

M5——模型 5　被解释变量为自穿服装的一般价位

M6——模型 6　被解释变量为对自穿服装品牌的重视程度

M7——模型 7　被解释变量为追逐时尚的程度

M8——模型 8　被解释变量为过去一年平均每月购衣费用

M9——模型 9　被解释变量为为时装消费在女性个人消费中所占比重

M10——模型 10　被解释变量为对自穿现有服装数量满意程度

　　一般而言，女性发展程度越高，女性时装消费就越是为了"悦己"，

规模就越大，消费结构和消费时空就越高端。但也有例外的情况。例如，女性越追求服装美和服装的适宜性，就越为"悦人"而消费服装；女性理想自我类型越多，穿衣打扮越符合男性的审美标准；女性文化程度越高、职称越高，越不会在服装新上市时购买服装。

此外，特别需要关注的是，丈夫的经济实力和经济资助是女性时装消费价位的决定性因素，即丈夫经济实力越强对女性的时装消费资助越多，女性时装消费的价位就越高。而丈夫对妻子时装消费的资助程度，对时装消费在女性个人消费中所占比重的影响系数为-0.364，根据赋值情况，表明丈夫对妻子时装消费的经济资助越多，则女性时装消费占个人消费的比重就越大。但女性自身的文化程度、职称水平、经济实力和事业发展对该变量的影响并不显著。

女性自身的经济实力和事业发展只影响自穿服装的一般价位，标准回归系数仅为0.281，虽然在12个影响因素中排在第四位，但重要性次于丈夫对妻子时装消费的经济资助。女性的文化程度、职称和忙闲程度也只影响了自穿服装的主要购买时机，回归系数仅为-0.294。

将一元回归分析和多元回归分析结果中影响作用较大的因素进行比较后可以发现，行动者、行动目的和情境条件三大方面各因素的影响在两种分析中区别不大，但工具手段部分的影响有极大不同。

在一元回归分析中，女性自身的发展指标（职务、职称和月均收入）比丈夫的收入水平、经济资助的影响力更大，但在多元回归分析中出现了相反的情况，即在各种因素同时影响女性时装消费时，丈夫的收入水平和经济资助比女性自身的职业发展水平更加重要。这表明，女性时装消费很大程度上存在着对丈夫的经济依赖，这是女性发展还不够充分的表现。

第三节　影响女性时装消费的其他因素

不仅上述那些可测量的变量会影响女性时装消费，还有一些难以测量的因素，也或多或少、若隐若现地发挥着影响力。例如，自然环境、四季更替、晴雨变化的规律，对女性时装消费就会有特别的影响。

我国地域辽阔，跨越寒带、温带和亚热带，但绝大部分人口聚集在温带和亚热带地区，四季变换较为明显。不同的季节对服装的功能有着不同的要求，对服装的审美也有不同要求，如冬季要穿得温暖、艳丽，而夏季则要穿得凉快、素净。即使是气温相近的春秋两季，人们对服装的要求也有所区别。例如，春季是一个明亮、欢欣的、充满了希望的季节，并且气温处在逐渐升高的趋势中，人们希望看到的是明快、干净、清新的色彩，因此在这个季节，最好穿着浅色的服装，如亮白色、浅绿色、浅蓝色等；而秋季是一个成熟的收获的季节，并且气温处在逐渐降低的趋势中，人们希望看到的是温暖、含蓄、有深度的色彩，但气温并不是太低，因此最好穿介于浅色和深色之间的颜色，如杏色和橙色等。而在同一个季节当中，还有晴天和雨天的变化，雨天一般是阴天，人们会更喜欢温馨的色彩，而在晴天人们则更喜欢清新的色彩。晴雨的变化不仅会影响人们对服装色彩的偏好，对服装其他因素，如材质、款式等的要求都有影响。因此，四季更替、晴雨变化等自然环境的因素，在无形中会增加人们对服装的需要和消费，特别对于爱美的、自我意识比较强的女性而言更是如此。

服装在穿着、洗涤及岁月的流逝中，会渐渐磨损、老化。而资本为了源源不断地赢利，其不断翻新的时尚服装也大多并不追求五年、十年的常时效品质保证。

此外，在实体服装店购衣时，虽然大多可以试穿，但购衣时的光线、气温、氛围等情境与现实的穿着情境往往有着比较大的差异。很多女性都有过这样的体验：很多服装在服装店里试穿时很好看，可一回家试穿就没那么好看，于是只好束之高阁。的确，为了促进销售，许多服装店的灯光是精心布置的，能使人的气色看起来很好，有些镜子也具有特别的纵向拉伸功能，使人看起来更加修长，这些因素都会大大提升店内试穿效果。而且，在店内试穿时，人的体位和动作很少且变化幅度很小，无法还原真实的穿着状态。

众多女性忙于工作、家庭事务，往往很少能够有充裕的时间逛街选购服装，在笔者的问卷调查中，44%的受访女性表示，自己每次逛街都是匆匆忙忙，因为工作忙或是需要照顾家庭、孩子。很多女性常常在上下班的路上、在接送孩子的间隙匆匆选购服装，并不能够很好地试穿及充分地考量。同时，购衣时的心境与现实穿着的心境总有落差，也会导致购买的一些服装无法很好地满足日常穿着之需。

以上因素都会导致女性兴冲冲购买的许多服装最终被无奈而又无情地冷落。总之，这些因素虽然或难以测量，或难以在统计上显示影响力，但生活经验告诉我们，它们是女性不断购衣却总是感觉没有满意的衣服可穿的不可忽视原因。

本章对女性时装消费影响因素的一元回归分析和多元回归分析都表明，女性时装消费的影响因素纷繁复杂，女性自身的、外在的因素、社会性的和自然的因素、心理性的和生理性的因素等交织在一起共同发挥着作用，这些因素有的与女性发展水平有关，有的与女性发展水平无关，有时会促使消费行动真实地发生，有时只是点燃起了女性的消费欲望，但这欲望会使女性身心焦躁，对生活现状不满不安。丈夫的经济收入水平和经济资助比女性自身的收入水平更大程度地决定着女性时装消费的目的、时空、结构和规模。那么，在女性发展的视野下，在这些复杂因素影响下的女性时装消费，会有怎样的正面效应和负面效应？又该如何解决由此带来的诸多问题呢？

第四章
女性时装消费的效应分析

　　在上一章中运用女性时装消费分析理论，对女性时装消费的 10 个被解释变量，先后进行了控制女性职业发展水平和丈夫月收入的一元回归分析和因子分析基础上的多元回归分析，结果显示，绝大多数影响变量或影响因子的标准回归系数都在 0.4 以下，且影响力大多相差不大，这说明影响女性时装消费的因素的确纷繁复杂，其中，既有女性自身的经济实力和事业发展，又有丈夫的经济实力和经济资助；既有时尚变幻的作用，也有女性自身追求快乐和习惯性消费的心理作用；既有表达自我不断探索自我风格的原因，也有身材不时变化需要不同服装的原因；既有审美旨趣变化的影响，也有重视搭配追求完美的影响；等等。所有的因素盘根错节纠合在一起，或者增大女性时装消费的规模、提高女性时装消费的水平，或者至少刺激女性的时装消费欲望，使之对生活现状产生不满情绪。

　　而在所有因素中，丈夫的经济收入水平及其对妻子的经济资助，以及女性自身的经济收入水平、不断推陈出新的服装流行时尚、习惯性逐乐心理、理想自我的追求的影响最为突出，这些因素对女性时装消费的影响，很大程度上反映着女性发展状况的影响。数据分析结果表明，女性自身职业发展越好，经济收入水平越高，越习惯性地追求自我精神的愉悦，越追求多元化的理想自我，越追逐时尚，其时装消费的规模就越大，水平就越高；但是，女性时装消费的实际支出主要受制于丈夫的经济收入水平和丈夫的经济资助。

　　那么，在女性发展视野的观照之下，女性时装消费这样的现实，对于女性发展而言有着怎样的正面效应，又会产生哪些负面效应？

第一节　女性时装消费的正面效应

女性主义的代表人物波伏娃（1998），并不认为服装等时尚因素对女性解放和发展有着积极意义，在《第二性》中，她批判道："习俗和时尚常致力于隔断女性身体与任何可能的超越的联系：裹足的女人步履维艰，好莱坞明星的优美指甲使她们的手不能活动自如；高跟鞋、胸衣、裙撑、鲸骨衬箍和有衬架的裙子，与其说是为了突出女性身体的曲线美，不如说是为了增加它的无能……经过梳洗打扮的女人，本性仍然存在，但受到约束，人的意志被改造得接近男人的欲望"。

但是，波伏娃的认识对于现代女性而言具有一定的片面性。事实上，许多现代女性往往具有双面性，在外，她们追逐着时尚、追求着美丽，在家，则安于朴素自然、沉静安然。笔者的四位访谈对象 T、D、H 和 Z 都是这一类型的女性，上班和参加社会交往的时候，她们总是依据不同场合为自己精心挑选适宜的服装，使自己看起来大方得体、风采动人。而居家的时候，她们则不太讲穿着，舒适大方、方便家务活动是她们家居穿衣的首要标准。她们都是家庭中家务劳动和孩子抚育的主要承担者。她们有的擅长烹饪，有的擅长清洁整理，她们既享受装扮自我的快乐，也享受为亲人家庭操劳的充实。也就是说，理性的全面发展的女性，完全有能力在自己的生活中驾驭时尚，只在需要的时候用它来装点自我，而不会时时被时尚紧紧地束缚和牵制。

因此，在笔者看来，如果理性地追求时装消费，女性不仅不会被时尚束缚和控制，而且女性的进一步解放和发展还会收获更大可能。下文，笔者将根据第一章"理论基础"部分所阐述的"女性发展理论"，分析女性时装消费的正面效应，论述从女性职业发展、个性丰富、社会交往、精神提升和为女性全面发展提供来自家庭内外支持五个方面展开。

一、推动女性职业发展

女性的职业发展是女性发展十分重要的内涵，只有女性得到了充分的职业发展，女性的发展才是可持续的。女性时装消费对女性职业发展的推动作用主要体现在三个方面：一是刺激女性追求职业发展的愿望，二是通过提升女性的外在有形形象促进女性的职业发展，三是催生众多新产业、创造大量新岗位，为女性职业发展乃至于全面发展创造有利的内外部条件。

（一）刺激女性追求职业发展的愿望

在女性发展理论部分，笔者曾论及女性对自身外在有形形象发展的追求，可以为女性进一步自我解放和发展提供更多的内在思想动力。女性在塑造自己的外在形象时，只有将自己塑造成能够拥有美、主导美的标准的审美主体，才能真正享受审美的乐趣。女性成为审美主体，就必然要求女性获得更多方面、更高层面的权益，在经济上和精神上都能获得真正意义上的解放和独立。

在塑造女性外在有形形象所需进行的消费中，时装消费是占很大比重的部分，服装日日都需穿着，而且不同季节、天气、场合、心情、阶段对服装的需求都不同。笔者的问卷调查中，41%的受访女性表示，在过去一年中自己每月的时装消费开支在 600 元以上，其中，27%是在 800 元以上，16%在 1 000 元以上，11%在 1 500 元以上，4%在 2 000 元以上。而丈夫会鼓励并在经济上支持她购买服装的为 22.8%，丈夫不会在经济上予以支持但会鼓励她购买的为 22.8%，丈夫不鼓励但会在经济上支持她购买服装的为 46.5%。这组数据表明，既在精神上理解并在经济上支持妻子进行时装消费的男性比例很小。即便丈夫在妻子的请求之下愿意为妻子的时装消费提供经济上的支持，但总是存在着"请求—应允"的关系，妻子被动，而丈夫主动，一旦丈夫答应了妻子的请求，他们之间就出现了权力关系，是丈夫对妻子的权力，这必将使女性在夫妻关系中处于更加弱势的地位，从而一定程度上失去自由和尊严。这对于自尊、自爱、自我意识越来越强的现代女性而言，可能难以长期忍受的"屈辱"，也就不愿意总向丈夫请求经济支援以供个人消费所需。笔者的问卷调查数据证明了这一点，仅 7.9%的受访女性表示购买自穿服装的费用基本来自丈夫，5%表示大部分来自丈夫，而 25.7%表示大部分来自自己，仅有一小部分来自丈夫，39.6%表示全部来自自己，在个人时装消费方面经济独立的受访女性合计达 65.3%。

而丈夫不太支持妻子的时装消费等穿着打扮方面的消费，很多时候也是受到现实经济收入水平的限制，73.9%的受访男性认为，如果丈夫不支持自己的妻子讲究穿着打扮可能是因为经济状况欠佳。一位受访男性在问卷中特别注明：如果自己有钱，妻子把整个服装店的衣服买回家都可以。

除了时装消费，为了塑造自己的外在有形形象，女性还有许多其他方面的个人消费支出，如美发、美甲、美容、美体，坤包、首饰、鞋帽等，这些消费需要花费不菲的金钱。但是，许多女性丈夫的收入水平难以支撑她的个人消费支出,而有些女性的丈夫经济收入水平虽然尚可却也并不鼓励和不支持妻子进行这些装扮性的个人消费。那么,对于有着较强自我意识又渴望通过消费塑造自己美好得体外在有形形象的女性而言,能保持尊严又能满足消费欲望的唯一出路,只能是追求自身的职业发展,通过自己的努力拥有足够支付个人消费账单的强大经济实力。在笔者的问卷调查中,有 61.4%的受访女性表示若丈夫支持则愿意赚钱养家,因为渴望证明自己的能力和价值,当然,还因为如此可以自主地进行时装消费等个人消费,而不需看丈夫的脸色花钱。

（二）提升女性外在形象,推动女性职业发展

个人的学识内涵、素质能力固然是女性职业发展的重要条件,但个人的外在形象也是职业发展不可或缺的方面,因为人的外在形象在一定程度上决定了人所适合的职业和职务。在今天已经高度分工化与合作化的人类社会,几乎所有的职业、职务都需要或多或少地与他人打交道,而个人的外在形象是人与人之间职业交往最直接的媒介,因此个人外在形象的特点可以在一定程度上影响其与他人职业交往的过程和结果,并最终影响他的职业发展。但是在这一点上,有着一定的性别差异,女性的外在形象比男性更大程度地决定他人对她的印象并进而影响她的职业发展。在笔者的问卷调查中,27.7%的受访女性认为男性的外表一直都会影响其给他人留下的印象,但认为女性的外表一直都会影响其给他人留下印象的则达到58.4%。男性对这一问题的认识与女性相近,24.4%的受访男性认为在人际交往中男性的外表一直在起作用,而认为女性的外表很重要的则达到45.7%。这组数据可以说明,无论男性、女性都认为女性的外在形象在其社会交往和职业交往中十分重要,且比男性的外在形象更加重要。因此,女性在自我发展中应当注意塑造自己的外在形象。

但是,这并不等于说女性在求职和工作中,需要一味地将自己打扮得漂漂亮亮,而是应当根据其所从事的职业和所担任的职务,塑造得体适宜的外在形象。

而在塑造女性外在形象的所有手段工具中,服装无疑是最不可或缺的重要方面,不同色彩、款型、材质、风格的服装可以迅速、显著地塑造出不同的女性形象。但不同气质、个性、年龄、肤色、身材的女性所适合的服装又是不同的,女性必须通过一次又一次的时装消费来探索寻求适合自己的服装,才能塑造出满足自身职业发展需要的外在形象,从而推动自我的职业发展。

在本书研究问卷调查数据基础上进行的 SPSS 分析结果，一定程度上证实了女性时装消费对女性职业发展的推动作用。

将女性消费时空、结构、规模和逛街（包括网店）的频率这 9 个变量进行因子分析，这 8 个变量的 KMO 值为 0.672，Bartlett 球形度检验值为 136.217，在 0.000 水平显著，表明适合因子分析。9 个变量拟合成两个新因子，因子 1 包含 6 个变量：过去一年用于购买自穿服装每月平均费用、时装消费在女性个人消费中所占比重和对自穿现有服装数量满意程度、自穿服装的主要购买价位、追逐时尚的程度和自穿服装的主要购买时期，既涉及消费时空和消费结构，又涉及消费规模，所以命名为女性时装消费时空、结构与规模。因子 2 包含三个变量：对自穿服装品牌的重视程度、自穿服装的主要购买场所和逛街（包括网店）的频率，既涉及消费时空，又涉及消费结构，所以命名为"女性时装消费时空与结构"。

接着将因子女性时装消费时空、结构与规模和女性时装消费时空与结构作为解释变量，将因子女性职业发展水平[①]作为被解释变量，运用逐步引入法进行线性回归分析。分析结果显示，因子女性时装消费时空与结构被引入回归模型，标准回归系数为 0.465，t 值为 4.039，F 值为 16.316，都在 0.000 水平显著，调整后 R^2 为 0.203，即引入的因子可以解释 20.3% 的误差。根据赋值情况，这表明女性时装消费场所越高端、越注重品牌，则女性的职业收入越多、职务和职称越高。

（三）催生众多新产业、创造大量新岗位，为女性职业发展乃至全面发展创造有利的内外部条件

持续不断、始终求新求变的女性时装消费势必推动女性服装产业及其他相关产业的蓬勃发展，从而能够创造出大量适合女性创业和就业的工作岗位。例如，除了服装设计、生产、批发和零售等产业外，女性时装消费可以带动发展的产业有面料、纽扣、拉链、花边、配饰、剪裁缝纫工具，以及机器、仿真模特、衣架、陈列柜、包装袋等方面的设计、生产、批发和零售产业，还能带动真人模特、物流、店面装修、宣传画、宣传册打印印刷等行业。根据中国时尚品牌网的统计，2012 年，我国女装生产企业超过 2 万家，而服装批发、零售及其他相关行业的企业则难以计数[②]。这些

---

① 女性职业发展水平由女性的月均收入、女性的职务、女性的职称三个变量拟合而成。

② 中国女装品牌企业超 2 万家 为何女装线下"无大牌"？赢商网，http://news.winshang.com/news-163134.html，2013-05-08。

行业大部分劳动强度和难度不大，资金、技术等进入门槛不高，适合女性创业和就业，当然，也能带动部分男性就业，还可以为国家的经济增长作贡献，这都为女性的职业发展乃至全面发展创造了有利的内外部条件。

二、丰富女性个性发展，促进女性社会交往发展

女性时装消费不仅推动女性的职业发展，还可以通过塑造女性多姿多彩的外在有形形象，丰富女性个性发展，促进女性的社会交往发展。

社会交往活动，包含休闲、文艺、娱乐、运动、宴会等，不同的社会交往活动对参与者所穿着的服装都有着有形或无形的具体要求，参与者穿着适合某一活动或场合的服装，可以更好更快地融入情境，起到锦上添花的效果。例如，进行有氧运动时身着运动套装，可以使女性更加富有活力和动感；进行瑜伽练习时，身着专门的练功服，可以使女性更显沉静、柔美；与朋友一起休闲娱乐时，身着宽松、舒适的服装，可以使女性更有亲和力；参加音乐会或晚宴时，身着精致的礼服，可以使女性更为优雅、高贵。总之，在这些迥然不同的活动和场合中，风格各异的各式服装，是帮助女性塑造不同个性侧面十分重要且不可或缺的方式和途径，它们使女性更快、更好地融入不同的社会群体和情境，从而促进女性个性的丰富发展和拓宽女性的社会交往。

三、充实女性精神世界

人充实而又健康的精神世界，需要强大的自信、乐观的精神和深刻的内涵素养。尽管，服装装扮的只是女性的外表形象，却可以由表及里，增强女性的自信心、愉悦女性的身心并提高女性的内涵素养。

（一）提升女性外在形象，增强女性自信心

自信心是个体人所拥有的一种积极的自我评价，具有激励人以自身的能力和努力去获取成功的力量，它可以激发个体参与活动的积极性，而且能够使个体在完成任务时大胆思考、积极行动、勇于创新，并产生高的成就期望（强海燕，1999）。因此，自信心对于女性发展而言，是十分重要的内在推动力量。

人自信心的来源多种多样，既来源于财富地位，也来自于学识能力；既来源于内涵修养，也来源于外表形象。而在人的外表形象中，服装几乎可以称为人的第二层皮肤，其面积大且时时穿着，是人们相互交往时留给

他人印象最为醒目，也最不可或缺的部分。女性时装消费支出的增多、消费品位的提升，使女性能够拥有更多适合自己在各种场合穿着的服装，从而得以塑造更加美好的外在形象，并由此增强自信心。在笔者的问卷调查中，82%的受访女性表示，消费服装是为了使自己的外在形象更美好。将近75%的受访女性表示，其购买服装主要是为了让自己更加自信。

在女性的一生中，身材变化最大的莫过于刚刚生育之后的一段时间，而这往往是众多女性最不自信的时期，主要的原因并不在于身材的走样，而在于原来所拥有的美丽服装几乎都穿不了，而重新添置又将花费大量的金钱，加之刚刚生育之后的身材还会慢慢地变化，如果重新添置服装将来可能也不再合身，这对于中低收入家庭的已婚已育女性而言无疑是很大的经济负担和不必要的浪费。在笔者的问卷调查中，36.6%的受访女性表示，自己因生育身材变化较大，其中 15.8%重新添置了许多新服装，20.8%只是少量添置了新服装。

许多女性在生育之后，尽管身材发生了很大变化，却并没有大量地添置新衣，这也使她们在职业发展和社会交往中，没有适合的服装可穿，以至于在生育之后的一段时间里变得极度不自信。

笔者所访谈的一位美丽女性 Y 表示：她在刚刚生育后的一段时间里身材发胖，原来的衣服都无法再穿，但考虑到身材还会发生变化，也就不愿意再添置新衣，这导致她没有一件适合的衣服可以在出门时穿，因此她甚至都不愿意出席自己孩子的满月酒宴。在那段时间里，她感到自己变得自卑、抑郁，不太愿意与他人交流交往。这一案例从反面说明了，女性的时装消费对提升女性外在形象、增强女性自信心的意义。

在本书研究问卷调查数据基础上进行的 SPSS 分析结果，也在一定程度上证实了女性时装消费对增强女性自信心的作用。将变量外表的自我评价作为被解释变量，将女性消费行动九个变量拟合而成的两个因子作为解释变量，运用逐步引入法进行线性回归分析。分析结果显示，因子女性时装消费时空与结构被引入，标准回归系数为 0.361，t 值为 41.872，F 值为 14.654，都在 0.000 水平显著，调整后 R^2 为 0.121，即引入的因子可以解释 12.1%的误差。这表明，女性的时装消费结构越高级，则女性对自己外表形象的认可度越高，也就越自信。

（二）愉悦女性身心、排解女性不良情绪，使女性更加热爱生活

现代女性多为职业女性，既承受着工作压力，又承担着家务劳动，生育还是女性无法逃避的天赋使命，而且生育对女性的生理、心理乃至于职

业发展都会带来消极影响，同时，现代社会的两性情感又充满了变数，因此，女性特别是已婚育青年女性很容易产生不良情绪。

不良情绪如果不能得到及时、有效的释放，长期累积会导致不同程度的精神障碍，如抑郁、狂躁甚至精神分裂等，这对于人的发展无疑具有无法估量的消极影响。排解、释放不良情绪的渠道和方式是多种多样的，运动、娱乐、休闲、购物等都可以达到较好的缓释不良情绪的效果，这些活动能够吸引人的注意力，使人产生或新奇、或兴奋、或愉悦、或满足的情绪，从而将不良情绪排解或缓解。而消费时装对于女性而言，是比较有效的排解不良情绪的方式，因为服装本身是审美的客体，欣赏美总是一种愉悦轻松的情感体验，而得到美总能获得满足感，这都可以使审美者暂时忘却苦恼和悲伤。不仅选购服装可以给女性带来满足和快乐，而且穿着各具特色、美丽适宜的服装，可以为女性塑造出更为美好的自我外在形象，从而使其更受他人喜爱和欢迎，而他人的喜爱和欢迎情绪为女性所感知之后也会转化为女性的满足和快乐，使女性更加热爱生命、热爱生活。

在笔者的问卷调查中，92.1%的受访女性表示在购买自己的新衣服时感到开心和满足，其中，33.7%感到很开心、很满足。74.3%的受访女性表示，穿衣打扮是为了让自己高兴。30.2%的受访女性将购买服装作为心情不好时排解不良情绪的首选方式，比例远高于其他选项（表4-1）。

表4-1　心情不好时排解不良情绪的首选方式（单位：%）

心情不好时排解不良情绪的首选方式	比例（n=99）
购买服装	30.2
睡觉或发呆	19.8
运动	15.6
娱乐	12.5
购买除服装外的其他物品	7.3
看电视	7.3
工作	2.1
其他	5.2
合计	100

注：表4-1~表4-4、表4-6和表4-7所列均为有效样本数和有效百分比

（三）激发女性修炼气质风度和提高内涵素养的欲望

服装的美，是设计师的创造，但穿着者才是服装美的终极完成者，穿着者本身的长相、气质、风度等综合的外表美丽程度直接影响服装穿着的

效果。因此,不难理解,美丽的服饰既可能托升女性的精神风貌、气质风度,也可能反衬女性的精神风貌、气质风度与美丽服饰的差距,使之呈现出不相称、不平衡的缺憾。女性敏锐地感受到这种缺憾后,缺憾感会转化为一种内在的精神动力,驱动着爱美女性追求自身精神风貌、气质风度的发展,进而追求内涵素养的发展。

在笔者的问卷调查中,72.3%的受访女性认为,对外表形象塑造起最主要作用的是人的气质,认为是服装的仅有 15.8%,59.8%的受访女性将服装列为对一个人外表形象塑造起次要作用的因素。这组数据说明,众多女性认识到,尽管服装是塑造个人形象很重要的方面,但其重要性次于个人的气质。

笔者在经营服装店的过程中,也常常观察到这样的情形:两位女性在同时试穿服装,女性 A 无论试穿哪一件都很出彩,而女性 B 则无论试穿哪一件都黯淡无光。于是 B 感叹道:人家气质好,穿什么都穿得出味道。请注意,B 羡慕的是 A 的气质好,而非羡慕其长得漂亮或身材好。

其实,随着服装设计产业的高度发达,市场上可供选购的服装适合不同身材、长相的人穿着,但由于每一款服装都蕴含着一定的设计理念,只有具有相应内涵和气质的人才能真正穿出特定服装的风采和内蕴,也才能完美地塑造人的理想自我形象。服装是人们参与社会交往和职业发展的工具和手段,对于气质在服装穿着效果中重要作用的认识,无形中会逐渐激发女性修炼自身气质风度和提高自身内涵素养的欲望,因此,从长时期来看,女性时装消费是推动女性内在发展的重要方式。

而当现代女性普遍都能够娴熟地运用服装等工具手段、方式方法塑造自我理想的外在有形形象,且女性的外在有形形象各有千秋、难分伯仲之时,女性所参与的职业竞争、情感竞争就延伸至内在素养领域,这将迫使女性在保持美好得体的外在有形形象的同时,将更多时间、精力和金钱投入自我学识修养的提升上。

笔者的一位访谈对象 S 对此深有体会,她是一位高级知识分子,在高校任教,职称为教授,45 岁,工作勤奋努力且颇有学术成果,同时也热爱装扮自己。她告诉笔者,在一些社交场合,如大型会议、宴会时,她总要精心地装扮自己,使自己的外形看起来美丽又得体,给人们留下了十分深刻且美好的印象,也因此比那些没有精心装扮自己的女性获得了更多的关注和机会。当笔者问及,现在她在学术界女性中之所以显得格外突出,是因为与她一同出席的女性学者并未认识到外在形象的重要性,那么当绝大多数的女性也都开始装扮自己且各有其美之后,女性要使自己在人群中脱颖而出的途径又是什么呢？她沉思片刻说：这时候，当然互相比拼的还是女性的内在素养、学识和个性。

在本书问卷调查数据基础上进行的 SPSS 分析结果，也一定程度上证实了女性时装消费对激发女性修炼气质风度和提高内涵素养欲望的作用。将变量是否认为气质在塑造外表形象中起主要作用作为被解释变量，将女性消费行动九个变量拟合而成的两个因子作为解释变量，运用逐步引入法进行线性回归分析。分析结果显示，因子女性时装消费时空与规模被引入回归模型，标准回归系数为 0.239，t 值为 16.350，F 值为 5.954，都在 0.05 水平显著，调整后 R^2 为 0.048，即引入的因子可以解释 4.8% 的误差。这表明，女性时装消费的场所越高端、越注重品牌、越频繁地逛街，女性越认识到在塑造外表形象中起主要作用的是气质而不是服装。

四、为女性全面发展提供家庭内外的支持

（一）提高女性家庭地位，为女性全面发展提供家庭内部的支持

在女性发展理论部分，本书曾论及，女性外在有形形象的适度发展有助于女性获得丈夫的珍爱和尊重，使丈夫更愿意帮助妻子承担部分家务劳动、支持妻子的职业、个性和社会交往发展，而不是把妻子当做不需支付酬劳的免费家政工人。

而在人外在有形形象的塑造中，服装是最大面积也最不可或缺的部分，服装的改变可以便捷、显著地改变一个人的形象，对于女性而言更是如此。女性为自己挑选各式各样的服装以备各种场合穿着之用，其在出席不同场合时大方得体的形象必然会给自己的丈夫留下美好的印象，从而使丈夫认识到自己的妻子是个自爱自尊的女性，并因此会在一定程度上尊重并支持妻子的职业发展、个性发展和社会交往发展，而不只将妻子当做生育的机器和家庭的照料者。

笔者访谈对象 H 的故事就是上述观点生动的诠释。H 是一位热爱装扮自我的美丽女子，而她的丈夫虽是企业高管，收入颇丰，但衣着朴素、生活简单。H 是一位文艺爱好者，在业余时间经常参与文艺活动，这在一定程度上减少了她对家人的关照和家务的承担，夫妻二人为此多有争执。最初，H 的丈夫曾多次要求 H 不再讲究装扮、不再参与文艺活动，而 H 则坚决不同意，因为这两项是她最大的爱好。在 H 的坚持下，后来，H 丈夫的态度逐渐发生了一些改变，不再强烈反对 H 讲究穿着打扮和参与文艺活动，仅要求其能够有所克制。而 H 丈夫的态度之所以有这样大的转变，

是因为他逐渐认识到，妻子美好的外形和气质，可以在参与社会交往时为他增光添彩，同时对于孩子而言，美好的母亲形象也是无形的教导。

而在笔者的问卷调查中，39.6%的受访女性认为，如果妻子爱打扮且很美丽，丈夫会更加珍爱她，有35.9%的受访男性亦持此观点。另有36.6%的受访女性则认为，无论美丑，时间久了，丈夫对妻子的外表都没有什么感觉，但仅有18.5%的受访男性持相同观点。的确，在日复一日的相处中，尽管绝大多数丈夫可能常常会忽略妻子每天所穿着的具体服装，但妻子穿着不同服装的外形会在他的内心投射为某种定位的整体印象，就是这种定位印象总在无形中影响着丈夫对妻子的态度和行为。

在本书问卷调查数据基础上进行的 SPSS 分析结果，在一定程度上证实了女性时装消费对提高女性家庭地位的作用。通过因子分析，将女性与丈夫的关系、女性与丈夫的日常沟通情况、丈夫对待妻子的态度这三个变量进行拟合，KMO 值为 0.663，Bartlett 球形度检验值为 163.129，在 0.000 水平显著，表明适合因子分析，拟合而成的新因子命名为与丈夫的关系。将女性时装消费九个变量拟合成的两个因子女性时装消费时空、结构和规模，女性时装消费时空与结构作为解释变量，将因子与丈夫的关系作为被解释变量，运用逐步引入法进行线性回归分析。分析结果显示，因子女性时装消费时空与结构被引入回归模型，标准回归系数为 0.228，t 值为 2.314，F 值为 5.355，都在 0.05 水平显著，调整后 R^2 为 0.042，即引入的因子可以解释 4.2%的误差。这表明，女性的时装消费水平越高，消费场所越高端、越注重品牌，则女性与丈夫的总体关系、沟通情况就越好，丈夫对待她的态度就越尊重。

当然，任何事情都需要把握分寸，过犹不及，如果女性过度追求穿着打扮，在时装消费等方面耗费了过多的时间、精力和金钱，并因此大大减少对家人的关爱和照顾，那么，女性的时装消费虽然表面上提升了女性的外在形象，实际上却可能极大地贬低其在家人心目中的形象，从而破坏家庭内部的性别和谐，乃至降低而非提升女性的家庭地位，由此，女性发展就很可能会失去来自家庭内部的支持和动力。

（二）提高女性社会地位，为女性全面发展提供国家社会的支持

在第一章"理论基础"部分，笔者曾论及，女性美好得体的外在有形形象，能够使女性更多、更深入地参与国家与社会事务，从而使女性自身就能够推动有利于女性解放和发展的社会政策的制定和实施。同时，美好得体的外形，也会使女性在国家和社会事务中发挥不同于男性的独特的积

极作用，从而令各方力量认识到女性解放和发展的积极意义，并更期望进一步推动女性的解放和发展。而服装是塑造女性美好得体外在形象最直接、最不可或缺也是最重要的工具，因此，女性通过时装消费不断地探索寻求适合自己的各式服装，有助于提升女性的外在形象，使女性在国家和社会事务中发挥更大的作用，从而提高女性的社会地位，为女性全面发展提供来自国家和社会的支持。

2013年3月，国家主席习近平的夫人彭丽媛女士，第一次随同习主席出国访问。身着民族品牌服饰的第一夫人，其端庄大气的气质形象使世界"惊艳"，也使中国与世界的心理距离迅速拉近，世界各大媒体纷纷发表评论认为彭丽媛是中国一张靓丽的名片，是中国软实力的一部分[①]。彭丽媛作为艺术家和公益活动家，其气质风度和人格魅力无疑是她能够成为"中国软实力"组成部分的重要基础，但也毋庸讳言，此次出访，她为自己选择的服饰对其整体形象塑造起到了画龙点睛的作用。深厚的学识修养、良好的社会影响力，以及优雅大气、美好得体的外在有形形象的映衬，第一夫人在国家和社会事务中所起的积极作用使人们再一次认识到，女性进一步解放和发展对于国家和社会发展的深刻意义。

第二节　女性时装消费的负面效应

事物往往是辩证而存在的，女性时装消费在多方面推动女性发展的同时，也引发了不少问题，对女性发展产生了一些负面、消极的影响。

一、对女性职业发展、内涵素养提升的负面影响

由于每个人的精力、时间和金钱都有限，当这些有限的宝贵资源大量投入某一方面的时候，也就意味着对其他方面的忽视。如果女性将大量的时间、精力、金钱花费在收集时尚信息、逛街选购、搭配时装，就会削减其在自身内涵素养提升方面的投入，如果女性认识不到这一点，长此以往，并不利于女性外在与内在的平衡发展。

在笔者的问卷调查中，53.5%的受访女性表示，若消费资金有限，首先保证时装消费，尽管选择首先保证学习提高发展方面消费的受访女性数

---

① 第一夫人：自信了国民惊艳了世界.中国网，http：//news.china.com/pinglun/gdrd/11132979/20130328/17751407.html，2013-03-28.

量排在第二位，但仅只占 12.1%的比例。而其次选择保证学习提高发展方面消费的受访女性比例也仅有 3.1%，远不及选择外穿服装的 28.6%、鞋子的 21.4%、内衣的 13.3%、旅游的 8.2%、化妆品的 7.1%，也不及选择坤包的 4.1%、美容的 4.1%，只与选择美发和娱乐的 3.1%持平。这说明，众多女性在个人收入有限的情况下，首先保证的是穿着打扮方面的消费支出，而非学习提高发展方面的消费支出。

在笔者的问卷调查中，仅有 4%的受访女性表示，在生育之后，其用于学习提高发展的支出占其总支出的大部分，占一半左右的也仅有 13.9%，少于一半的占 47.5%，几乎没有的占 34.7%。而在婚前，用于学习提高发展的支出占其总支出大部分的达到 30.7%，占一半左右的达到 39.6%，几乎没有的仅有 4%（表 4-2）。这说明女性生育后，抚育孩子的费用大大挤压了女性自我学习提高发展的支出，再加上大多数女性将服装等形象塑造方面的消费支出，排在自我学习提高发展之前，以及女性及其家庭经济收入的有限，都使女性对自我内涵素养提高方面的经济投入比婚育前大大减少。

表 4-2　女性个人读书学习发展支出占个人总支出的比例（单位：%）

人生阶段	大部分	一半左右	少于一半	几乎没有
婚前	30.7	39.6	25.7	4
生育孩子后	4.0	13.9	47.5	34.9
生育后与婚前相比	−26.7	−25.7	21.8	30.9

注：n=100

二、消费欲望扩张可能破坏婚姻内的性别和谐

市场上待售的女性服装商品，品牌众多、风格各异，春装、夏装、秋装、冬装各成系列，外套、里服、内衣搭配讲究，便服、礼服、睡衣、家居服、职业装、运动服各有用途，而且色彩、款型、质地、风格的时尚风潮每年都在更迭变换，再加上女性自身的审美旨趣、喜好、身材、心情等也都处于变化之中，这些因素都在不断刺激着女性的时装消费欲望。当所拥有的服装数量日益增多时，女性就会感到家里的衣柜太小、太少，进而感到住房的面积有限，引发对住房的进一步需求，而如果丈夫的经济实力无法满足妻子对住房的需要，就可能引发夫妻之间的矛盾。

同时，各式各样的服装只是商家魅惑女性消费者的一种方式，针对女性爱美的天性，除了服装，商家推出了一系列女性消费项目：美发、美甲、美体、美容，首饰、鞋帽、坤包、健身、娱乐、旅游、整容等，这些项目

总是相互配套、相互映衬，使女性一旦心动，行动就欲罢不能，就像坐上了一列疾驰而去的欲望列车，再也无法停下。这是消费社会①的普遍现象，早在 19 世纪下半叶，美国女作家凯特·肖邦的短篇小说《一双长筒丝袜》就深刻揭示了西方消费社会对欲望的刺激。小说的女主人公萨默斯太太在婚后长期生活拮据，一天她意外地得到了 15 美元，这让她十分兴奋，并早早地计划好了钱的用途，她要用这笔钱为孩子们添置衣物。但是，当她来到商店时，很快就为一双长筒丝袜所深深吸引，于是为自己买下了这双 80 美分的丝袜。但由于丝袜太漂亮、高贵，她认为应当买一双同样漂亮、高贵的鞋子搭配它，于是她又为自己买了一双鞋。当鞋和丝袜完美搭配的时候，她又感到自己应当有一双漂亮、高贵的手套来搭配鞋子和丝袜。而当她拥有了手套、鞋子和丝袜后，又感到自己这么优雅的打扮应当在雅致的餐厅里用餐，于是她走进了一家高级餐厅，为自己点了一些精致的食物，还给侍者留下一些小费。至此，她的 15 美元已经所剩无几，而孩子们的礼物则一样也没有买。当她坐上回家的电车时，她多么希望这辆车永远也不会停下，因为，她不知该怎样继续面对她那困窘的生活（Chopin, 1996）。当代许多中国女性也陷入了凯特·肖邦时代女性的消费欲望陷阱中，美丽的衣服需要美丽的发型、鞋子、坤包、首饰、帽子搭配，最好再配上精致的面容、曼妙的身材、精美的指甲，于是相关的消费欲望一个又一个地钻出来，在女性的内心沸腾汹涌。

　　服装、鞋帽、美发、美甲、美体、美容，以及首饰、坤包甚至整容，还有健身、娱乐和旅游，这些消费虽然不如时装消费那么频繁，但所有这些加总所需要支付的金钱数额，相对于女性的个人收入而言是一笔相当可观的数字。

　　笔者所生活的福建省福州市，2012 年的城镇居民人均可支配收入为 29 400 元②，虽无性别数据，但根据第三期中国妇女社会地位调查数据，城乡在业女性的年均劳动收入仅为男性的 67.3% 和 56.0%（第三期中国妇女社会地位调查课题组，2011），据此粗略推测，包括男性和女性在内的人均可支配收入基本可以代表女性的平均收入水平。

　　而在福州市，女性个人消费的一般项目若按 2012 年的中等市场价位

---

　　① 消费社会，就是指可供交换的商品数量庞大、品种丰富且呈系列化，人们绝大多数的生活、生产资料都需要通过市场交换获得的社会形态。在这样的社会形态里，商家不断赋予商品各种符号意义，人们的欲望因被层出不穷的符号意义不断地刺激而不断地膨胀。

　　② 福建省统计局. 2013-05-13. 关于发布 2012 年福建省城镇单位在岗职工年平均工资数据的通告. 福建省统计局网站. http://www.stats-fj.gov.cn/xxgk/ztgg/201306/ t20130603_36050.htm.

进行消费，则全年花费总计近 30 000 元（表 4-3），而这仅仅只是按照中等价位水平进行的估算。在消费社会中，商家和大众媒介总在不断地赋予商品和服务新的符号意义，如消费某种商品和服务就会拥有令人艳羡的美丽、气质、品位、声望、地位、前程，从而大大抬高商品和服务的附加值。这就意味着，假如女性追求符号消费，那么她就要付出远高于商品价值本身的经济代价。女性原本就不高的经济收入也就远远追不上她不断高涨的消费需求。

表 4-3 2012 年福州市女性中等价位的个人消费支出估计（单位：元）

女性个人消费项目	消费支出（中等价位水平）（n=101）
美发	1 000
美甲、美手	1 000
美体	3 000
美容	3 000
护肤品、化妆品	3 000
服饰	8 000
首饰	500
鞋帽	2 000
坤包	500
健身	800
娱乐、休闲	1 000
交通、通信、信息	3 000
社会交往	3 000
合计	29 800

在女性消费欲望不断膨胀而个人收入相当有限的情况下，女性及其丈夫对家庭各项消费支出的承担情况，会大大影响女性个人消费欲望的实现程度。

在笔者的问卷调查中，家庭日常饮食起居、家政服务、孩子抚养教育、房产、装修、家电、汽车、旅游等支出主要由丈夫承担的受访女性比例分别为 31.3%、29.3%、24.2%、33.3%、34.3%、27.3%、35.0%、34.0%；主要由妻子承担的比例为 7.1%、11.1%、2.0%、2.0%、1.0%、5.1%、1.0%、4.1%；由夫妻共同承担的比例分别为 61.6%、59.6%、73.8%、64.7%、64.7%、67.6%、64.0%、61.9%（表 4-4）。这些数据表明，60%~70%的受访女性与丈夫共同承担了家庭的各项消费支出。

表 4-4 家庭各项消费开支夫妻双方承担情况（单位：%）

家庭开支夫妻承担情况	日常饮食	家政服务	孩子抚育	房产	装修	家电	汽车	旅游
主要由妻子承担	7.1	11.1	2.0	2.0	1.0	5.1	1.0	4.1
主要由丈夫承担	31.3	29.3	24.2	33.3	34.3	27.3	35.0	34.0
夫妻共同承担	61.6	59.6	73.8	64.7	64.7	67.6	64.0	61.9

注：$n=100$

　　而在现代社会，日常饮食起居、家政服务、孩子抚养教育、房产、装修、家电、汽车、旅游等家庭消费支出，相比于女性的个人消费支出更是可观，对于收入水平不高的女性而言，与丈夫共同承担这些消费支出，无疑是巨大的经济负担，会大大影响其个人消费欲望的实现，那么，女性对经济收入水平不高丈夫的不满和抱怨可能会日渐累积，争吵和冷战无可避免，有的甚至导致双方离异。在笔者的问卷调查中，33.7%的受访女性表示，如果丈夫不支持自己的时装消费，她虽然不会怨恨但会感到失望，另有5%表示，会因此怨恨丈夫，因为认为他没有尽到爱护她的责任。

　　妻子的个人消费不仅会引发妻子对丈夫的不满，而且也会导致丈夫对妻子的不满，在笔者的问卷调查中，虽然仅22.8%的受访女性承认，自己在穿着打扮方面消费的金钱使她减少了对家庭的经济贡献，降低了家庭的生活水平和储蓄水平，但持该观点的受访男性则达到了39.4%。

　　笔者的访谈对象 L 对此深有体会。L 的丈夫，国内首屈一指的名牌大学毕业，现任企业高管。L 原以为，她的丈夫虽然并非大富大贵，但承担家庭主要的消费开支及她的个人消费支出应该不成问题。但是，婚后特别是在生育了孩子、又新购置了一套房产之后，L 发现，丈夫在经济上变得计较起来，在他们所居住的房子需要重新简单装修时，丈夫要求 L 自己出资装修并添置家具。而每当 L 想要添置新的服装时，丈夫总是认为她的服装已经太多并不需要再添置，更拒绝为 L 出资购买服装。L 虽然是一位职业女性，在 2012 年每月收入约为 4 000 元，但在福州这个省会城市里，这样的收入用于基本生活尚可，但如果既要用于时装等个人消费，又要承担家庭消费项目开支，还远远不够。因此，L 与丈夫屡屡因消费支出问题争吵、冷战，原本融洽的关系一度变得有些淡漠、疏远。

三、消费欲望扩张所导致的女性婚恋拜金主义，成为破坏社会和谐的隐患

女性时装消费等消费欲望的膨胀，不仅导致已婚育女性对经济收入欠佳丈夫的抱怨、轻视甚至嫌恶，对婚姻内的性别和谐造成破坏，还会影响未婚女性的择偶观念，导致女性择偶拜金主义的出现和蔓延。未婚女性择偶标准的形成，一方面来自自己的思考，另一方面则来自已婚人士的生活体会和认识。

多年来，女性择偶拜金主义逐渐产生了消极的社会影响，但这一现象之所以引发国人的强烈关注和热烈讨论，则源于江苏卫视的相亲栏目《缘来非诚勿扰》。在该栏目 2010 年的一期节目中，一位女孩面对向其示爱的男孩说出"自己宁愿在宝马车里哭也不愿在自行车上笑"的言论，从而将早已普遍存在但始终遮遮掩掩的女性择偶拜金主义赤裸裸地展现在人们面前。此外，近年来，通过媒体发布的富豪征婚信息总是能够得到众多年轻貌美女性的热烈响应。富豪征婚条件异常苛刻，而且信息严重不对称，应征的女性经过几轮面试早已将个人信息和盘托出，而她们始终不知道那些征婚富豪的真实身份，尽管对此稍有不快，但相当多的女性没有停下应征富豪相亲的脚步。这些案例也许有些极端，但还是反映出了当代中国女性择偶的拜金主义倾向。

拜金主义，是指人们对金钱物质力量的顶礼膜拜，并不顾社会伦理道德不择手段地追求金钱和物质，甚至不惜因此伤害他人权益。改革开放以来在我国出现的女性择偶拜金主义现象，是指女性选择配偶时对金钱和物质的过度追求。女性的择偶标准通常涉及如下几个方面：外表、身高、能力、学历、职业、性格、品格、素养、经济状况等，而持有择偶拜金主义的女性，将男性的经济实力列为首要的甚至是唯一的标准，只有男性具备了较好的经济条件，女性才愿意与其相识、交往，也才有可能走向婚姻，而如果男性的经济条件极佳，则女性甚至可以将其他标准统统忽略不计。

较好的经济条件，一般是指男性拥有超过当地平均水平的房产、轿车，而且经济收入水平能够承担家庭生活主要消费支出、家庭成员旅游健身、文化享受等消费支出和妻子的个人消费支出，还至少要有几十万元人民币的储蓄以备不时之需。拥有如此经济条件的男士往往需要经历多年的拼搏奋斗，在小有资产时大多已经结婚生子，仍处于单身状态的高收入男性群体并不多，而有些女性为了过上衣食无忧、随性消费的生活，不惜充当已婚高收入男性的情人，成为破坏他人婚姻的第三者。中国人民大学危机管

理研究中发布的《官员形象危机 2012 报告》称，在被查处的贪官中，95%都有情妇，腐败的领导干部中 60%以上与"包二奶"有关[①]。这些案件中涉及的"二奶"，之所以愿意成为贪官的情妇，权力、地位和金钱是其当然的追求。

在我国，女性消费欲望扩张导致的女性婚恋拜金主义在社会各阶层滋生蔓延，已经不仅仅影响个体人的生活，而且正在产生消极的社会性后果，成为破坏社会和谐的隐患。

改革开放以来，由于各种原因，我国各阶层、各群体之间的收入差距逐渐拉大，贫富差距的重要指标基尼系数已经冲破国际警戒线。这一现实不断冲击着低收入群体，使其产生不满、不安的焦躁情绪。恋爱、婚姻本是人性所需，物质不富足的人们更需要情感的温柔抚慰，但女性的择偶拜金主义，以及婚姻内因经济物质因素而起的种种性别不和谐现象，使男性无奈而又痛苦地认识到，虽然自己努力工作、拼搏奋斗，但收入水平一直不太理想，甚至因此不能获得美好的情感和正常的婚姻家庭生活。婚恋网站百合网收集全国有效问卷 50 741 份，发布的《2012 中国人婚恋状况调查报告》称，33.2%的单身人士恐婚，而男性恐婚主要因为"没有房子""没钱养家""付不起结婚费用"。这种情况如继续发展，无疑会使低收入男性对现存的收入分配状况越来越不满，进而影响社会的稳定和进一步发展，而这对收入差距问题的最终解决显然是不利的，因为我国收入差距的根本解决之道还在于稳定和发展。

同时，未婚女性的择偶拜金主义及已婚女性对经济收入欠佳丈夫的不屑、不满甚至厌弃，还可能驱使男性为了能够追求到心仪的女性，也为了在婚姻内维护自己作为男人的尊严和地位，不择手段地追求财富，从而进一步导致社会道德的堕落和社会秩序的混乱。

据公安部的统计数据，我国经济犯罪案件总量持续攀升，2000~2010年年均增幅近 10%（卢杰和周斌，2011）。2012 年，全国公安机关共破获各类经济犯罪案件 23 万起（公安部，2012）。公安机关称，经济犯罪渐成主流犯罪。而中国社会科学院发布的 2010 年社会蓝皮书显示，2009 年 1月至 10 月，全国公安机关共立各类刑事犯罪案件 444.3 万起，比 2008 年同期上升 14.8%。也就是说，经济犯罪案件虽然大幅增加，但与刑事案件数量相比，仍然仅是个"零头"，那么为何会被公安机关称为"渐成主流

[①] 统计称 2012 年中国被查贪官 95%有情妇. 华商报，http://news.163.com/13/0109/04/8KOHNKHI 0001124J.html，2013-01-09.

犯罪"呢？那是因为经济犯罪危害巨大、个案影响越来越深远，"经济犯罪往往涉及民生问题，如药品、食品安全等，都牵涉老百姓的切身利益。知识产权犯罪对社会诚信度造成极大破坏，集资诈骗不仅导致很多受害人无法挽回损失，不少企业还因此倒闭，甚至是一个产业链的灭失"。总之，经济犯罪不仅侵害国人的切身利益，影响社会稳定且严重冲击国家经济发展，威胁国家经济安全，还滋生腐败，严重损害党和政府的形象。

导致经济犯罪的因素纷繁复杂，但更美好更富足的爱情生活与婚姻生活显然是人们现实中最重要的追求之一，因此，毋庸讳言女性婚恋拜金主义对经济犯罪的刺激作用。

四、强化女性依附性，降低女性家庭地位和社会地位

第三章的多元线性回归分析结果表明，比起女性自身的经济收入水平，丈夫的收入水平及其对妻子个人消费的经济资助，更大程度上决定着女性的时装消费结构和规模。当已婚女性为了满足自己的时装消费欲望或其他的个人消费欲望，而请求、接受丈夫的经济支持；当未婚的女性将男方的经济条件作为择偶最重要甚至唯一的标准，并成功地嫁给了经济条件优越的男性。那么，这可能恰恰是女性人生悲剧的开始。

社会学经典的社会交换理论可以对此做出符合逻辑和现实的解释。什么是社会交换？社会学家布劳（2008）把社会交换界定为"当别人做出报答性反应就发生，当别人不再做出报答性反应就停止的行动"。个体之所以相互交往，是因为他们在相互交往中通过交换得到了他们所需要的东西。社会交往中相互交换的东西就是社会酬劳，布劳将社会报酬分为两种，即内在性报酬和外在性报酬。内在性报酬，即从社会交往关系本身中取得的报酬，如乐趣、社会赞同、爱、感激等；外在性报酬，即在社会交往关系之外取得的报酬，如金钱、商品、邀请、帮助、服从等。交换的报酬越不对等，付出越多的一方将在双方关系中获得越多的主动权，乃至于获得对另一方的权力，于是后者失去了独立性。

男性、女性选择配偶、缔结婚姻的过程，其实就是一种社会交换过程。女性在这样的交换过程中，如果希望得到的最重要酬劳是男方优越的经济物质条件，如有房有车并能承担家庭主要生活开支及妻子的个人消费支出。那么与此相对应的，经济物质条件良好的男性希望得到的交换酬劳则是精神性的，如妻子的爱和感激，而男性经济物质条件越好，就越会要求妻子以依附和服从作为回报，即妻子能够顺从他的想法，一切以丈夫、孩

子、家庭为中心。如此，女性的自我意识、职业发展和个性发展就会被无限压缩，这无疑是对女性的无形束缚，是女性依附性的强化和女性独立性的削弱，并因此事实上降低女性的家庭地位和社会地位。

五、影响男性对女性的总体评价，最终不利于女性发展目标的实现

在新中国成立前，我国女性总是展现出温柔体贴、吃苦耐劳、朴素律己的形象，新中国成立后至改革开放前，女性又表现出独立自强的一面，因此所得到的大多是正面的社会评价。而改革开放以来，女性消费欲望的膨胀，以及由此而滋生的女性择偶拜金主义和已婚女性对经济收入水平欠佳丈夫的不屑、不满、嫌恶情绪，不仅破坏婚姻内部的性别和谐，还破坏社会范围内的性别和谐，由此强化了男性对女性的负面评价：肤浅功利、自私自利、虚荣贪婪、骄横野蛮等。尽管之前有些正面评价可能也是对女性的束缚，对女性进一步解放和发展未必是积极有利的，但毕竟能使女性得到社会的普遍尊重，使人们不能轻视女性在家庭和社会生活中所起的积极作用。而如今的负面评价，看起来是女性得到身心解放、家庭和社会地位得以提高的表现，事实上却令人产生"女性的解放和发展过了头，应当降低女性解放和发展程度"的看法，这对于女性解放和发展事业而言无疑是巨大的伤害。而女性的解放和发展事业在我国还远未完成，女性无论职业发展、个性发展，精神提升、社会交往，还是外在形象发展，都还有待进一步提升。

第五章
女性消费行动的对策分析

在女性发展的视野下论述了女性时装消费的正面效应和负面效应。我们看到，女性的时装消费可以推动女性职业发展，丰富女性个性发展，促进女性社会交往发展，充实女性精神世界，也有利于为女性全面发展提供来自家庭内外的支持。女性的时装消费是促进女性发展的一种有效的，值得肯定的重要手段。但同时，女性时装消费，特别是频次过多、花费过多的女性时装消费及女性其他个人消费对女性发展也有消极影响。例如，如果经济收入有限就会削减其在职业发展、内涵提升方面的投入，还可能破坏婚姻内的性别和谐，并可能导致女性择偶拜金主义，成为破坏社会和谐的隐患，还会强化女性对丈夫的依附性，降低女性的家庭地位和社会地位，同时影响男性对女性的总体评价，最终不利于女性发展目标的完美实现。

如果我国实行的不是以货币为介质的商品交换机制，而实行没有交换的产品配给制，那么女性对美丽服装等物品和服务的不倦追求并不会导致上述消极后果。因此，只有消除资本、消除商品交换机制，才有可能彻底解决女性时装消费等消费所带来的种种社会问题。这正如马克思和恩格斯（1980）所言："一旦交换价值不再成为物质生产的限制，而物质生产的限制取决于物质生产对于个人的完整的发展关系，那么这全部及其痉挛和痛苦也就终止了。"关于资本主义生产消灭以后的两性关系的秩序，恩格斯认为取而代之的将是这样的情形：新一代男子一生中将永远不会用金钱或其他社会权力手段去买得妇女的献身；而妇女除了真正的爱情以外，也永远不会再出于其他某种考虑而委身于男子，或者由于担心经济后果而拒绝委身于她所爱的男子（马克思和恩格斯，1995）。

然而，我们更应该看到，正是以货币为介质的商品交换和竞争机制的存在，才可能生产和提供丰富多样、满足人类生存发展所需的种种物品和服务，并为最终消除货币和商品交换奠定坚实的物质基础。对此，马克思在《1857—1858 年经济学手稿》中也有论述，"以物的依赖性为基础的人的独立性"是人的发展的必经阶段，"个人对资本、货币、商品或物的依赖，是个人获得独立性并进而获得体能、智能和技能等全面发展的必经环节，人的物化或异化同时也是人的对象化的自我实现和自身发展"。当代学者秦美珠（2008）也认为，交换价值创造了普遍的社会联系、多方面的需求和全面的能力体系，在以交换价值为基础的资产阶级社会内部，产生一些交往关系和生产关系，它们同时又是炸毁这个社会的地雷。没有交换价值创造出这样的条件，要消除交换价值，只能是空想，是堂吉诃德的荒唐行为。

正是认识到这一点，我国在三十多年前拉开了改革开放的大幕，并逐步确立鼓励商品交换的社会主义市场经济体制。可以预见的是，在现代化充分实现之前，这一体制将在我国存在并发展很长一段时期。因此，今天我们探讨女性时装消费等消费行动负面效应的解决对策，应当在社会主义市场经济体制这一现实大背景下进行。对于女性发展而言，既要鼓励、推动女性的时装消费等个人消费，又要努力消除其所带来的消极影响，为消费社会中女性的发展探寻现实对策。

女性时装消费等个人消费所导致的负面效应中，既有对女性自身发展的负面影响，也有对性别和谐与社会和谐的消极作用，可以说是女性与男性、物质与情感、个体与社会诸方面因素相互交织在一起。因此，问题的解决也在于这几个方面力量的共同介入，女性自身、男性、政府等各方力量都需要做出努力。其中，女性自身的努力是核心和根本，男性和政府的努力是不可或缺的重要环节。

第一节 女性自身的努力

为消除女性时装消费等个人消费给女性发展、性别和谐乃至社会和谐所带来的消极影响，女性需要在四个方面做出努力：一是既要追求理想自我，又要懂得悦纳真实自我；二是要节流，控制欲望，理性消费；三是要开源，追求自身职业发展和经济独立；四是要提高情商，善待爱人。

一、 追寻理想自我，悦纳真实自我

心理学家认为，每一个人对自己的思想品性和外在形象都会有理想化的想象，从而形成理想自我，而且会通过不同的方式不同程度地实现理想自我（Rogers，1975）。对于众多女性而言，服装是表达和实现理想自我的重要方式，这无可厚非，甚至可以加以鼓励，因为服装在表达人类特别是女性的理想自我方面的确具有其他方式难以替代的重要作用。

但是，正如前文所析，女性时装消费受到诸多因素的影响，其中，经济实力是无法回避的现实问题，即使经济实力不是问题，探索适合自己的服装风格一般都是一个漫长而曲折的过程。也就是说，在真正了解适合穿什么并总能找到拥有适合的服装之前，人们无法通过服装很好地实现理想自我。在这个过程中，只能悦纳非理想化的真实自我，无论穿什么都不妄自菲薄，尽量让自己快乐、自信，否则就总会以为命运对自己不公，长得不够漂亮，丈夫不够有钱，衣服不够多、不够美，从而变得忧郁难过、自卑失落、焦躁不安，还会对周围的人和世界充满愤恨情绪，继而破坏性别和谐与社会和谐。总之，女性要懂得通过时装消费等个人消费追求理想自我的实现，但在愿望实现之前的漫长过程中，还要懂得悦纳真实自我，如此才能有利于女性自我发展和性别和谐的实现。

为国家主席夫人彭丽媛女士 2013 年首访国外提供定制服装而蜚声海内外的服装设计师马可说："我欣赏那种有力量的女性，这种力量更多地来自于内在，是一种精神上的独立自信。"①的确，人在精神上的自信是超然于物外的，它的光华要远比服装、首饰等所堆砌衬托的美更加耀眼，更加动人，内心强大、独立、自信，相信自己"穿什么，就是什么"，应当成为正在时装消费的道路上不断追寻理想自我的女性最华美的永恒衣装。

二、控制欲望，理性消费

在消费社会中，女性还必须学会理性消费，才能避免成为物的奴隶。

消费社会中各类商品的极大丰富和不断推陈出新，是社会进步和国家发展所必然需要的市场繁荣，不能将其视为除之而后快的洪水猛兽。而女性需要做的是，在面对消费社会的各种诱惑时，能够理性消费。这里的关

---

① 马可. 打造"彭丽媛 style"的东北才女. 搜狐首页，http://roll.sohu.com/20130326/n370324948.shtml，2013-03-26.

键词"理性"，并不是指清心寡欲，去除一切欲望，而是指能够将消费欲望控制在自己和家庭经济条件能够承受的范围之内，学会分清主次、抓大放小，学会巧妙地利用商家的营销时机，以尽可能小的代价购置所需商品，但还要懂得识破商业营销陷阱避免冲动消费，并清醒地辨识自己的消费欲望到底是真正需要还是惯性。

（一）女性应学会抓大放小地消费并辨清符号消费的迷阵

消费社会中，针对女性推出的消费项目纷繁多样，关注和光顾将耗费女性大量的时间、精力和金钱，既不利于女性自身内涵的提升，也会使女性不自觉地形成拜金主义。

首先，女性要努力学会分清主次、抓大放小地消费。以女性塑造自我外在形象的消费为例，服装、鞋子是必需品，尽管市场上款式、色彩、材质、风格多种多样，但如果财力有限，就要选择经典百搭的款式和色彩，以满足日常穿着之需，如色彩上可以选择黑色、灰色、米色，款式上选择简约、大方的。在此基础上，为塑造出丰富、立体的个人外在形象，可以购买不同色彩、款式、材质的搭配元素，如冬天可以购买不同色彩和款式的围巾和打底衫搭配同一件大衣外套，这样就可以既经济实惠又迅速有效地塑造出富于变化的个人形象。

其次，女性在消费中还要能够认清符号意义的迷阵，使消费真正服务于需要。由于品牌特别是名牌总是蕴含着丰富的符号意义，象征着一定的财富、地位和品位，而且在品质、服务等方面相对于普通商品的确略胜一筹，因此，随着经济的发展和消费结构的升级换代，越来越多的人在消费时有着一定的品牌或名牌崇拜心理。但是，正是由于有着无限的附加价值，品牌商品特别是名牌商品的价格也远远高于普通商品，一般工薪阶层难以承受。而事实上，随着我国工业化水平的不断提升，许多非品牌、非名牌的普通商品与品牌、名牌相比，在品质上和服务上只有细微的区别，价格却低廉得多。如果较少参与高层次的社会交往活动，要尽量克服品牌、名牌崇拜心理，只购买少量的此类消费品，而日常生活所需只购买普通消费品，这样既可以基本满足需要，又不会造成经济上的紧张和精神上的不满。

接受笔者深度访谈的女性 H 对此就有着深刻体会。她在时装消费的过程中有着比较强烈的名牌崇拜心理，穿上名牌服装她就莫名地有自信。由于经济收入有限，她常常在一些大品牌开展让利活动时购买服装，不过，尽管已是优惠价格，对她而言仍然高昂不菲，她有限的收入绝大部分都花费在名牌服装上。可是，她的生活圈子较小，很少参加社交活动，这些高档时装在平时穿着又显得过于夸张，因此，她所购买的那些名牌服装常常没有用武之地而只能束之高阁。更加无奈的是，她的收入大部分花费在名牌服装的购置上，适合平时穿着的服装极少，这导致她不得不面对这样的尴尬情形：衣柜里挂满了美丽的时装，而她却总是向丈夫感叹没有衣服可穿，她的丈夫面对这一切，感到妻子是那样的不可理喻，夫妻二人因此常有争执或冷战。

总之，品牌特别是名牌，象征着能力、地位、名望的符号意义更多只是一种包装，是资本为了盈利而策划的美丽泡沫，作为消费者应该读懂这一切，不能让自己的身心和金钱为它所控驭。对此，服装设计师马可的认识颇有深意："今天的时代中真正的时尚不再是潮流推动的空洞漂亮的包装，而应该是回归平凡中再见到的非凡，我相信真正的奢华不在价格，而应在其代表的精神……穿过衣服看到背后，才能摆脱时装'只是经济能力的象征'这种误读。"[①]

（二）女性需要学会控制消费习惯

很多时候，对于女性而言，消费本身其实只是一种习惯，而不是真正的需要，由于有消费的习惯，不消费就难受，消费就满足，所以不知不觉就大大增加了开支。同样的，消费什么、去哪里消费其实也是在某种思想的指导下，某种情境的刺激之下多次重复之后养成的习惯。而如果消费名牌和去高级百货商场消费变成了习惯，那么这样的习惯就会成为女性沉重的经济负担，并驱使女性在恋爱和婚姻生活中变得拜金而又功利。因此，女性要理性消费、理性生活，要懂得分辨真正的消费需要与消费习惯的区别，学会控制自己的消费习惯。

心理学研究认为，习惯是在一定时间内逐渐养成的，是在一定情境中形成，且当相似情境刺激出现时自动出现的行为（赵振杰，2005），也是一种比较固定的、机械地去完成自动化动作的倾向（赵振杰，2004）。而且，习惯不仅是自动化了的动作或行为，还可以包括思维、情感的内容。俄国教育家乌申斯基认为：不完成习惯的自动化动作，个体就会产生某种不愉快的情绪体验或不满足的情感（王颖和王毓珣，2012）。学习理论者也指出，习惯性行为会消除某种焦虑或紧张，让人体验到轻松和愉快（徐

---

① 马可. 打造"彭丽媛 style"的东北才女. 搜狐首页，http：//roll.sohu.com/20130326/n370324948.shtml，2013-03-26.

玲和白文飞，2005；赵振杰，2004)。

从心理学对习惯的研究结论，我们可以得知，消费习惯通常是这样形成的——在某种情境下多次进行消费之后，形成了一种比较固定的反应模式，在什么时候消费、在哪里消费、消费什么等。此后，当这种情境再出现的时候就会自动地想重复类似的消费行为，也就是形成了某种消费习惯。在形成了消费习惯后，如果采取了类似的消费行动，就会体验到轻松和愉快；而如果不采取类似的消费行动就会体验到焦虑感和不满足感。可见，消费还是不消费，在什么时候消费、在哪里消费、消费什么等消费习惯，使人快乐或不快乐、满足或不满足，主要在于是不是按照某种消费习惯进行了消费，而不主要在于人们到底消费了什么。因此，可以说，消费习惯是人们非理性消费的一大推手。特别对于女性而言更是如此，无论是个人消费，还是作为家庭的代理消费者，女性都比男性有更多机会进行消费，也就更多地受到消费习惯的影响。

既然消费习惯是人们非理性消费的一大推手，那么要使女性理性消费，就需要使女性能够改变或控制自己的消费习惯。习惯是在一定时期内通过反复地刺激才逐渐形成的，同理，习惯也可以通过在一定时期内给予新的反复刺激的方式逐渐地改变。对于女性消费习惯的控制和改变而言，女性首先要认识到消费习惯的存在，认识到消费习惯与真正的消费需要之间的根本区别，之后再通过转变消费理念、转移注意力等方式消除原有的消费习惯。

例如，若发现自己的服装已经完全能够满足所需，但还是控制不住地购买服装，而买回来后又不太喜欢、几乎不穿，那就需要提醒自己，这是消费服装的习惯，并不是自己真正需要添置新服装。为了改掉这样的习惯，比较有效的方式是尽量少逛街，否则容易受到刺激而采取消费行动，同时还要寻找新的方式替代之前的逛街习惯，如健身观影、踏青唱K、读书写作等。

本书研究的访谈对象 D 对习惯性消费和改变习惯性消费都有着十分深刻的体会。D，女性，35 岁，知识分子。D 十分爱美，对服装搭配颇为讲究，家庭经济水平不高，她需要常常逛街选购促销的服装，久而久之就养成了频繁逛街和买衣服的习惯，一有空余时间就逛实体服装店或网络服装店，这一习惯大大影响了她对工作的投入，使她的事业长期没有大的进展。这一情形令 D 深感恐慌，因为她知道，其实她不应当花费那么多的时间、精力和金钱在时装消费上。频繁逛街和消费服装并没有让她感到快乐和充实，反而给她带来极度的空虚感，但又总会在空闲时间里不由自主地走向繁华街市。直到有一次，由于要赶着完成一项十分重要的工作任务，她被迫把自己关在家里整整十天。最初的三天，她每天都有很强的冲动要出门逛街，但任务紧急且艰难，她强忍住了出门的冲动。从第四天开始，她感到自己的身心已经慢慢安宁下来，而且逐渐享受在家里努力伏案工作的状态。十天之后，D 完全改变了过去的生活方式，开始以全新的姿态面对人生，她十分庆幸终于远离了终日游逛却灵魂空虚的日子。D 的故事说明，习惯性消费是非理性的消费，会导致大量时间、精力和金钱的浪费，甚至会大大影响女性发展与性别和谐。而只要决心坚定、方式正确，就可以改变。

（三）女性应学会巧妙利用时机消费并避免盲目消费

随着市场经济的繁荣发展，许多行业都是厂商众多、商品丰富、竞争激烈，但由于消费者消费能力有限，很多消费品行业常常出现供应的结构性过剩，为了回笼资金再投资、再发展，有时也是为了止损退出，每年都会有众多厂家、商家进行清仓拍卖，让利幅度可达五折，甚至低至一折，或干脆以极低的一口价出售，而且拍卖品中不乏物美价廉的品牌商品。女性平时可关注相关信息，如果遇到这样的时机可以根据需要添置物品。但同时，要避免消费价格低廉、品质差强人意的商品和服务，否则会出现"想省钱却花费更多"的情况。

笔者所访谈的女性 D 在这方面颇有心得。D 对穿着打扮颇为讲究，她还喜欢多种风格，而且不愿意每天重复穿同样的服装。但 D 是工薪阶层，相对于她的消费欲望而言，她的经济收入极其有限，因此，她一般购买的都是让利颇多的品牌折扣服装，性价比高，价格低廉，但做工、面料、款型都不逊于一般的正价服装。但是，如此物美价廉又适合 D 风格的服装并不多见，所以 D 所拥有的服装远不能满足她的日常所需。有一次，D 偶然发现了一家颇有特色的服装店。在店里，D 看中一件设计独特、做工精细、用料讲究的便西装，导购员告知她这件衣服 80 元，D 感到不可思议，因为这样品质的服装一般售价都需要 200 元以上。惊讶之余，D 一一询问了店中她感兴趣的服装价格，令她意外的是，这些服装看起来虽然不那么高档，但都很有设计感且做工精细、用料讲究，而价格也都没有超过 100 元。导购员解释说，之所以这些服装如此便宜，一是换季，二是它们都是一些品牌的尾货或样品。D 试穿之后发现这家店所售服装的风格很适合她，而且价廉衣美，于是她潇洒地出手了，这次她没有反复斟酌，而是一口气买下了春夏秋冬四季服装一共 10 件，但总费用没有超过 1 000 元，而如此品质、如此数量的服装若是在百货、专卖店里购买，即便是在让利活动期间，也至少需要 2 000~4 000 元。此后的一年中，D 锁定这家销售店选购服装，在这里购买四季服装总共约 50 件，花费约 6 000 元。无论在数量上、款型上还是在品质上都很好地满足了她的日常所需，而且是以相对而言极其低廉的经济支出拥有了这些服装。同时，由于 D 所选购的都是有特色且不失经典的款型，而且她也并不喜新厌旧，这些服装可以满足她多年的穿着所需。后来，D 很少再光顾这家服装店了，因为老板深感自己所售服装的价格过低、利润太薄，开始逐渐提高价位。可以说，D 很好地抓住了时机，以最小的代价满足了所需。不过，在这次消费经历中，D 也花了不少冤枉钱，由于单价极其便宜，D 将一些或不太需要，或不太喜欢，或不太适合，或有些瑕疵的服装买下，结果发现在现实生活中，这些服装无法令她满意，她并不愿意穿，之后不得不再花钱重新添置，出现"想省钱却花费更多"的尴尬。

（四）女性应学会规避消费陷阱避免冲动消费

在消费社会里，市场竞争日趋激烈，商家为了推动销售，往往会采取各种营销策略，这些策略有一个共同的特性：带有一定的欺骗性，看起来是对消费者的大幅让利，能够极大地刺激消费欲望，并使消费者有消费的紧迫感；而实际上往往使消费者冲动消费，以更大的代价购买商品。因此，女性要时常提醒自己不要掉入商业陷阱、避免冲动消费。

百货商场常常在节假日开展让利活动"满就送"，即消费满一定金额就送一定金额的场内消费。但商场内单件商品的定价往往使消费者进退两难。例如，消费满 1 000 元送 1 000 元，而每件单品的定价都是 599 元以上，消费者为了消费满 1 000 元，就必须购买两件 599 元的商品，实际花费至少 1 198 元，才能获赠 1 000 元金额的店内购物券，而获赠商品总是单件不足 1 000 元，两件就超过千元，于是又需要用现金补足差价，实际付出的至少是 1 396 元的现金，看起来似乎还是划算，但是，往往买下的并不是真正需要或喜欢的物品，想省钱却等于是多花了钱。

此外，商家在换季时为了加快清货的速度，往往采取这样的营销策略：如果单买一件商品不要赠品，就基本不打折或折扣很少；如果买一件商品要赠品，那就买一送一甚至买一送二，前提是必须以不打折扣的原价购买一件商品，而且赠品的价格之和不能超过买单那件的价格，看起来相当于打了 5 折或 3 折。但这很容易使消费者冲动消费，很多人为了享受优惠的折扣，买下了原本并不太需要或喜欢的物品。

看似优惠的网络消费同样是陷阱重重。2012 年 11 月 11 日之前的半个月，电子商务网站天猫商城就开始了大规模的促销宣传，承诺"双十一"那天支付宝充值送红包并且全场五折，吸引了大量的消费者。"双十一"当天，支付宝的总销售额高达 191 亿元，阿里巴巴公关部门的一位工作人员打了个形象的比方："把这 191 亿元的百元大钞堆起来，有 1.9 万米，相当于世界最高建筑迪拜塔高度的 23 倍"！

2012 年的"双十一"购物节消费者之所以如此疯狂，完全是因为商家的大力度促销，但之后消费者很快发现，这些所谓的促销很多不是名副其实，许多商家促销采取的是先大幅抬高定价再大幅降价的手段。例如，"双十一"前夕，张女士在天猫商城看中了一款某知名品牌女靴，准备大促时一举拿下。然而，0 点到来的那一刻，刷新结果让张女士大呼上当："双十一"之前的标价是 598 元，打五折后的价格应该是 299 元。但是最终显示的价格却是 398 元。商家解释说，五折是指该商品在线下卖场中标价的五折，这款女靴在商场中的标价是 860 元，这样计算的话，打折后的 398 元比五折还低了几十块。但活动细则并没有解释是什么价格的五折。

有的电商只要消费者少量购物就可以赠送 10 倍金额的礼券，但这些礼券的使用大有文章。例如，2012 年"双十一"购物节中，京东商城的促销活动是满 99 元送 1 010 元礼券，张先生抢到了 1 010 元礼券，以为自己捡了大便宜。但是，他后来发现这些礼券一共由面值不等的 16 张组成，在购物的时候，必须满一定金额，才能用一张。一般都是满 200 元能用一张 40 元的。如果将这些礼券全部用光，必须花掉差不多 8 000 元①。

商家采用的这些看起来具有一定欺骗性的促销手段，并不能说完全不合理、不合法，有的是出于无奈，有的是因为商城与商家未能达成一致。市场竞争异常激烈，许多行业的利润率已经很低，积压库存会导致损失，而薄利多销也未必能大赚。就在 2012 年的"双十一"购物节中，有的小商家虽然一日之内销售额高达几十万元但其利润只有千元，很多网络商家其实并不愿意参加这场获利甚微的促销活动。也就是说，天猫商城等电商向消费者宣传的全场五折实际上并没有得到所有商家的认可，于是就出现了有的商品在"双十一"那天的标价并没有比原标价低、或仅微小让利的情况，而有的商家虽然愿意参加大幅让利活动，但为了减少损失或更多获利，他们抬高了原价再打折。因此，作为消费者，一定要既能把握住优惠

---

① "双十一"猫腻价格 礼券花一千搭八千. 中国经济周刊, http://www.ce.cn/cysc/tech/07hlw/guonei/201211/20/t20121120_21285997.shtml, 2012-11-20.

消费的时机，又要了解商家的苦衷和心理，要懂得商家通过商业活动求生存、求发展的需要；不能要求他们是慈善家，也不能要求他们做赔本生意。如此，就不会盲目相信大力度的促销活动而冲动消费，而能根据自己的实际需要理性消费。

三、追求自身的职业发展和经济独立

要消除女性在经济上对男性的依附心理，使女性抛却婚恋过程中的功利性和拜金主义，女性学会理性消费固然重要，但最根本的还在于女性自身的职业发展和经济独立，女性能够获得好的职业发展，拥有高的经济收入，才不会将自己的前途命运、个人消费及家庭消费的所有希望寄托在丈夫的身上，才有可能获得真正意义的经济独立和人格独立。

关于女性经济独立对女性自身发展和两性关系和谐的重要性，马克思（1995）曾这样论述，"由于大工业使妇女、男女少年和儿童在家庭范围以外，在社会地组织起来的生产过程中起着决定性的作用，它也就为家庭和两性关系的更高级形式创造了新的经济基础……同样很明白，由各种年龄的男女组成的结合工人这一事实，尽管在其自发的、野蛮的、资本主义的形式中，也就是在工人为生产过程而存在，不是生产过程为工人而存在的那种形式中，是造成毁灭和奴役的祸根，但在适当的条件下，必然会反过来变成人类发展的源泉"。"自从大工业迫使妇女走出家庭，进入劳动市场和工厂，而且往往把她变为家庭的供养者以后，在无产者家庭中，除了自一夫一妻制出现以来就扎下根的对妻子的虐待也许还遗留一些以外，男子的统治的最后残余已失去了任何基础"（马克思，1975）。这些论述表明，早在一百多年前，当时的社会现实已使马克思深刻地认识到，女性参与社会生产，虽然会给女性带来新的束缚与奴役，但重要的是，女性参与社会生产为女性的彻底解放和全面发展提供了经济基础，而这是最基本也是最关键的条件。

（一）女性职业发展不断进步，但总体依然差强人意

女性的职业发展对女性全面发展、性别平等与性别和谐的实现意义非凡，那么，当前我国女性职业发展的状况如何呢？这需要考量三个方面的指标，一是女性的受教育程度，在知识经济时代，受教育程度与职业发展水平高度相关；二是女性的就业情况，如就业率与就业的类别和层级；三是女性的劳动收入水平，这直接取决于女性的职业和职务。

由中华全国妇女联合会和国家统计局联合在 2010 年年底组织的第三期中国妇女社会地位调查[①]数据表明：我国女性受教育的程度、职业发展的状况及收入水平与 1990 年和 2000 年相比有一定的改善，但还远未达到理想状态。

与 2000 年相比，我国女性受教育结构明显改善，男女两性受教育差距显著缩小。女性接受过高中阶段和大学专科及以上教育的比例分别比 2000 年提高 5.5 百分点和 10.7 百分点；城镇女性中有 25.7%拥有大学专科及以上学历，比 2000 年高 13.3 百分点。相比男性，女性平均受教育年限提高的幅度更大，性别差距已由 10 年前的 1.5 年缩短为 0.3 年。分年龄数据显示，30 岁以下青年女性的平均受教育年限为 10.9 年，拥有大专及以上学历的比例为 30.4%，比男性高 4.5 百分点。

高校男女学生享有教育资源的状况基本相当，在校女生学业成绩优秀和良好的比例为 62.4%，高于男生 9.7 百分点。在参加社会活动、担任学生干部等方面，女生与男生不相上下；参与志愿者活动的女生占 64.5%，加入中国共产党的女生占 47.5%，分别比男生高出 4.8 百分点和 4.0 百分点。高层人才群体调查数据显示，女性高层人才具有大学本科及以上学历的占 81.4%，比男性高 7.1 百分点。

总之，在国家的大力推动下，当代中国女性的受教育程度已与男性相当，而且在学业和社会工作方面，许多女性勤勉努力，表现优秀，与男性相比毫不逊色。

但是，调查数据表明，当前女性的就业率总体低于男性。18~64 岁女性的在业率为 71.1%，城镇为 60.8%，农村为 82.0%；而男性的就业率为 87.2%，城乡分别为 80.5%和 93.6%。

调查数据还显示，当前女性的收入水平也总体低于男性。两性劳动收入差距较大，城乡在业女性的年均劳动收入仅为男性的 67.3%和 56.0%，且不同发展水平的京津沪、东部和中西部地区城乡在业女性的年均劳动收入均低于男性。18~64 岁女性在业者的劳动收入多集中在低收入和中低收入组，这两个组别的城乡女性所占比例均高于男性：在城乡低收入组中，女性分别占 59.8%和 65.7%，比男性高 19.6 百分点和 31.4 百分点，在城乡中低收入组，女性分别占 54.6%和 52.2%，比男性高 9.2%和 4.4%。在城乡中等收入及以上组别，情况则截然相反，女性所占比例均低于男性，且

---

① 调查共回收全国样本有效个人调查主问卷 26 171 份，其中女性占 51.6%，男性占 48.4%；居住在城镇的占 52.4%；居住在农村的占 47.6%。

收入越高的组别，女性所占比例就越低于男性，在城乡中等收入组，女性分别占42%和43%，比男性低16%和14%，在城乡中高收入组，女性分别占35.6%和39.2%，比男性低28.8%和21.6%，在城乡高收入组中，女性仅占30.9%和24.4%，比男性低38.2%和61.2%（表5-1）。

表5-1　城乡分性别收入水平（单位：%）

组别	城市女性	城市女性比城市男性	农村女性	农村女性比农村男性
城乡低收入组	59.8	+19.6	65.7	+31.4
城乡中低收入组	54.6	+9.2	52.2	+4.4
城乡中等收入组	42.0	−16.0	43.0	−14.0
城乡中高收入组	35.6	−28.8	39.2	−21.6
城乡高收入组	30.9	−38.2	24.4	−61.2

资料来源：第三期中国妇女社会地位调查

　　调查数据显示，女性的资产拥有水平也低于男性：已婚女性中，名下有房产的占13.2%，与配偶联名拥有房产的占28.0%；男性分别为51.7%和25.6%。此外，女性拥有存款和机动车的比例均低于男性。

　　职务与职业一样对收入水平有直接的影响。一般而言，同一行业，越高级的职务收入水平越高。但调查显示，女性在各级领导岗位上任职的比例偏低，担任正职的女性更少。即便是在社会组织中，女性担任高层和中层管理者的比例也低于男性。2.2%的在业女性为国家机关、党群组织、企业、事业单位负责人，仅为男性相应比例的一半。高层人才调查显示，在高层人才所在单位，一把手是男性的占80.5%，单位领导班子成员中没有女性的占20.4%。最近3年[①]，高层人才所在单位有20.6%存在只招男性或同等条件下优先招用男性的情况；有30.8%存在同等条件下男性晋升比女性快的情况；有47.0%存在在技术要求高、有发展前途的岗位上男性比女性多的情况。即便是女性高层人才，也有19.8%认为性别给自己的职业发展带来阻碍。

　　以上数据说明，当前我国女性职业发展不断进步，但总体依然差强人意。虽然2000~2010年我国女性的受教育程度已与男性相当，而且在学业和社会工作方面，与男性相比毫不逊色，但是，女性的就业率、职务级别和劳动收入水平仍然低于男性，特别是职务级别和劳动收入水平是大大低于男性。因此，在消费社会不断膨胀的消费欲望的推动之下，许多女性自然就把人生的前途命运及消费的希望寄托在恋人和丈夫的身上。那么，如

---

　　① 指第三期调查时点（2010）的近3年。

何能够使女性摆脱如此尴尬的局面，真正获得经济上和人格上的双重独立呢？我们必须探究影响女性职业发展和收入水平提高的现实障碍。

（二）妨碍女性职业发展的深刻背景——传统性别文化依然滥觞

女性只有实现充分就业并且获得好的职业发展才能真正实现经济独立，那么，女性职业发展和收入水平提高主要的现实障碍是什么呢？

关于女性在各级领导岗位上任职比例偏低的原因，在第三期中国妇女社会地位调查的受访者中，11%认为女性不适合当领导，12.2%认为女性不愿意当领导，16.2%认为女性能力比男性差，26.8%认为家人不支持女性当领导，高达67.5%认为女性家务负担重。

调查的其他数据也证明了女性家务劳动负担较重的事实，72.7%的已婚者认为，与丈夫相比，妻子承担的家务劳动更多；女性承担家庭中大部分和全部做饭、洗碗、洗衣服、做卫生、照料孩子生活等家务的比例均高于72.0%，而男性低于16.0%。女性承担辅导孩子功课和照料老人主要责任的占45.2%和39.7%，分别比男性高28.2百分点和22.9百分点。被访者3岁以下孩子由家庭承担照顾责任的占99.9%，其中，母亲作为孩子日间主要照顾者的占63.2%。工作与育儿的冲突影响了年轻母亲参与有收入的社会劳动，城镇25~34岁有6岁以下孩子的母亲在业率为72.0%，比同年龄没有年幼子女的女性低10.9百分点；农村25~34岁有6岁以下孩子的母亲在业率为79.7%，比没有年幼子女的农村同龄女性低6.7百分点。18.9%的在业母亲有时或经常为了家庭放弃个人发展机会，比男性高6.5百分点。

尽管91.2%的女性、82%的男性同意男性也应该主动承担家务劳动的主张，但2010年城乡在业女性工作日用于家务劳动的时间分别为102分钟和143分钟，城乡在业男性工作日用于家务劳动的时间分别为43分钟和50分钟，城乡女性比男性多了59分钟和93分钟。

以上调查数据综合在一起，有力地说明了一点，即阻碍女性职业发展和经济独立的重要因素，是长期形成的"男主外、女主内"传统性别分工模式及由此形成的传统性别文化仍然滥觞于现代社会，这使现代男性仍然只有在外挣钱养家的责任和义务。男性不承担家务劳动特别是在工作繁忙时不会受到道德舆论的谴责。但女性则不然，无论女性工作多么繁忙、辛劳，家务劳动和照料家人仍然是其必须完成的任务。高收入的女性相对于中、低收入女性更为幸运，因为可以用增加对家庭经济贡献的方式在一定程度上弥补其履行传统女性家庭责任的欠缺，但绝大多数的女性收入较低，如果她们的工作繁忙、辛苦且工作时间长，那么家人要么不支持其继续工作，要么对她抱怨和责备，这使女性陷入"经济不独立则依附""经济独立则角色冲突"的双重困境。也就是说，经济不独立，女性无法实现个人全面而平衡的发展；但经济独立了，女性陷入了性别角色冲突的困境。而且由于绝大多数在业女性都是中、低收入，所以还会陷入"既无法很好履行传统女性家庭责任又无法实现完全经济独立"的第三重困境。

第三期中国妇女社会地位调查数据还显示，2000~2010 年，阻碍我国女性职业发展的传统性别文化观念有着较明显的回潮之势，61.6%的男性和 54.8%的女性认同男性应该以社会为主、女性应该以家庭为主的观点，男性比女性高 6.8 百分点，与 2000 年相比，男女两性分别提高了 7.7 百分点和 4.4 百分点。对于"干得好不如嫁得好"的说法，有 44.4%的受访者表示认同，与 2000 年相比，男女两性对此认同的比例分别回升了 10.5 百分点和10.7 百分点。正是因为长期以来女性在职业发展和家庭生活中遭遇着上述的三重困境，所以比起 2000 年，2010 年有更多的男性和女性认同"男人应该以社会为主，女人应该以家庭为主"和"干得好不如嫁得好"这样与女性解放和发展显然相悖的观点。

以上数据资料和分析论述表明，"男主外、女主内""干得好不如嫁得好"等传统性别文化的滥觞和回潮是阻碍我国女性职业发展的深刻背景，而这是女性自身的力量所无法突破的社会性障碍，因此，女性职业发展进一步提升的希望不应该仅仅在于女性自身的努力，男性和政府的努力同样重要，甚至有时更加重要。

四、提高情商，善待爱人

前文是从女性理性消费、女性经济独立等角度论述女性自身可以为消解女性婚恋拜金主义所做的努力，而由于男性对爱人付出的情感关怀和忠诚可以部分抵消女性的消费欲望，而且男性的细腻情感和忠诚是可以通过教育和社会文化建构的（在下文"男性努力"部分详细论述），因此，还需要探讨女性需要为男性情感关怀和忠诚的建构做什么样的努力。

首先需要认识女性自身对男性情感漠然或背叛的责任。女性天性温柔贤淑，这可能只是一种错误的刻板印象。也许是对女性主义的误解，也许是个体差异的存在，在现实生活中，的确存在着不少并不那么温柔，甚至可以说有些粗暴的女性，她们对待自己温和的爱人或骄横无礼、焦躁易怒、颐指气使，或冷淡疏远、漠不关心，长此以往难免会使爱人心灰意冷、情意渐逝。但碍于舆论、孩子或经济等因素，离婚又不可能轻易实现，因此许多男性在婚姻存续期间寻求或不逃避新的情感，或对爱人漠然以待。婚姻顾问纽曼针对 200 位男性所做的调查显示，48%的受访男性认为，感情上得不到满足是男人出轨的首要原因，在第三者那里他们往往可以得到更多的赞美和温柔，而且，仅有 12%的受访男性认为第三者的身体比妻子更有吸引力①。

笔者所深入访谈的男性 C 和 M，都在 35 岁左右，是比较能够分担家务的细腻型男性。而他们对妻子的不满主要在于，对待丈夫责难多于肯定，粗暴多于温柔，这让他们在婚姻生活中经常感到无趣和不快，并不时会有逃避的想法。每当他们的妻子对他们大吼小叫时，他们虽然没有激烈对抗，但总在心里悲哀地想：你吼出来自己舒服了，我可就压抑死了。久而久之，他们对妻子再也无法像热恋时那样柔情蜜意、关心体贴。

笔者所访谈的女性 S 则表示，自己的确会在生活中对丈夫大吼小叫，但是，她并不愿意如此，在她看来，每一个怨妇或悍妇都是男人造就的。

接受笔者问卷调查的女性中，86.1%认为，女性在婚后特别是在生育孩子后对丈夫不再温柔，是因为需要操劳的烦心事太多。

不能否认，家庭、职业的双重角色身份，以及生育的重任，都给现代女性带来了巨大的心理负担，不良情绪的产生不可避免。但是，显而易见，粗暴地、不加控制地、经常性地向自己的爱人发泄不良情绪，这对于家庭幸福而言是莫大的伤害，而且必将导致恶性循环，妻子发泄不良情绪，导致丈夫产生或增加不良情绪，丈夫漠然对待妻子或也向妻子发泄不良情绪，于是妻子的不良情绪更为强烈，并向丈夫更激烈地发泄不良情绪……如此这般，循环往复，互相折磨，永无宁日，直至筋疲力尽，要么分道扬镳，要么各自寻找新的寄托，于是，对于有些女性而言，时装消费等个人消费欲望也就逐渐滋生蔓延。因此，笔者认为，要避免上述恶性循环的发生，女性需要提高自己的情商。

《纽约时报》的记者丹尼尔（2010）延伸了心理学家提出的"情商"的内涵，认为情商包含这么几个方面：①了解自我，监视情绪的变化，观察和审视自己的内心情感体验；②自我管理，调控自己的情绪，使之适度地表现出来；③自我激励，调动指挥情绪，使自己走出情绪低潮；④识别他人的情绪，通过细微的信号，敏锐地感受他人的需求，这是与他人正常

---

① 男人出轨的真相. 新浪女性频道, http://eladies.sina.com.cn/hunjia/2012/1026/15018504.shtml, 2013-08-02.

交往、顺利沟通的基础；⑤处理人际关系，懂得调控自己与他人情绪反应的技巧。

恋人或丈夫，是女性生命中最亲近和最亲爱的人，而正是由于距离太近，女性更需要以高超的情商与其相处，这就要求女性学会关注并体谅丈夫的情绪反应，并尽量控制自己的情绪变化。妻子在精神上和情感上善待爱人。丈夫才会投桃报李，对妻子回报以深情厚意、关切爱护和忠诚热爱，如此，女性内心的安宁和满足感也就增加一分，而寻求物质替代的消费欲望就可能相应地减少一分。

第二节　男性的努力

在女性消费所导致的对性别和谐的破坏中，男性往往以"受害者"角色出现。由于女性消费欲望膨胀，男性承受着巨大的经济负担和精神压力，经济收入欠佳的男性甚至无法拥有爱情和婚姻。但是，这只是问题的一个侧面，事实上，在这样的困局中，男性自身也有不可推卸的责任，因此，要想在消费欲望普遍膨胀的消费社会中实现性别和谐，男性的努力不可或缺。那么，究竟男性自身的问题何在？为跳出这样的困局，男性又该做出怎样的努力呢？

一、消费社会中性别和谐问题的男性责任

（一）部分男性对情感的背叛使女性形成男性天生喜新厌旧的认识

科学研究表明，比起男性，女性的外形特别是皮肤更加容易衰老，这是由于女性体内抑制皱纹生长物质的减少速度要快于男性[1]。女性容易衰老，特别是在操劳过度难以顾全自我外在形象的时候，更显衰老。当贤良淑德的女性为家庭付出一切日显老态时，丈夫则喜新厌旧，转而与年轻貌美的女子恋爱、结婚、生子，这样的事例自古以来就层出不穷，并通过传说、小说、戏曲等方式广泛流传。

改革开放以来，类似案例更是不时见诸各类大众媒介和人们的口耳相传中。笔者的问卷调查结果表明，98%的受访女性在生活中听说过男

---

[1] 高铁军. 科学家称：女性皮肤衰老速度超过男性.人民网，http://world.people.com.cn/GB/41218/4884890.html，2006-10-04.

性喜新厌旧的案例，其中 34.7%经常听说，34.7%有时听说，仅 28.8%偶尔听说；97%的受访女性通过大众媒体听说过男人喜新厌旧的案例，其中 52%经常听说，34%有时听说，仅 11%偶尔听说。通过这些或真实或演绎的案例，女性发现在现代社会，喜新厌旧的男性不仅限于权贵阶层，也包括工薪阶层。由此，就使女性形成了这样的认识：忘恩负义、见异思迁是男人的天性，而女人却容颜易逝、单薄柔弱，等到自己韶华逝去，丈夫必将移情别恋，即使将来丈夫事业发达，自己却并不能与之分享，因此，不如即时消费享乐。根据笔者问卷调查数据进行的 SPSS 分析，一定程度也证实了这一点。自变量女性对于男人在感情上容易喜新厌旧说法的认识对因变量女性对物质的欲望的标准回归系数为 0.209，t 值为 2.106，F 值为 4.435，都在 0.050 水平显著，调整后的 R^2 为 0.034，即自变量可以解释 3.4% 的误差。根据赋值情况，这说明女性越认为男人在感情上容易喜新厌旧，她的消费欲望也就越强。自变量女性对于男人在感情上容易喜新厌旧说法的认识与因变量与丈夫关系的状况的标准回归系数为–0.284，t 值为 –2.945，F 值为 8.672，在 0.005 水平显著，根据赋值情况，这说明女性越认为男人在感情上容易喜新厌旧，她与丈夫的关系就越不好，那么女性就越不能体恤丈夫赚钱养家也就的辛劳，也就越追求婚姻的物质功利性。

既然任何阶层的男性在情感上都有喜新厌旧的可能，那么，工薪阶层的男性对于女性而言就失去了吸引力。接受笔者问卷调查的 101 位已婚育青年女性中，有 79.2%认为，如果女性的主要择偶标准是男方的物质条件，她不应受到指责；70.3%认为，她不应受到指责是因为经济是生活的必要基础。现实教会女性这样理性思考：既然无论是否曾经深爱，也无论是否曾经同甘共苦，最终都将失去爱情，那么在择偶的时候就应该把男方的物质条件放在首位，经济条件好，至少可以保证衣食无忧，不至于因为生活过于艰辛而早衰，没有了爱情，至少还有美好的自己，以及孩子顺利成长的优渥环境。从这点看来，女性对婚姻持有拜金主义意味的功利性态度，不仅是为了满足自身的消费欲望，还是对无奈现实和命运的一种强烈抗争。

（二）男性对女性情感关怀缺失的现实使女性寻求物质的满足

由于性别情感教育的缺失和大男子主义流毒的存在，我国许多男性在日常家庭生活中，对妻子的精神关爱和情感交流普遍缺乏。

接受笔者问卷调查的 101 位已婚育青年女性中，84.2%希望自己生病时丈夫能够关心照顾她，但认为丈夫做到这一点的只有 70.5%；86.1%希望丈夫能在自己工作不顺利时耐心开导她，但认为丈夫做到这一点的只有 54.7%；78.2% 希望丈夫在自己不开心时能逗她开心，但认为丈夫做到这一点的只有 35.8%（表 5-2）。

表 5-2　丈夫对妻子关爱照料的女性期待与现实（单位：%）

丈夫对妻子的关爱照料	女性的希望	女性认为的现实	女性希望与现实的差距
生病时丈夫能够关心照顾妻子	84.2	70.5	−13.7
丈夫在妻子工作不顺利时耐心开导	86.1	54.7	−31.4
丈夫在妻子不开心时能逗她开心	78.2	35.8	−42.4

注：$n=100$

在丈夫和家庭的生活照料者、丈夫可以倾诉烦恼的知己、丈夫可以一起活动的伙伴这三种角色中，48.8% 的受访男性最希望妻子是他和家庭的照料者，而只有 8% 的受访女性最希望丈夫把自己当做他和家庭的照料者；仅 35.4% 的受访男性最希望妻子是可以倾诉烦恼的知己，而高达 61% 的受访女性最希望丈夫把自己当做可以倾诉烦恼的知己；仅 14.6% 的受访男性最希望妻子是可以一起活动的伙伴，但 28% 的受访女性最希望丈夫把自己看做可以一起活动的伙伴（表 5-3）。

表 5-3　妻子角色扮演的男性期待与女性期待（单位：%）

对丈夫而言妻子的家庭角色	男性最期待妻子扮演的家庭角色	女性最希望自己扮演的家庭角色	女性期待与男性期待的差距
丈夫和家庭的生活照料者	48.8	8.0	−40.8
丈夫可以倾诉烦恼的知己	35.4	61.0	25.6
丈夫可以一起活动的伙伴	14.6	28.0	13.4

注：$n=100$（女性），$n=91$（男性）

调查数据表明，有相当比例的现代女性渴望得到丈夫的关爱体贴，也渴望能够与丈夫进行深入的精神交流和共同活动，但相当部分的现代男性则仍然仅把妻子看做照料者，这显然不能令女性产生精神上的满足感。

SPSS 因子分析和线性回归分析的结果，也在一定程度上证实了丈夫与妻子良好的沟通互动对女性物质欲望的抑制作用。首先进行因子分析，将有孩子前后丈夫对妻子的感情和态度、与丈夫在家时的相处模式、与丈夫沟通交流的情况、丈夫对妻子关心爱护互动的情况这四个变量进行拟合，KMO 值为 0.631，Bartlett 球形度检验值为 64.305，在 0.000 水平显著，表明适合因子分析，拟合而成的新因子命名为与丈夫的沟通互动。接着将合成的新因子与丈夫的沟通互动作为解释变量，将因子女性的物质欲望作为被解释变量，用逐步引入法建立回归模型，t 值为-2.747，F 值为 7.545，标准回归系数为-0.238，调整后 R^2 为 0.069，即引入的因子可以解释 6.9%的误差。根据变量赋值情况，这表明丈夫与妻子的沟通互动越不好，女性的物质欲望就越高。

在情感忠诚上缺乏安全感，又没有得到足够的情感关怀，情感上的防洪堤没能筑起，伴随着女性自我意识的增强和消费社会的到来，物质欲望的洪水猛兽当然就来势汹汹，再加上女性自身在职业发展和经济收入方面的弱势地位，女性择偶拜金主义等破坏性别和谐现象的出现、泛滥也就自然而然了。

笔者在这里所指的用以消解女性消费负面影响的"男性努力"，颇有"功夫在诗外"的蕴含，因为并非指男性要努力挣钱以备恋人、妻子消费之用，而是指一种非物质性的方式，男性给予爱人足够的关爱和情感的忠诚，并能够在精神上理解和支持女性的消费。比起男性的物质性努力，男性的精神性和情感性的努力，也许更为有效、可行，毕竟，男性是否能够拥有更好的经济物质条件取决于诸多个体的、社会性的因素，而精神性和情感性的努力，则只在于男性自身的"一念之间"。

二、男性的努力——给予爱人关怀与忠诚

男性给予爱人关怀与忠诚，这样的情感性付出，是否可以有效削减女性的物质消费欲望呢？这需要探讨人的物质需求与情感需求的关系，美国心理学家马斯洛（2013）提出的需求层次理论，可以作为探究这一问题的理论依据。马斯洛认为，人的需求有五种，像阶梯一样从低级到高级依次为生理的需求、安全的需求、情感和归属的需求、尊重的需求、自我实现的需求。一般来说，某一层次的需求相对满足了，就会追求更高层次需求的满足。各层次需求相互依赖和重叠，高层次的需求发展后，低层次的需求仍然存在，只是对行为影响的程度大大减小了。

有人认为，根据马斯洛的需求层次理论，男性的情感付出不可能削减或替代女性的物质消费欲望，因为女性的物质消费欲望属于最低层次的生理需求，如果低一级的需求还没有满足，女性就不会追求更高层级的情感需求的满足。但是，笔者以为并非如此，马斯洛是认为某一层次的需求相对满足了，就会追求更高层次需求的满足，是相对满足了低一级的需求就会追求更高层级需求的满足，而不是绝对满足才追求。马斯洛还认为，"各层次的需要相互依赖和重叠，高层次的需要发展后，低层次的需要仍然存

在，只是对行为影响的程度大大减小了"。也就是说，当物质需求得到一定的满足但还未完全满足的时候，情感的需求就会产生，并与物质需求共存，而此时，物质的需求作为低一层级的需求，对行为影响的程度减小了。因此，一个家庭，只要具备基本的物质经济基础，女性就会有情感的需求，而其情感需求的满足，可以在一定程度上削减低层级的物质需求。例如，来自爱人的关爱和忠诚就能够使女性获得情感和精神的满足感，但如果不能得到情感上和精神上的满足，更低层级的物质需求就会膨胀。

在传统社会，由于女性自我意识薄弱、社会地位和家庭地位低下，女性用以替代情感和精神需求的方式，是默默承受、操持家务、照料家人，以得到家庭和社会道德的认可。而现代社会，随着女权运动的推进，女性的自我意识得以觉醒并逐渐加强，女性的社会地位和家庭地位也有所提升，女性用以替代情感和精神需求的方式，转变为对满足自我发展需要的商品消费的不断追逐。

如果丈夫能够在情感上忠诚于妻子，并懂得在日常生活中关心和爱护妻子，愿意主动与妻子交流，注意培养与妻子共同的兴趣爱好，妻子那种被冷落、被背叛的失落情绪就能大大减少、减轻甚至不复存在，取而代之的是对丈夫的体谅、理解和爱护，并愿意适当多承担教育子女和家务劳动的责任，还很可能会自觉地降低自己的消费需要，以不给丈夫增加心理上和经济上的负担。这并非乌托邦式的空想，而是对曾经有过的无数类似美好现实案例的记忆，是基于一般女性重情重义、温和善良天性的逻辑推演，是马斯洛需求层次理论的启示，也是统计数据理性分析的结果。

根据笔者问卷调查数据进行的 SPSS 回归分析表明，自变量丈夫平时大多数时候对待妻子的态度、与丈夫沟通交流的情况、在妻子偶尔不能完成家务劳动时丈夫的态度与因变量已婚女性对物质的欲望的标准回归系数分别为 -0.253、-0.217、-0.204，t 值分别为 -2.579、-2.187、-2.041，F 值分别为 6.651、4.784、4.164，都在 0.050 水平显著。调整后的 R^2 分别为 0.055、0.037、0.032，即自变量分别可解释为 5.5%、3.7%、3.2%的误差。根据变量赋值情况，这说明丈夫对待妻子态度越好，丈夫与妻子沟通交流越好、丈夫在家务方面越能体谅关爱妻子，则其妻子的物质欲望也就越低。

尽管，有一部分女性的确天生具有很强的物质欲望，但绝大多数女性并非如此，而是在社会生活和家庭生活中慢慢转变的。在笔者的问卷调查中，50.5%的女性表示自己的物质欲望一直都不强烈，还有 11.1%是结婚前强烈而结婚后不强烈，仅有 17.2%一直都很强烈，有 21.2%是结婚前不强而结婚后强。笔者以为，促成女性物质欲望由结婚前不强转变为结婚后强的家庭性因素，不仅在于女性在婚后现实生活中加深了对物质重要性的认识，还在于婚姻生活中丈夫对妻子情感上的逐渐淡漠使女性怅然若失，从而寻找物质的满足作为替代。在笔者的问卷调查中，50%的女性认为，如果一位已婚女性抱怨丈夫收入水平低是因为丈夫不够体贴。这一数据表明，对于诸多女性而言，丈夫的体贴关爱可以在很大程度上替代物质享受。因此，男性对妻子的情感付出对于削减女性的物质消费欲望具有理论和现实的双重合理性。使女性不再拜金、降低消费欲望，男性所能做的努力就是要学会在婚姻生活中给予妻子情感上的交流、关切和爱护，不必热烈、浓烈但需要绵延不断、细水长流，更要在精神上和感情上忠诚于妻子，不能放纵身心、移情别恋。特别是收入水平不高的男性，更要对妻子付出更多的关怀与忠诚，以弥补经济条件欠佳带给女性的缺憾感，而聪明的女性会认识到，世间万物总难完美，正是因为经济状况不够好，丈夫对妻子心怀歉疚之情她才能享受到如此深的爱。

接受笔者深度访谈的 G 就是一位在择偶方面重精神和情感甚于物质经济条件的未婚女性。G，23 岁，福州市某服务行业技师，月收入三千元左右。G 一共有过两段恋情，目前的男友还是一位在读的大学生，经济条件较为拮据，而且男友的母亲还明确表示不接受 G。G 虽然因此备受困扰，但她表示很舍不得，因为男友虽然经济条件不好，对她却十分体贴照顾。例如，男友在外省上大学，只要放假回来每天都接送她上下班，风雨无阻，无怨无悔；在她身体不适不能洗衣服时，他总是默默地替她洗好衣服。最感动她的是男友的细心，有一天深夜，她不小心撞上了坚硬的家具，第二天下班回来，她发现，男友已经在所有可能碰伤她的家具上包上柔软的海绵垫，以免她再次意外受伤。当笔者询问 G 是否会因男友经济拮据感到遗憾时，她轻柔但坚定地说：一点都不，她的第一任男友是个有钱人，但也是个花花公子，伤透了她的心。从那以后，她就深深地明白，对于一个女性而言，情感忠诚和体贴爱护远比物质金钱重要得多，没钱有没钱的活法。而她的母亲也认同她的观点，并支持 G 与其男友的恋情。

W 是笔者在一家女装品牌专卖店购衣时遇见的女孩，她是这家专卖店的导购员，23 岁，未婚。购衣时，一件颇有意味事情的发生使笔者与 W 开始谈论择偶标准。当时，一位约 30 岁的男子走进专卖店，询问一件衣服的价格后随即离去。W 看着这位男子离去的背影说：这个男人是来给自己的妻子买衣服的，而且他妻子几乎所有贵一些的衣服都是他亲自来挑选的，而她则很少出现，据他说，这是因为他们家的经济状况不算太好，妻子舍不得到专卖店来买衣服，所以都是他买了送给她。听到这样的故事，笔者深受触动，就问了 W 一个问题：这样的男人，没有什么钱，你愿意嫁吗？W 的情绪还陷在刚才的故事里，她面带陶醉之情，纯真地说："当然愿意，我要嫁的男人，不能太穷，但也不需要很有钱，有钱人扔一把钱给我让我随便花却总不能陪我，那有钱有什么意思？我想要的婚姻是两个人守在一起，互相关心、爱护的那种，就像刚才那个男人和他老婆那样，互相体谅、互相关爱，多好呀！"

笔者的访谈对象 Z 是一位十分重视精神和情感的再婚女性。Z，33 岁，无论是身材样貌、气质修养、人品性情还是工作学历都是女性中的佼佼者，而 Z 的丈夫则相对而言平庸得多。但 Z 是一位对感情执着投入的女性，因此，Z 一直深爱着她的丈夫。Z 的丈夫虽然平凡普通，却也渐渐沾染上不良习气，喜欢沾花惹草，给 Z 造成了深刻的心灵伤害。痛苦地挣扎了多年之后，Z 终于决定与丈夫离婚，在离婚时 Z 告诉丈夫说："你了解我的为人，你应该知道，我最需要的是你一心一意的爱，但你没能给我。今天我离开你不是要去找一个有钱有地位的人再嫁，只是因为对你太失望！"两年后，Z 再婚，对方的经济实力甚至远不如她的前夫，但 Z 说，最重要的是，现在的丈夫全心全意地爱着她。

以上调查数据和深度访谈资料说明，消解女性在婚恋生活中的拜金主义，男性对爱人的关爱、忠诚等情感和精神方面的努力不可或缺。

在现代消费社会中，男性对恋人、妻子忠诚痴情、呵护备至，却因为经济条件不佳，仍然被爱人无情抛弃的事例也并不鲜见，这是不是对男性"情感付出"救赎之道的否定呢？笔者以为并不尽然，这些案例的出现，一方面固然说明女性对物质经济条件追求的顽固性，但另一方面也说明女性关于自身容颜易逝而男性天性喜新厌旧的认识已经根深蒂固，成为一种集体无意识，无形但深刻地影响着女性关于择偶和婚姻的思想和行为，使那些正享受着爱人浓烈爱意、精心呵护的女性未雨绸缪地想到，当前的甜蜜、爱护可能不会长久，等到自己韶华逝去，爱很可能烟消云散，纵然将来男性事业发达，自己可能并不能分享，与其如此又何必受今日经济困窘之苦？于是决然离去，趁着年轻貌美重新寻觅物质条件优越的男性。

集体无意识，是分析心理学的创始者、瑞士学者荣格提出的一个概念。在荣格（1997）看来，个体人格的发展并不完全取决于个人的成长经历，个人所处的生活背景，如国家、民族的文化、历史、习俗等，同时也对个人的人格发展产生影响，是整个民族经验的总和，在漫长的历史进化过程中逐步沉淀下来的东西。这些内容成为个体先验的无意识，即集体无意识。

集体无意识概念的提出，意味着个体的心理发展历程不仅是纯粹个体私有的经验，也是整个民族心理进化历程中的一部分。集体无意识区别于个体无意识的重要一点在于，后者是由那些曾经被个体意识到，后来又被遗忘的心理内容组成，而前者的存在并不取决于个人后天的生活经历。

男性贫穷时与妻子同甘苦共患难，发达时忘恩负义、喜新厌旧的案例在我国从古至今层出不穷，并通过文学作品、戏剧传说、舆论媒体等方式广为流传，从而在女性心理上形成了相关的集体无意识，无形、深刻、长远地影响着女性的婚恋观念和行为。要想消除这样的集体无意识的影响，扭转女性的择偶拜金主义，消除女性在婚恋生活中的物质化和功利化趋向，需要形成新的集体无意识予以替代，也就需要大多数男性普遍地、持续地"情感付出"，形成一种持久的、强大的文化观念、文化现象，久而久之才能对广大女性的婚恋观普遍产生良性影响，使女性婚恋时不再拜金、物质。男性也才能减轻心理上和经济上的双重重压，获得情感抚慰，使两性之间的关系回归到情感的正确轨道。

行文至此，还需论证一个问题：从长远来看，男性的情感付出对消除女性婚恋拜金心理具有逻辑合理性和现实有效性，那么这一救赎之道的可行性如何呢？相较于女性而言，一般男性对情感不太敏感、不太细腻，要求男性在日常生活中主动保持与妻子的情感交流，并关心、爱护妻子，是否违背了男性的天性，是无法持久坚持的难为之事？即便男性坚持这么做，是否就销蚀了刚性气质，成为多愁善感、优柔寡断的类女性？还有，在情感上喜新厌旧究竟是不是男性无法改变的天性？

第一，双性化气质——成功人生的必需。

对于男性体贴关爱妻子是违背男性天性的顾虑，其实来源于对性别气质的刻板印象，这样的刻板印象总是将两性气质看做固化的且相互对立的方面。国内外的性别研究成果表明，无论男性、女性，几乎每个人身上都兼具刚性气质和柔性气质，只不过这两种气质在每个人身上的比例构成不同，而两种气质在一个人身上所占的比例越接近，则这个人就越受欢迎、生存发展的能力越强。

1974 年，Spence 和 Helmreich 编制了贝姆（Bem）性别基模测量表，用这一量表对美国得克萨斯州大学的 75 名大学生的调查，表明男性、女性截然不同的性别气质模式已经发生改变，多呈现双性化人格及其积极效果（佟辛，2005）。我国的李少梅（1998）在 20 世纪末对 319 名中国大学生的研究也得出了类似的结论。

女性不乏热情泼辣、豪爽刚烈、精明强干，而男性同样可以温柔细腻、感情丰富、体贴入微，具有双性化特点的男女没有严格意义上的性别角色限制，能够更加灵活、有效地应对各种情境，这使双性化的人具有更高水平的心理健康和自尊，自我评价更为积极，并可获得更大成就（李少梅，1998）。

因此，过去认为男性要成就大事业就一定是举止大气、情感粗糙、不拘小节，不能儿女情长、温和善良、敏感多情，是对性别气质认识的简单化和狭隘化，导致男性和女性之间的情感交流障碍。而一旦对性别气质有了新的认识，不再排斥男性具有柔性气质，并在家庭教育、学校教育和社会教育中贯彻双性化性别气质观的教育，假以时日，男性的情感敏感度就会大大提高，乐于并善于与爱人进行日常情感交流，懂得给予爱人温暖的体贴与关爱。而随着时光的沉淀，新的"集体无意识"终将对女性的婚恋观念和行为产生良性影响，那么，性别和谐的实现也就更为自然、普遍和持久。

第二，喜新厌旧——并非不可改变的天性。

男性在情感上表现出的喜新厌旧倾向，绝非不可改变的天性，而更多是传统社会性别文化建构的结果，是男性长期在社会生活和家庭生活中处于优势地位的结果。如果说在感情方面喜新厌旧是男性的天性，那未必女性就没有如此天性，既然女性的这一天性可以被社会性地改变，那么男性的这一天性为什么就没有被改变的可能呢？

恩格斯在《家庭、所有制和国家的起源》中，根据人类学研究成果总结的人类社会婚姻制度的演变过程（群婚制—对偶婚制——夫一妻婚制），揭示了女性由"多夫"转变为"同一时期只对一个男性忠贞不渝"的深刻原因。

群婚制，是指某一群体的全体男性与另一群体的全体女性都是夫妻关系，也就是每个男性和每个女性都有诸多妻子与丈夫，而且这些男性与女性之间还可能存在着各种亲近的血缘关系。

对偶婚制，是指特定的一位男性与特定的一位女性是主夫与主妻，而他们各自都还有其他诸多的妻子或丈夫。

一夫一妻婚制，是指每个男性和每个女性在同一个时期内都只有一个特定的妻子或丈夫。

群婚制向对偶婚制过渡，是因为亲属之间禁止通婚等婚姻禁例日益复杂，使群婚日益不可能。而对偶婚制向一夫一妻婚制过渡，是因为随着社会生产力的发展、私有财产的出现及男性在生产中所起的作用日益超越女性，男性需要确定自己的子女以继承他的财产。

在一夫一妻婚制建立起来之后，在男性普遍拥有社会和家庭优势地位的大背景下，男性不断强化对女性的约束权力，在这一过程中，女性也逐渐地将这种约束内化，使"忠贞"近乎于成为女性的天性，而男性则继续保持事实上的性自由，使"喜新厌旧"看起来是男性的专利。

可见，从群婚制到对偶婚制，再到一夫一妻婚制的演变，男性、女性的个体情感取向其实并非决定性的因素，文明的进步和社会生产力的发展才是根本原因。而男性与女性在情感忠贞方面事实上极不平衡的地位，根源于两性财富、权力实力的极不平等，若女性自身在劳动技能、社会贡献、财富地位等方面获得更大发展，从而能够与男性并驾齐驱，那么，重新建构平等的两性文化是完全可能的。

而女性家庭、社会地位的提高，是否就意味着一夫一妻制原本事实上的"一夫多妻制"又会变成"多妻多夫制"呢？马克思和恩格斯（1972b）认为，此时，在历史婚姻制度演变过程中未能起决定性作用的男性与女性个体之间的排他性爱情将发挥作用，他们之间平等的关系将使他们在情感方面相互约束，而不仅仅是男性约束女性，这也有助于一夫一妻制事实上的真正实现。

应当说明的是，男性对爱人的背叛，不能完全归咎于天性，也并非全然是男性的问题，实际上，女性自身亦有责任。那么女性的问题何在，女性自身又应该做出哪些努力，这些问题在上文"女性的努力"部分已经详细阐释，不再赘述。

可以肯定的是，无论是男性优势地位的作用和传统性别文化的影响，还是女性自身的问题，男性在感情上喜新厌旧的表现，都是可以逐渐改变、改善的，也就是说，假以时日，加以各方努力，男性在情感上忠诚于爱人的理想就有可能实现，那么，女性膨胀的消费欲望也就多一份被理性控制的希望。

三、男性的努力——理解与尊重女性消费

对于女性的时装消费等个人消费需求，一方面，男性可以通过"情感付出"的方式消减女性的消费欲望；而另一方面，笔者以为，男性还应当尽量理解和尊重女性的消费需求和消费行为，而不能简单地将之看做女性虚荣、肤浅的表现，否则女性将会体验到被轻视和鄙视的苦闷，这种情绪不断累积，将会与其他因素纠结在一起，最终产生破坏性别和谐的巨大能量。

就以女性的时装消费为例，人们常说"女人的衣柜里永远缺一件今天穿的衣服"，这句话暗含着女性的自我解嘲，也包含着男性对女性的负面评价，贪婪、虚荣、不理性，永远在买，却永远不合适。的确，女性在不断地购买服装，但每天要出门的时候常常陷入烦恼，总找不到一件最适合当天穿着的服装，于是继续不断地消费。看起来，这多么可笑而又可恼！但实际上，女性不断消费服装的背后有着十分复杂的多种影响因素，包括女性自身的因素和外在的因素、社会性的因素和自然的因素、心理性的因素和生理性的因素。例如，女性自我意识的加强，女性爱美的天性，女性自我认知的探索需要过程，女性审美旨趣随年龄、经历、职业而发生变化，发泄不良情绪的需要，女性的体重、体形在不时地发生变化，女性追求职业发展，社会交往发展及个性发展的需要等。这些女性自身的因素都会影响女性的时装消费，同时，外在情境条件，如自然环境四季变换的规律，逐利的市场经济总是在制造新时尚、新卖点的特性，服装设计、生产行业的蓬勃发展，服装销售商的营销手段，品牌经济浪潮的涌现，都在不断刺激女性的时装消费欲望。

男性不仅应当看到女性时装消费背后错综复杂的影响因素，还应认识到，就女性发展而言，女性的时装消费等个人消费行动具有重要的积极意义，可以推动女性职业发展，丰富女性个性发展，促进女性社会交往发展，充实女性精神世界，也有利于为女性全面发展提供来自家庭内外的支持。

假如家庭经济状况等条件不允许女性更多地消费，也不能抹杀时装消费等女性消费的合理性和必要性。而对于男性而言，如果无法在经济上更多地支持女性的个人消费支出，也应当在精神上理解女性的消费需求和行为，不能简单地忽视、鄙视或责备；否则，长此以往，将会激发女性对性别关系的强烈不满，从而破坏性别和谐。

而当男性有能力从经济上支持爱人个人消费的同时，如果还能够给予理解和尊重，女性将会得到从物质到精神的双重满足，那么性别和谐及女性自身的全面平衡发展就更有可能得以完美实现。

第三节　政府的努力

长期积淀形成的文化观念往往是人们的行动指南。致使女性和男性能够自觉地为消解女性消费负效应而努力，最根本的应当是改变传统的性别文化观念。在现代社会，国民教育和大众传播是建构文化观念最有效的两种方式，因此，建设先进的社会性别文化，一方面需要加强国民教育体系中的性别平等教育；另一方面，还需要同时推动大众传媒的性别平等传播。而在我们国家，这都离不开政府相关部门作用的发挥。

一、加强国民教育体系中的性别平等意识教育

性别之间的关系，在中国这样有着悠久的情感含蓄文化的国度，一直以来是一个近乎于隐私的隐秘话题，从学前教育到博士生教育都极少涉及。关于两性间的关系应该怎样、为什么这样的认识，人们基本上都是从父母或亲戚朋友夫妻的现实相处模式中得到。而直到今天，中国的许多家庭还是属于"男主外、女主内"的传统性别分工模式，不平等的性别分工模式通过耳濡目染代代相传，这对女性的进一步解放和发展十分不利。只有将性别教育纳入国民教育体系，通过从幼儿园到大学再到继续教育等各种形式的规范化教育，才能将性别平等观念深深地根植于国人心中，女性发展、性别平等和性别和谐才能得以大踏步前进，由此也才能铲除女性婚恋生活中的功利性和拜金主义的土壤。

从幼儿教育至大学教育的整个国民教育体系中，政府有关部门应合理设置性别平等教育环节，不仅思想上予以高度重视，而且必须给予资金、师资、课时上的实际支持。

（一）当前我国国民教育体系中性别教育的实施情况

当前我国国民教育体系中的性别教育实施情况如何？又该如何进一步推动性别教育呢？

在教育部、中华全国妇女联合会等有关机构的推动之下，我国国民教育体系中的性别教育从无到有，已经有了显著的进步，如在中小学阶段设置生理卫生课程，在大学和研究生阶段开设女性学和各类课程，在继续教育阶段也开办各种类型的性别平等培训班。

但毋庸讳言，我国的性别教育还有进一步提升的空间，如很多中小学并没有专门的性别教育教师队伍，而是由美术、音乐、品德、语文、数学老师等兼任。教师们已有的本职工作已经相当繁重，这直接导致许多中小学性别教育课程课时得不到保证、教学形式和方式单一乏味，形同虚设。

在中小学阶段，教学内容的设置也存在问题，主要是偏重性别角色教育而忽视性别平等教育。性别教育的内容应包含性别角色教育和性别平等意识教育两大方面。但是，当前我国中小学的性别教育主要停留在性别

角色的教育上，如使儿童、青少年认识到男性、女性的生理、心理差别，进行双性化性别气质教育、倡导多培养男性教师，呼吁父亲多发挥家庭教育的作用等（唐瑛，2012；楚冬梅和崔林霞，2009；王文等，2009；陈竞芳，2008；方刚，2007；戴斌荣，2006）。上海某小学还专门组建了一支具备学校心理辅导资质的性别教育课程研发团队，自主研发了涵盖1~5年级的性别教育课程，主要围绕性别意识、性别认同和身体保护三方面展开教育，对性别的生理差异、性别的角色差异和自我保护等有较好的教育功能。但是，与其他中小学一样，教学内容基本没有涉及性别平等。

课程的安排也需要改进。大学和继续教育阶段的性别教育课程的确主要涉及性别平等教育（王蕾蕾，2010；张静敏，2010；李敏智，2007；乌尼日和赵秀娥，2007；董晓璐，2006；郑新蓉，1999）。一些教师所做的课程效果实证研究也显示，性别平等课程可以在一定程度上改变大学生的婚恋观和就业观（王蕾蕾，2010；张静敏，2010）。但是，由于相关课程的数量少、每门课程的课时少，而且这些课程只是选修课，这些因素都大大影响了性别平等教育的实际效果和影响力。更为重要的是，性别平等教育的课程在大学才开设，而此时大学生的人生观、价值观、世界观包括性别观都已经基本成型，性别平等教育在这个阶段才介入有些为时已晚。

（二）进一步推动性别平等教育

笔者以为，性别平等的教育应当贯穿国民教育的各个阶段，最好从幼儿教育就开始进行，形成涵盖幼儿园、小学、中学、大学、继续教育阶段，有着不同教学内容和教学形式的性别平等教育体系。要建设一支专门的师资队伍，使人们认识到性别平等是性别和谐与人生幸福十分重要的一环，最终对实现性别和谐产生实质性的积极影响。

关于在幼儿园阶段就开展性别平等教育，也许会有这样的质疑，有些性别平等教育的内容，如夫妻间的性别平等，难以向幼儿和少儿传达，因此这些内容并不适合在幼年和少年阶段渗透。但是，心理学和教育学的研究表明，一般而言，人在10岁之前已经基本形成自己的价值观，在这之前进行价值观教育效果最好，因为印象最深刻、稳定和持久[①]。而关于夫妻间的性别平等教育，可以以幼儿、少儿能够理解的方式进行。例如，可

---

① 10岁前建立孩子的价值观. 幼教网，http://www.youjiao.com/e/20091221/4b8bd64295034.shtml，2009-12-21.

以引导其认识父母、祖父母之间应当以什么样的方式相处，这对其成年之后与恋人和配偶的相处能够产生积极的影响。

就大学阶段的性别教育而言，由于大学生的理解能力已经大大超过了中小学阶段，而且面临就业和婚恋的现实问题，特别需要对性别平等有更丰富和更理性的认识，而且性别平等关乎每一个人的生活和幸福。因此，笔者以为，应当像中小学阶段一样，将大学阶段的性别教育课程由选修改为必修。当然，这就会衍生出一系列需要解决的问题，如师资队伍的建设、课时的安排、资金的来源等。其中最需要时间的是师资队伍的建设，而最困难的是资金的筹措，这些问题和困难的克服，都需要具有强烈性别平等意识、对性别平等教育意义有深刻认识的领导者和相关部门的强力推动。而直到今天，80%以上的各级领导仍然是男性，这在较大程度上影响其对实现性别平等和实施性别平等教育迫切性的认识，可以说，性别平等事业和性别平等教育的实践事实上走入了一个短时期内难以突破的非良性循环。所幸，党和政府在理论上和实践上始终将性别平等、女性发展作为国家发展的目标之一，又设有从国家到地方的各级妇联这样全力推进性别平等事业的机构，因此，笔者相信，只要不断呼吁和不懈努力，性别平等教育一定能够得到更好更切实的实施。

而就性别平等教育的内涵而言，经过多年发展，我国性别平等教育的内涵已经十分丰富，包括生育、教育、就业、生活、情感等，但笔者以为，在实施性别平等教育的过程中，应注意结合我国已进入消费社会这一宏观时代背景。例如，就消除消费社会中女性婚恋生活的功利性和拜金主义而言，性别平等教育的内容至少应当涉及并特别强调以下几个方面。

第一，在消费社会，婚恋关系中双方在精神与情感上的相互支持，仍然具有超越物质经济条件的巨大能量。

第二，女性的人生舞台不只在家庭，社会大舞台也并不是男性的专属。无论男性、女性，都有参与或管理国家和社会事务的权利。

第三，男性，要尽可能为妻子分担家务（包括孩子的抚养教育），以此支持妻子全面平衡地自我发展。

即使是经济状况较好的家庭，男性依然需要尽力为妻子分担家务，笔者问卷调查的相关数据支持这一观点。对于如果家庭有足够的经济实力，是否愿意雇用全职家政服务员这一问题，仅37.7%的受访女性表示愿意，但高达62.3%表示不愿意，其中16.8%认为，很多家庭事务，家政服务员根本无法承担，仍需自己与家人费心费力；42.6%则认为，家务负担虽然减轻了，但也会带来其他难以解决的诸多问题，因此还是希望由家人共同承担家务。

此外，不能忽略的是，随着女性受教育水平和自我发展期待的进一步提高，愿意和可以从事家政服务劳动的女性将大大减少。

而夫妻双方的父母，或因年事已高、体弱多病，不能帮助分担家务劳动，或因观念现代化重视自己的晚年生活质量，不愿帮助分担家务劳动。若需要父母长期帮助分担家务，就必然涉及住房问题，并由此引发家庭内部的婆媳矛盾、经济纠葛等诸多问题。受到文化水平、精力体力的制约，老年人也无法很好地承担孙辈教育的责任。因此，现实生活中，由父母分担家务的家庭比例很小。在笔者的问卷调查中，仅26.3%的家庭日常饮食起居家务最主要的承担者是双方的父母，仅7.8%的家庭主要由祖辈照顾孩子的生活，仅9%的家庭主要由祖辈承担教育孩子的责任。

综上所述，显而易见，将女性从纷繁的家务中解放出来的根本方法，既非家务劳动的社会化，也非父母亲人的帮助支持，而只能是丈夫分担家务劳动。

第四，男性应当全面认识家务劳动、生育、家教等女性对家庭的非经济性贡献，承认这些非经济性贡献的经济价值，对因承担了大部分家务劳动而影响了自我发展的妻子应给予足够的理解和尊重。

第五，男性要关心、体贴、爱护妻子，不能只将妻子当做自己和家庭的照料者，更不能将妻子当做生育机器，而应当将妻子看做自己的知己和伙伴，与妻子保持经常性的沟通、交流，还要在情感上忠诚于妻子。

第六，在家庭生活中，女性既要有自我意识，又不能过于自我；既可以有个性，又不能骄横无礼。女性不能将丈夫当做挣钱的工具，应当尽可能地理解、体谅、关心、爱护丈夫。

第七，女性应当学会控制消费欲望、养成理性消费的习惯。

除了从幼儿园阶段就开展包括家庭性别平等在内的性别教育，将大学阶段的性别教育课程由选修改为必修，将性别平等教育内容与消费社会的时代背景相结合之外，笔者以为，我国的性别教育还需要在以下方面改进：培养训练更多不同层级的专业教师；切实保证课程教学的时数；更科学地设计教学内容；平衡好性别教育各方面内容的教学而不有所偏废；探究更丰富更科学的教学形式；等等。唯有如此，才能使性别平等意识在国人心中深深扎根，才能使女性的全面平衡发展得以实现，也才能使国人在消费社会时代真正享受到性别和谐与人生幸福。

二、推动大众传媒的性别平等传播

随着社会的发展进步，包括电视、电影、广播、网络、报纸、杂志、等在内的各类大众传媒在我国蓬勃发展，并成为人们生活中随处可见、时时相伴、不可或缺的重要部分。

所谓大众传媒，就是通过各种技术手段向社会广大受众传递信息的介质。信息的总量是无限的，但受到人力、财力、物力和时间等条件的限制，大众传媒所能够传递的信息量是有限的，因此，大众传媒必须筛选所传递的信息。斯图亚特·霍尔在《文化、传媒和"意识形态效果"》中指出，现代传媒首要的文化功能，便是选择建构"社会知识"和社会影响（肖宏德，2013）。人们会通过大众传媒选择的信息、建构的知识来认识自己所生活的世界，可以说，大众传媒是人们塑造人生观、世界观和价值观的重要渠道和手段，其覆盖面之广、影响之深刻与国民教育体系相比毫不逊色，甚至在某些方面更胜一筹。因此，在消费社会中，要推动女性的全面平衡发展、消除女性在婚恋生活中的功利性和拜金主义，政府主管部门应当督促、推动大众传媒承担起性别平等理念的传播责任。

（一）消费社会中大众传媒去女性拜金主义使命的迷失

1995 年，第四次世界妇女大会《行动纲领》中关于"女性与媒体"的部分有精辟的阐述，直到今天仍然适用："大多数国家的印刷和电子媒体没有以均衡的方式描绘妇女在不断变化的世界中不同的生活和对社会的贡献。此外，暴力和有辱人格的或色情的媒体制品对妇女及其参与社会也产生负面影响。制作强化妇女传统角色作用的节目同样具有限制作用。全世界消费主义趋势创造了一种气氛，其中各种广告和商业信息往往把妇女主要描绘为消费者，而且以不适当的方式针对女孩和所有年龄的妇女。"

在大众传媒的新闻和专题报道中，女性大都是与选美活动、家庭生活、风流韵事、儿童养育及对妇女的侵害等内容有关，而与国家发展、政府决策等具有宏大价值的事件无关或关系不大。也就是说，女性大多是生活或娱乐角色，男性则大都是社会和事业角色（桂渝芳，2006）。

而在大众传媒本身商业化、产业化发展的大背景下，与新闻和专题报道一样，广告成为大众传媒传播信息的重要组成部分。但除了收费标准、政治标准和非淫秽色情暴力标准之外，传媒对广告信息并没有过多的把关，相当部分传媒所传播的美容、减肥、护肤、旅游、房产、整容、电视购物等各类广告信息倡导享乐主义和消费主义，打着"女人要对自己好一点"的口号不断刺激女性的消费欲望。同时，受到男权文化霸权的影响，广告里充斥着或娇艳性感或贤惠居家的女性形象，将女性物化、对象化、商品化、依附化。这正如斯特林纳提（2001）所言，"媒介只是起着父权制意识形态传送带的作用，女性受众仅仅成了一群充满虚假自觉的被动消费者"。华坤女性调查中心的《女性与大众传媒》调查报告也印证了传媒广告信息对女性消费的刺激作用：80.9%的女性表示，会根据传媒的广告宣传购买产品或消费，只有17.24%的人表示从不如此[①]。

观看电影和电视剧是我国众多人群主要的消遣方式之一。近几年播出的电影和电视剧，很多是反映社会现实的作品，表现了当代中国人在欲望时代的物质与情感、放纵与道德、困惑与迷失、挣扎与救赎的矛盾状态，引发广大观众的强烈共鸣，如《蜗居》《裸婚时代》《北京爱情故事》等。但是，这些作品在剧情铺陈的过程中，过多地呈现负面信息，如物质的丰裕与诱惑、行为的放纵和堕落，至于情感与精神的力量、挣扎与救赎的努力，往往只是轻描淡写，显得概念化、模糊化因而苍白无力，甚至有时会起到反效果，观众在观看之后没有吸收到正能量，反而更强化了他们对有争议观念和行为的认同感，如《蜗居》播出后，通过网络人们津津乐道地流转着剧中人物的经典语录。

宋妻对好友说："做女人就是得对自己好点，吃好，喝好，玩好，万一一个不小心出了意外，别的女人就用咱省下的钱，住咱积攒的房，睡咱节省用的老公，打咱心疼的娃。你说咱克勤克俭地舍不得吃，舍不得穿，一心为家，有什么意思，总有些硕鼠来偷咱积攒下来的粮食，与其别人花，不如我们自己花。"

海萍对经济拮据的丈夫说："男人若真爱一个女人，别净玩儿虚的，你爱这个女人，第一个要给的，既不是你的心，也不是你的身体。一是拍上一摞票子，让女人不必担心未来；二是奉上一幢房子，至少在拥有不了男人的时候，心失落了，身体还有着落。"

上述这些语录颇为精辟，有一定的道理，但也强化了观众这样的认识：男人天生喜新厌旧，患难时尚可同舟共济，发达后却不会与糟糠之妻同享福，女人容颜易逝，要懂得用美貌青春换取荣华富贵。而妻子也最好要善待自己，尽情消费，用不着替丈夫省吃俭用，因为省下来的说不定就被丈夫奉献给第三者了。

---

① 大众传媒中的女性话题. 圣才学习网，http://xwcb.100xuexi.com/view/specdata/20101231/AFE83136-614F-427F-BDAE-FE1789EACEFB.html .2010-12-31.

虽然，在《蜗居》的最后一集，海萍说了这么一段话：

"其实很多时候我是有原则的，我不想抄近道，我更不想投机取巧，但是每当我看到那些不如我的人，因为插队比我先拿到票；那些不如我的人，因为放弃了原则，而省了十几年的奋斗，我真的不服气，有的时候我都在怀疑，我这份坚持到底是对还是不对；我甚至在责怪这个社会，为什么这么不公平，为什么大家有规不遵、有矩不守，而让我们这些辛辛苦苦、勤勤恳恳的蜗牛受罪呢？这两天，我在看一些投资方面的书……我在一本书里找到巴菲特的一句话叫：永远坚持价值投资的理念。他说不管在任何年代、任何社会、任何经济环境下，投机的风险要永远大于投资……我的理解是只要你有信念有追求，只要你坚持，那你一定会比随波逐流要行得远，行得正。我在这个城市，算是扎根下来了。我相信，凭我的坚持，凭我的努力，最终我一定会过上我想要的日子……相信自己，明天一定会好的。"

海萍最后的深刻反思和宋思明惨死的结局一样，并没有像剧情推进过程中剧中人所说的那些现实主义的话那样直击人心、震撼心灵。

而根据本书研究问卷调查数据进行的 SPSS 分析显示，自变量通过影视媒体了解男人喜新厌旧案例的频率与因变量对已婚女性抱怨丈夫收入低的看法的标准回归系数为-0.279，t 值为-2.834，F 值为 8.033，调整后的 R^2 为 0.068，即可以消除 6.8% 的误差比例。根据变量赋值情况，这表明媒体对性别关系负面现象的反复强调会在一定程度上影响女性对性别关系的认知，女性看到越多关于男性喜新厌旧的剧情，也就越认同经济因素在婚姻生活中的重要性。

从以上分析可知，大众传媒在传统性别文化和现代商业主义的双重影响下，一方面不断刺激女性的消费欲望，另一方面仍然不自觉地维护着旧有的性别角色分工；一方面在反映着性别不平等的现实，另一方面也在不断固化甚至强化社会不平等的现实；对女性的消费性和依附性强调有余，而对女性的创造性和主体性重视不够。基于大众传媒对社会价值观塑造的重要影响力，当代大众传媒无疑并未很好地承担消除女性拜金主义和推动女性全面平衡发展的重大使命，甚至，从某种意义上看，其还是女性单向度发展及女性婚恋拜金主义的催化剂和推进剂。

（二）消费社会中大众传媒去女性拜金主义的责任与出路

现代生活中，大众传媒广泛、深刻地影响着人们的思想观念和行为模式。在我国，其不仅是商业机构，同时还是公共机构，有着不可推卸的社会责任与义务。面对女性在消费社会的迷失和困惑，以及面对由此而起的性别和谐的杂音，政府主管部门应当推动大众传媒承担起传播性别平等理念的重任。

第一，政府主管部门应当推动大众传媒的从业者改变自身的性别观念。例如，培训一大批具备社会性别知识和性别平等理念的新闻工作者；又如，提高女性在大众传媒高级决策者中的比例，女性在媒体中决策地位与更显著位置上的缺席，必然影响传媒宣传性别平等作用的发挥。有关资料显示，我国女性电视新闻工作者只占三分之一，高级、中级决策层中的女性比例则分别占 4.4% 和 9.6%，而在所有的大众媒体中，电视媒体女性从业者的比例已经是高水平。联合国秘书处顾问、性别和传媒专家玛格丽特·格兰盖就曾经指出：妇女在传媒中很少拥有高级职位，难以影响媒体内容，这是个民主的问题。如果妇女没有平等的机会，就没有民主的新闻制度，也就不可能有男女平等的社会（周琼，2010）。

第二，在新闻和专题报道内容的选择上，敦促大众传媒适当加大女性主题的比例，同时平衡女性发展成果和问题的比例，以使社会大众既了解进一步推进女性发展还需要怎样的努力，又对女性发展的未来抱有希望和信心。

第三，要求大众传媒的从业者要以性别平等的理念筛选通过大众传媒传递的所有信息。平衡女性外在美与内在美相关信息的比例，在刺激女性消费欲望的同时，还需要更多强调女性自身的主体性和创造性对女性发展的意义；在张扬物质的重要性的同时，还需要更加强调精神和情感的非凡意义；还要减少及消除以女性身体为焦点的信息的传播，以避免女性玩物化的屈辱，加强女性的自尊、自爱、自重心理。

第四，推动大众传媒以不同形式直接宣扬性别平等的理念，如可以通过典型个案的专题报道，也可以通过歌曲、小品、相声或电影、电视剧等生动活泼的方式，宣传与女性发展、性别平等、性别和谐有关的价值理念。例如，家务劳动并非女性的专门责任和义务，男性也应当分担家务劳动并鼓励支持妻子的职业发展和个性发展；夫妻间要相互欣赏、包容、关爱、理解和尊重，情感和精神的力量可以战胜物质的欲望等。而电影、电视剧的剧情，既要反映性别不平等、不和谐的社会现实问题，又要以美好的信念和理想启发人、鼓舞人、引领人，这两者的比例需平衡，如果过分侧重问题的铺陈，就会强化人们对不合理现实的认同；而如果过分侧重信念和理想的作用，又难免使人感到脱离现实、无法信服。

总而言之，因消费欲望膨胀而滋生的女性单向度发展、女性婚恋拜金主义等现象已经严重影响女性发展与性别和谐，并成为社会和谐发展进步的一个阻碍，这表面看起来是物质与金钱的问题，是女性自身的问题，实质是女性与男性、个体与社会、物质与情感诸因素综合作用的结果，只有女性、男性、政府等各方力量都调动起来，从就业、情感、教育、宣传等方面共同努力，才能够推动女性的全面平衡发展，从而消解女性的婚恋拜金主义，使两性关系重返充满温情的美好轨道，也只有如此，社会和谐才能得以完美实现。

参 考 文 献

鲍德里亚 J. 2001. 消费社会. 刘成富，全志钢译. 南京：南京大学出版社.

卞疆，陈晓鹏，郑艳. 2009. 都市职业女性服装消费倾向研究. 中国市场，（18）：8-9.

波伏娃 S. 1998. 第二性. 陶铁柱译. 北京：中国书籍出版社.

布劳 P. 2008. 社会生活中的交换与权力. 李国武译. 北京：商务印书馆.

布罗代尔 F. 1992. 15 至 18 世纪的物质文明、经济和资本主义. 第一卷. 顾良，施康译.
    北京：生活·读书·新知三联书店.

曹文婕. 2009. 消费社会背景下的女性消费研究. 华中师范大学硕士学位论文.

岑丽阳. 2005. 女性消费行为探微. 梧州学院学报，15（1）：18-20.

畅引婷. 1998. 中国近代知识女性自我解放意识的觉醒. 妇女研究论丛，（3）：28-31.

陈竞芳. 2008. 关于新型幼儿性别教育的几点思考. 天津市经理学院学报，（1）：47-48.

陈莉妤. 2006. 中国女性消费主义倾向的伦理研究. 广西师范大学硕士学位论文.

陈丽娟，邬关荣. 2012. 基于生活形态的青年女性服装消费实证研究. 浙江理工大学学
    报，（2）：199-203.

陈培青，鲍刚强. 2008. 女装男性化的表现及其社会意义. 宁波大学学报(人文科学版)，
    21（1）：141-144.

程勇真. 2006. 中国传统美学中女性审美的研究价值. 中州学刊，（5）：289-291.

楚冬梅，崔林霞. 2009. 如何给幼儿进行性别教育. 校园心理，7（6）：410-411.

崔亚岚. 2012. 可可·香奈儿设计风格中的现代设计美学研究. 教育教学论坛，（45）：
    180-181.

戴斌荣. 2006. 儿童性别教育中的"扬长"与"取长". 教育评论，（2）：30-32.

第三期中国妇女社会地位调查课题组. 2011. 第三期中国妇女社会地位调查主要数据
    报告. 妇女研究论丛，（6）：5-15.

董晓璐. 2006. 大学生性别教育的缺失及对策思考. 黑龙江高教研究，（5）：125-127.

方刚. 2007. 将性别教育引入学校性教育的思考. 中国性科学，（10）：6-7.

弗里丹 B. 1999. 女性的奥秘. 程锡麟，朱徽，王晓路译. 北京：北方文艺出版社.

福建省政府. 2011-02-16.福建省中长期教育改革和发展规划纲要（2010—2020 年）.福
    建日报，http://info.jyb.cn/dfjyk/201102/t20110216_414199.html.

高铁军. 2006-10-04. 科学家称：女性皮肤衰老速度超过男性.人民网，http://world.
    people.com.cn/GB/41218/4884890.html.

高小华. 2004. 女性消费行为的理性与非理性.商业时代，（26）：14.

戈尔曼 D. 2010.情商：情商为什么比智商更重要. 杨春晓译. 北京：中信出版社.

公安部. 2012-12-29. 2012 年全国共破获各类经济犯罪案件 23 万起. 中央政府门户网
    站，http://www.gov.cn/jrzg/2012-12-29/content_2301575.htm.

顾铮. 2001. 当代西方女摄影家的探索. 东华大学学报（自然科学版）, 27（5）: 48-53.

桂渝芳. 2006. 大众传媒的性别歧视现象. 新闻界, （6）: 92.

郭景萍. 2003. 女性消费文化的社会意义分析. 湖南师范大学社会科学学报, 32（6）: 42-47.

国家统计局. 2012-07-23. 全国第六次人口普查汇总数据. http: //www.stats.gov.cn/tjsj/ rkpc/brP/indexch.htm.

胡静. 2011. 职业女性服装符号消费行为研究——以萍乡市为例. 中南大学硕士学位论文.

胡娟. 2009. 浙江城市中年女性服装消费行为及其量表的研究. 浙江理工大学硕士学位论文.

胡娟, 朱秀丽, 孔媛. 2009. 中年女性服装消费决策风格分析. 浙江理工大学学报, 26（3）: 359-363.

黄健云. 2009. "特殊"与美感——新实践美学视域下的美感研究. 北京: 人民出版社.

吉登斯 A. 1998. 社会的构成. 李康, 李猛译. 北京: 生活·读书·新知三联书店.

江林. 2002. 消费者行为学. 北京: 首都经济贸易大学出版社.

金智苑. 2007. 中韩因特网服装营销沟通与市场研究——女性大学生网上消费的比较分析. 东华大学硕士学位论文.

孔祥玲. 2012. 新形势下居民中等收入界定标准研究. 人力资源管理, （8）: 147-148.

李当岐. 1995. 西洋服装史. 北京: 高等教育出版社.

李敏智. 2007. 高校女生社会性别教育略探. 学校党建与思想教育, （9）: 79-80.

李琴. 2010. 基于消费心理诉求的品牌服装"女性化"倾向设计研究. 浙江理工大学硕士学位论文.

李少梅. 1998. 大学生双性化性别特质与人格特征的相关研究. 陕西师范大学学报(哲学社会科学版), （4）: 149-153.

李银河. 2005. 女性主义. 济南: 山东人民出版社.

李臻颖. 2010. 江南城乡中年女性生活方式和服装消费的差异研究. 山东纺织经济, （12）: 55-59.

梁惠峨, 刘文静. 2007. 中年女性服装消费行为下的服装陈列初探. 纺织科技进展, （2）: 94-96.

梁建芳, 李筱胜. 2011. 电子商务环境下女性服装消费行为分析. 浙江理工大学学报, 28（5）: 728-733.

廖晓玲. 2011. 试析女性时尚资讯网站对女性消费的引导. 华中科技大学硕士学位论文.

林柳. 2003. 服装审美情趣的培养. 美术大观, （7）: 26-27.

刘春玲. 2005. 论晚明江南地区女性自我意识的萌动. 阴山学刊, 18（4）: 95-99.

刘晓华. 2007. 谈谈服装的审美标准. 中南民族大学学报（人文社会科学版）, 27（6）: 157-158.

卢杰, 周斌. 2011-08-02. 经济案件相比刑事案件仅是"零头"缘何称为主流——经侦专家析因. 法制网, http://www.legaldaily.com.cn/index_article/content/2011-08/02/ content_2838098.htm?node=5958.

卢瑞 C. 2003. 消费文化. 张萍译. 南京: 南京大学出版社.

吕超. 2007. 女性自我意识的构建与瓦解. 科技信息（科学·教研），（19）：3.
罗鸿. 2003. 服装美与设计意识. 艺术探索，（2）：85-87.
马克思. 2008. 1844 年经济学哲学手稿. 中共中央马克思恩格斯列宁斯大林著作编译局译.北京：人民出版社
马克思，恩格斯. 1972a. 马克思和恩格斯全集. 第 23 卷. 中共中央马克思恩格斯列宁斯大林著作编译局译. 北京：人民出版社.
马克思，恩格斯. 1972b. 马克思恩格斯选集. 第 1 卷. 中共中央马克思恩格斯列宁斯大林著作编译局译. 北京：人民出版社.
马克思，恩格斯. 1972c. 马克思恩格斯选集. 第 4 卷. 中共中央马克思恩格斯列宁斯大林著作编译局译. 北京：人民出版社.
马克思，恩格斯. 1980. 马克思恩格斯全集. 第 46 卷下册. 中共中央马克思恩格斯列宁斯大林著作编译局译. 北京：人民出版社.
马克思，恩格斯. 1995.马克思恩格斯选集. 第 4 卷下册. 中共中央马克思恩格斯列宁斯大林著作编译局译. 北京：人民出版社.
马克思，恩格斯. 2009. 马克思恩格斯文集. 第 1 卷. 中共中央马克思恩格斯列宁斯大林著作编译局译. 北京：人民出版社.
马迁利. 2005. 服装消费文化研究——以北京职业女性为例分析. 北京服装学院硕士学位论文.
马斯洛 A. 2013. 动机与人格. 方士华译. 北京：北京燕山出版社.
美国不列颠百科全书公司. 1994. 大不列颠百科全书. 卷四. 北京：中国大百科全书出版社.
孟祥菊，夏冰. 2008. 他人可见性消费品购买动机的实证研究——以女性购买服装为例. 河南工业大学学报（社会科学版），4（2）：33-36.
米德 G. 2012. 心灵、自我和社会. 霍桂桓译. 南京：译林出版社.
倪银娣. 2000. 女性品牌服装消费心理的实证研究. 西安工程大学学报，14（4）：390-393.
帕森斯 T. 2008. 社会行动的结构. 张明德，夏遇南，彭刚译. 南京：译林出版社.
彭穗，何燕子. 2010. 九型人格理论与白领女性服装消费特征. 集体经济，（12）：65-66.
彭小华. 2005. 消费文化背景下媒介女性符号解读. 西南民族大学学报（人文社会科学版），26（6）：243-246.
强海燕. 1999. 自信心的性别差异与女生的教育. 教育评论，（2）：51-53.
秦美珠. 2008. 女性主义的马克思主义. 重庆：重庆出版社.
仇萍. 2008. 另眼看女性与消费. 安徽文学（评论研究），（2）：385-386.
任平安，赵艳屏. 1986. 妇女心理学. 沈阳：辽宁大学出版社.
荣格 C G. 1997. 荣格文集. 冯川译. 北京：改革出版社.
石红梅. 2007. 女性的自我意识及其影响因素——以福建省为例. 人口与发展，13（6）：64-71.
舒茨 A. 2012. 社会世界的意义构成. 游淙祺译. 北京：商务印书馆.
斯特林纳提 D. 2001. 女权主义与大众文化. 陆扬，王毅选编. 上海：上海三联书店.
谭箐. 2004. 自我概念在女性消费市场的应用研究. 西南交通大学硕士学位论文.
谭箐，耿黎辉. 2005. 论女性自我概念与服装消费行为. 西安交通大学学报（社会科学版），6（4）：119-122.

唐瑛. 2012. 青少年学生性别教育的缺失与引导. 教学与管理，（27）：61-62.

陶娜. 2012. 青年女性服装搭配与服装消费的研究. 陕西科技大学硕士学位论文.

田宏，刘国联. 2002. 成年女性服装消费行为分析. 丹东师专学报，24（S1）：64-66.

田婕. 2008. 上海市青年女性服装消费行为研究. 同济大学硕士学位论文.

佟新. 2005. 社会性别研究导论——两性不平等的社会机制分析. 北京：北京大学出版社.

童世骏. 2005. 大问题和小细节之间的"反思平衡"———从"行动"和"行为"的概
念区分谈起. 华东师范大学学报（哲学社会科学版），（7）：16-17.

汪开庆. 2009. 李渔的服饰审美理论与日常生活审美化. 名作欣赏，（4）：46-47.

王蕾蕾. 2010. 社会性别教育对大学生就业观念的影响. 山东女子学院学报，（1）：
71-74.

王万竹. 2007. 女性消费者的消费情感分析. 时代经贸（学术版），5（4）：103-104.

王文，王国霞，赵莹. 2009. 国外社会性别发展研究进展及对我国性别教育的启示. 东
北师范大学学报（哲学社会科学版），（5）：232-235.

王颖，王毓珣. 2012. 重温乌申斯基的习惯思想. 临沂大学学报，34（2）：100-105.

韦伯 M. 2004. 经济与社会. 林荣远译. 北京：商务印书馆.

乌尼日，赵秀娥. 2007. 社会性别教育进入高校课堂的点滴思考. 广西大学学报（哲学
社会科学版），27（2）：91-94.

西美尔 G. 2001. 时尚的哲学. 费勇，等译. 北京：文化艺术出版社.

肖宏德. 2013. 文化中的传媒、政治与意识形态——重审霍尔的媒体分析理论. 湖南科
技学院学报，34（6）：88-89.

幸丽萍. 2010. 白领女性服装消费行为分析及其营销策略. 经济师，（2）：261-262.

熊丙奇. 2012-09-09."福建开放异地高考"期待示范效应. 新华网，http://news.xinhuanet.
com/comments/2012-09/09/c_113007823.htm.

徐玲，白文飞. 2005. 习惯形成机制的理论综述. 北京体育大学学报，28（5）：618-620.

许佳. 2004. 发现生活的人将失去生活——从男性作家笔下的女性形象论女性消费欲
望与男性生存危机. 华东师范大学硕士学位论文.

薛富兴. 2006. 美学. 合肥：安徽教育出版社.

严茜. 2004. 西北地区中青年女性服装消费心理研究及市场策略分析. 西安工程大学硕
士学位论文.

杨凤. 2007. 当代中国女性发展研究. 北京：人民出版社.

杨剑平. 2009. 国际服装品牌对我国女性服装消费的影响. 苏州大学硕士学位论文.

杨杰妮. 2012-10-25. 女性平均生育年龄 29.13 岁. 潇湘晨报，http://news.ifeng.com/
gundong/detail_2012_10/25/18540265_0.shtml.

杨柳. 2009. 消费文化中的女性身体及其社会性别的阐释. 河南社会科学，17（4）：
129-131.

叶晖. 2008. 大众传媒性别建构的理性批判——女性主义的反省：社会性别和大众传媒
的双重作用. 山东女子学院学报，（4）：9-12.

叶文振. 2006. 女性学导论. 厦门：厦门大学出版社.

虞艳丽. 2007. 大众文化时代的女性消费文化及其培育. 浙江师范大学硕士学位论文.

翟红华. 2010. 盛年女性服装消费分析. 市场周刊（理论研究），（12）：36-37.

张慧玲. 2009. 从主体性分析女性消费地位的变迁. 经济研究导刊, （3）：166-167.

张静敏. 2010. 社会性别教育对大学生婚恋观影响的调查与分析. 山东女子学院学报, （3）：46-53.

张明芸, 蔡志敏. 2002. 解放与创造：新世纪女性的发展趋势. 东北师范大学学报（哲学社会科学版）, （3）：41-45.

张倩. 2009. 女性的身份建构与男性气质危机——《嘉莉妹妹》之消费文化探析. 河北大学硕士学位论文.

张辛可. 2006. 时尚的本质. 艺术设计论坛, 161（9）：7.

赵洁. 2010. 社会转型期我国中等收入阶层的评判标准. 求实, （9）：53-56.

赵金蕊. 2009. 基于消费者自我概念的性别差异研究. 北方经贸, （8）：63-65.

赵秀林. 2008. 从《世说新语》看魏晋女性自我意识的觉醒. 和田师范专科学校学报, 28（2）：85.

赵振杰. 2004. 浅论习惯养成的教育学意义. 教育探索, 56（6）：62-64.

赵振杰. 2005. 论教育哲学视野中的习惯养成. 辽宁师范大学学报（社会科学版）, 28（1）：60-64.

郑苗秧, 阎玉秀. 2008. 基于生活形态的女性品牌服装消费实证研究. 丝绸, （10）：10-12.

郑新蓉. 1999. 性别教育与大学生素质. 高等师范教育研究, （1）：60-63.

中国互联网络信息中心. 2013-01-15. 第 31 次中国互联网络发展状况统计报告. http：//www.cnnic.net.cn/hlwfzyj/hlwxzbg/hlwtjbg/201301/t20130115_38508.htm.

周琼. 2010. 电视媒体女性角色及女性视角. 东南传播, （3）：65-67.

周文杰. 2008. 浙江都市成熟女性丝绸服装消费调查研究. 丝绸, （7）：5-7.

周月红. 2008. 青年职业女性的服装消费情感需求分析及其设计应用. 浙江理工大学硕士学位论文.

周月红, 全小凡. 2008. 沪杭两地白领女性服装消费行为研究. 浙江理工大学学报, 25（3）：280-286.

朱雪梅. 2007. 电视广告与上海城市女性消费行为的关系之实证研究. 上海大学硕士学位论文.

朱雪梅. 2009. 女性自我概念系统与消费行为——以上海女性为例. 企业研究, （9）：76-77.

朱雪梅. 2010. 电视广告对女性消费的影响力. 新闻爱好者（下半月）, （2）：70-71.

Riv. 2006. 女装正在远离男人. 中国服装, （20）：48-51.

Afshar H. 2008. Can I see your hair? Choice, agency, and attitudes: the dilemma of faith and feminism for women who cover. Ethnic and Racial Studies, 31（2）：411-427.

Ahlberg B M, Njau V W, Kiiru K, et al. 2000. Gender masked or self-inflicted pain：female circumcision, eradication and persistence in central Kenya. African Sociological Review, 4（1）：35-54.

Berg M. 1996. Women's consumption and the traditional classes of eighteen-century England. Journal of Social History, 30(winter)：415-434.

Cash T F, Cash D W, Butters J W. 1983. Mirror, mirror on the wall? Contrast effects and self-evaluations of physical attractiveness. Personality and Social Psychology

Bulletin, 9（3）: 351-358.

Cervellon M C, Carey L, Harms T. 2012. Something old, something used determinants of women's purchase of vintage fashion vs, second-hand fashion. International Journal of Retail & Distribution Management, 40(12): 76-85.

Chopin K.1996. A Pair of Silk Stockings and Other Stories. New York: Dover Public Ations.

Colls R. 2004. "Looking alright, feeling alright": emotions, sizing and the geographies of women's experiences of clothing consumption. Social & Cultural Geography, 5(4): 583-596.

Colls R. 2006. Outsize/outside: bodily bignesses and the emotional experiences of British women shopping for clothes. Gender Place & Culture: A Journal of Feminist Geography, 13(5): 529-545.

Enstad N. 1999. Ladies of Labor, Girls of Adventure: Working Women, Popular Culture, and Labor Politics at the Turn of the Twentieth Century. New York: Columbia University Press.

Finnegan M. 1999. Selling Suffrage: Consumer Culture and Votes for Women. New York: Columbia University Press.

Friedman A. 2001. The politics of consumption: women and consumer culture. Journal of Women's History, 13（2）: 159-168.

Gbadamosi A. 2012. Acculturation: an exploratory study of clothing consumption among black African women in London （UK）. Journal of Fashion Marketing and Management, 16（1）: 5-20.

Gudalupe X A, Mueller K. 2005. Restaurant and food shopping selections among latino women in southern California. Journal of the American Dietetic Association, 105（1）: 38-45.

Guy A, Maura B. 2000. Personal collections: women's clothing use and identity. Journal of Gender Studies, 9（3）: 313-327.

Hamilton K, Walter G. 1993. Media influences on body size estimation in anorexia nervosa and bulimia: an experimental study. Working paper. University of Aberdeen.

Hogg M K, Fragou A. 2003. Social comparison goals and the consumption of advertising: towards a more contingent view of young women'consumption of advertising. Journal of Marketing Management, 19（7~8）: 749-780.

Hurd C L, Griffin M, Maliha K. 2009. Bat wings, bunions, and turkey wattles: body transgressions and older women's strategic clothing choices. Ageing & Society, 29（5）: 709-726.

Klepp I G, Storm-Mathisen A. 2005. Reading fashion as age: teenage girls' and women's accounts of clothing as body and social status. Fashion Theory the Journal of Dress Body & Culture, 9（3）: 323-342.

Korotchenko A, Clarke L H. 2010. Russian immigrant women and the negotiation of social class and feminine identity through fashion. Critical Studies in Fashion and Beauty, （1）: 181-202.

Kwon Y. 1992. Body consciousness, self-consciousness, and women's attitudes toward clothing practices. Social Behavior & Personality: an International Journal, 20（4）:

295-307.

Kwon Y, Parham E S. 1994. Effects of state of fatness perception on weight conscious women's clothing practices. Clothing and Textiles Research Journal, 12（4）: 16-21.

Lindquist J D, Kaufman-Scarborough C F. 2004. Polychronic tendency analysis: a new approach to understanding women's shopping behaviors. Journal of Consumer Marketing, 21（5）: 332-342.

Majima S. 2008. Fashion and frequency of purchase: women swear consumption in Britain, 1961—2001. Journal of Fashion Marketing & Management, 12（4）: 502-517.

Mower J M, Pedersen E L. 2013. Pretty and patriotic. Dress, 39（1）: 37-54.

Myers P, Biocca F. 1992. The elastic body image: the effect of television advertising and programming on body image distortions in young women. Journal of Communication, 42（3）: 108-133.

Negrin L. 1999. The self as image: a critical appraisal of postmodern theories of fashion. Theory, Culture and Society, 16（3）: 99-118.

Ogle J P, Tyner K E, Schofield-Tomschin S. 2013. The role of maternity dress consumption in shaping the self and identity during the liminal transition of pregnancy. Journal of Consumer Culture, 13（13）: 119-139.

Rappaport E D. 2000. Shopping for Pleasure: Women in the Making of London's West End. Princeton: Princeton University Press.

Richins M L. 1991. Social comparison and the idealized images of advertising. Journal of Consumer Research, 18（1）: 71-83.

Rogers E R I C. 1975. The Man and His Ideas. New York: Dutton.

Ruby T F. 2006. Listening to the voices of Hijab. Women's Studies International Forum, 29（1）: 54-66.

Rudd N A, Lennon S J. 2000. Body image and appearance-management behaviours in college women. Clothing and Textiles Research Journal, 18（3）: 152-162.

Smith C W. 2007. Practical Habits: Clothes, Women, and Fashion in the Eighteenth-Century Novel. Charlottesville: University of Virginia Press.

Stice E, Shaw H E. 1994. Adverse effects of the media portrayed thin ideal on women and linkages to bulimic symptomatology. Journal of Social and Clinical Psychology, 13（3）: 288-308.

Trautmann J, Worth S L, Lokken K. 2007. Body dissatisfaction, bulimic symptoms, and clothing practices among college women. Journal of Psychology Interdisciplinary & Applied, 141（5）: 485-498.

Tseëlon E. 1992. Self presentation through appearance: a manipulative vs. a dramaturgical approach. Symbolic Interaction, 15（4）: 501-514.

Tupperware A J C. 1999. The Promise of Plastic in 1950s America. Washington: Smithsonian Institution Press.

Twigg J. 2007. Clothing, age and the body: a critical review. Ageing and Society, 27（2）: 285-305.

Unal D A, Dirlik O, Otamis P A. 2012. A qualitative research to explore the purchase behavior determinants of middle-aged women. Procedia-Social and Behavioral

Sciences, 62（1）: 1337-1341.

Ünala D A, Dirlikb O. 2014. Consumption motivations of women as a mother and a wife. Procedia-Social and Behavioral Sciences, 109: 886-890.

Walton W. 1986. "To triumph before feminine taste ": bourgeois women's consumption and hand methods of production in mid-nineteenth-century Paris. Whitney Business History Review, 60（4）: 541-563.

Woodruffe H R. 1997. Compensatory consumption: why women go shopping when they're fed up and other stories. Marketing Intelligence & Planning, 15（7）: 325-334.

Young P R. 2004. Cloth that speaks African women's visual voice and creative expression in Ghana（West Africa）. Ph. D. Dissertation Columbia University.

附　　录
女性时装消费调查问题（女士问卷）及变量赋值情况

（说明：问卷中未标明赋值的都是定类变量，定类变量的每一个选项都处理成虚拟变量，"是"赋值1，"否"赋值0）

一、女性的自我意识和定位

1. 您认为，对于一个已婚已育的女性而言，以下各因素的重要性程度依次是（　　）（请按从高到低的顺序排列）。

A. 自己　　　B. 孩子　　　C. 丈夫

将"自己"排在首位的均赋值　2，将"孩子"或"丈夫"排在首位的均赋值　1

2. 在事业方面，您希望自己（　　）。

A. 能够在事业上取得较大的成功，不会为家庭放弃自己的事业　4

B. 能够在事业上取得较大的成功，但如果丈夫的事业前途远大，您愿意放弃或降低自己的事业发展要求　3

C. 能够有一份工作就可以了，必要时可以不工作　2

D. 不需要工作，照顾好家庭是您人生最大的责任和乐趣　1

3. 您对自己在事业方面的期许，结婚前后的情况是（　　）。

A. 事业心一直都很强，结婚、生孩子前后都没有大的变化　3

B. 结婚前以工作为重，并希望能在事业上有所作为，但结婚后特别是有孩子后变得以家庭为重　2

C. 结婚前事业心就不太强，结婚后特别是生孩子后更是以家庭为重　1

4. 当工作和家庭偶尔发生矛盾的时候，您通常（　　）。

A. 以工作为重　3　B. 兼顾工作和家庭　2　C. 以家庭为重　1

5. 当工作和家庭的矛盾经常性发生的时候，您通常（　　）。

A. 以工作为重　3　B. 兼顾工作和家庭　2　C. 以家庭为重　1

6. 若您有业余爱好，而丈夫希望您能放弃爱好专心照顾家庭，您认为（　　）。

A. 连妻子的兴趣爱好都不能支持，太不应该，和他离，或与他坚决斗争　6

B. 虽然丈夫强烈要求放弃，但还是坚持自己的爱好，尽量协调好兴趣与家庭的关系　5

C. 如果只是偶尔有矛盾，您会坚持，如果长期冲突较大，您愿意放弃　4

D. 在丈夫的强烈要求下，才被迫放弃爱好　3

E. 很配合地主动放弃爱好，等以后有条件的时候再追求　2

F. 您没有什么兴趣爱好　1

7. 如果家庭收入有限，在添置服装时，您首先考虑为（　　）购买服装。

A. 自己　2　　B. 孩子 1　　C. 丈夫　1

8. 以下观点您赞成的是（　　）。

A. 现代社会进步了，女人要对自己好，不能因为丈夫和孩子委屈自己　3

B. 现代女性既要对自己好一点，必要时还是要受点委屈，二者要平衡好　2

C. 忍辱负重、吃苦耐劳、勤俭持家是女性的美德，现代女性还是要坚守这些美德　1

9. 您对自己外表的评价是（　　），他人对您外表的评价通常是（　　）。

A. 很美　4　　B. 比较美　3　　C. 一般　2　　D. 不美　1

10. 您理想的自我形象是（　　）（可多选）。

A. 干练　B. 妩媚　C. 端庄　D. 可爱　E. 时尚　F. 古典　G. 优雅

H. 狂野　I. 淡雅　J. 炫彩　K. 沉静　L. 热烈　M. 朴素

N. 其他_____

风格相近　1　　　　两种迥异风格　2　　　　三种迥异风格　3

四种迥异风格　4　　　五种迥异风格　5

11. 您希望别人对您的评价是(　　　),其中最希望别人评价您(　　　)。

A. 贤惠　　B. 温柔　　C. 美丽　　D. 时尚　　E. 善良　　F. 能干

G. 独立　　H. 聪明　　I. _____

12. 您对于物质的欲望（　　　）。

A. 一直都很强烈　4

B. 在结婚前不太强烈，在结婚后特别是生孩子后变得强烈些　3

C. 在结婚前比较强烈，在结婚后特别是生孩子后变得不太强烈　2

D. 一直都不太强烈　1

二、女性对美、时尚和服装的认识和追求

13. 您认为一个女性的外表会在多长时间内影响他人对她的印象（　　　）。

A. 一直都会有比较大的影响　3

B. 在认识的早期影响很大　2

C. 几乎没有什么影响　1

14. 您认为一个男性的外表会在多长时间内影响他人对他的印象（　　　）。

A. 一直都会有比较大的影响　3

B. 在认识的早期影响很大　2

C. 几乎没有什么影响　1

15. 关于女性的外在美在事业发展中的作用，您认为（　　　）。

A. 在任何行业都很重要，都是事业成功最重要的因素　4

B. 看行业而定　3

C. 在任何行业都没什么真正的作用　1

D. 在任何行业都一般，只有外在美没有其他各种因素事业不会成功　2

16. 如果一个女性讲究穿着打扮，且因此很美丽，您认为她丈夫（　　　）。

A. 会更加珍爱妻子　2

B. 无论美丑，时间久了，丈夫对妻子的外表都没有什么感觉　1

C. 以上两种说法都不对

17. 您认为讲究穿着打扮会给女性带来哪些困扰（　　　）(可多选)。

A. 经济压力，导致对丈夫不满，夫妻关系恶化

B. 照顾家庭的精力不足

C. 减少钻研业务的时间和精力

D. 变得虚荣、肤浅

E. 没有什么大的困扰

F. 其他＿＿＿＿＿＿＿＿＿＿

18. 您认为不爱讲究穿着打扮会给女性带来哪些困扰（   ）（可多选）。

A. 减少女性的外形魅力，使夫妻感情淡漠化

B. 减少女性的乐趣来源

C. 对女性的事业发展带来负面的影响

D. 没什么困扰，挺好的，省钱省时间省精力

E. 其他＿＿＿＿＿＿＿＿

19. 从参加工作以来到目前为止，你对于自己穿着打扮的认识是（   ）。

A. 一直认为应当讲究穿着打扮   4

B. 曾经认为不必讲究穿着打扮，为了恋爱和结婚，后来认为有必要讲究   3

C. 曾经认为有必要讲究穿着打扮，结婚后特别是生孩子后认为没有太大必要   2

D. 一直认为不必讲究穿着打扮   1

20. 关于自己作为妻子、母亲是否应当讲究穿着打扮的观点，您是受到（   ）的影响（可多选，并按影响的重要性大小排列）。

A. 母亲   B. 婆婆   C. 丈夫   D. 好朋友   E. 同事   F. 领导

G. 自己   H. 各种形式的广告   I. 电影、电视剧   J. 文学作品

K. 其他＿＿＿＿＿＿＿＿＿

21. 您认为作为母亲应该在打扮自己的外表方面投入时间、精力和金钱吗？

	A. 应该，而且应投入大量 4	B. 有条件可以投入多些 3	C. 应该，但不应投入大量 2	D. 不应该，浪费 1
投入时间				
投入精力				
投入金钱				

22. 如果一个女性讲究穿着打扮，您认为她（   ）（可以多选）。

A. 爱臭美   B. 无聊   C. 虚荣

D. 想诱惑除丈夫之外的男性　E. 珍爱自己　F. 其他＿＿＿＿＿＿＿

23. 如果一个女性讲究穿着打扮，您认为她可能主要是由于（　　　　）（可多选）。

A. 她有文艺气质

B. 本身就长得美，希望更美

C. 本身长得不够美，以此树立自信

D. 从小受到母亲等家人的影响

E. 受到影视明星的影响

F. 受到广告的影响

G. 爱美的天性

H. 受到周围那些打扮得很美的普通女性的无形影响

I. 其他＿＿＿＿＿＿＿＿＿＿＿＿＿＿＿＿＿＿

24. 如果一个女性因为外表形象好而得到一些好处，您的想法是（　　　　）。

A. 羡慕她，自己也尽量讲究穿着打扮以塑造美好的外在形象　4

B. 羡慕她，但自己不追求外表美　3

C. 没什么感觉，女性最好要靠内在生活、工作　2

D. 妒忌她，因为您不知道怎么打扮自己或怎么打扮都不够美　1

E. 其他＿＿＿＿＿＿＿＿＿＿＿＿＿＿

25. 您认为女性需要精心打扮自己才能出现的场合是（　　　　）（可多选）。

A. 家里　　B. 工作单位　　　C. 聚会

D. 菜市场　E. 百货公司、超市　F. 几乎没有，您不爱打扮，比较随意

26. 对于当今社会不断变化的服装流行时尚，您（　　　）。

A. 很兴奋，一直尽力跟上时尚的节奏　4

B. 很慌乱，担心无法跟上时尚节奏　3

C. 有时紧跟时尚节奏，有时又无所谓　2

D. 从不在意时尚，时尚从来不能影响您　1

27. 您认为（　　　　）对于一个人外表形象的塑造起最主要作用，其次是（　　　　）。

A. 发型　　B. 鞋子　C. 耳环　　D. 服装　　E. 脸部化妆　　F. 气质

28. 您最希望您所穿着的服装给人留下什么样的印象（　　　　），其次是（　　　　）。

A. 品位　B. 时尚　C. 美丽　D. 朴素　E. 无所谓　F. 其他＿＿＿＿＿

29. 您在选择服装时主要考虑的是（　　　　　）（可以多选，并请按重要性排序）。

A. 遮体避羞，合身就行

B. 您穿得美不美

C. 要能体现您的职业身份

D. 要能表明您的社会地位

E. 要能表明您的独特个性

F. 要有特色

G. 没有考虑，瞎买

30. 不少女性买了很多衣服仍然认为没有衣服穿，还要不断地买，您认为原因可能是（　　　　），其中，最主要的两个原因可能是（　　　　）。

A. 不知足

B. 审美不行，买得总不合适

C. 购买是她的乐趣

D. 很有钱

E. 漂亮的衣服层出不穷，抵不住诱惑

F. 拥有很多的服装是她的快乐

G. 她对自我外在形象的要求很高，是自爱的表现

H. 她还不知道自己适合什么样的服装，所以通过不断购买的方式来了解

I. 人在不停地变化

31. 每次上班前，您在为自己挑选衣服时（　　　）。

A. 试了又试，直到找到满意的为止　3

B. 简单考虑一下，试一两件就能决定穿哪件　2

C. 想都不想，随便穿一件就上班了　1

32. 您会根据出席的场合精心地挑选您认为合适的服装吗？（　　　　）

A. 每次都会　5

B. 经常　4

C. 有时　3

D. 偶尔　2

E. 从不　1

33. 您重视服装的搭配吗？（　　　）

A. 重视，讲究搭配　3

B. 一般，过得去就行　2

C. 无所谓，随便穿　1

34. 您会根据您穿着的服装精心搭配其他方面吗，如鞋子、提包、发型等（　　　）。

A. 所有方面都会考虑到搭配和协调　3

B. 仅能注意到一些方面，无法完全顾及　2

C. 太麻烦，衣服好看就行了，其他不用那么讲究　1

35. 您希望拥有各式各样的服装吗？（　　　）

A. 很希望，各种风格的我都想要　3

B. 多些风格自然好，但只要几种就可以了　2

C. 不太希望，只想要适合自己风格的衣服　1

36. 与您风格不太相符的服装，您（　　　）。

A. 经常买　3　　　　B. 偶尔买　2　　　　C. 从不买　1

37. 您的身材容易发生一些变化吗？（　　　）

A. 经常变化，有时胖一点有时瘦一点　3

B. 偶尔有点变化　2

C. 一般不怎么变　1

38. 您要求您穿的衣服都要很合身吗？（　　　）

A. 是的，如果一点点不合身，肥了或瘦了点我就不会穿它　3

B. 希望都很合身，但有时也就将就了　2

C. 无所谓　1

39. 若身材暂时发生一些微小变化，您会因此添置适合的服装吗？（　　　）

A. 经常　4　　　B. 有时　3　　　C. 偶尔　2　　　D. 从不　1

40. 您认为有必要为自己精心挑选家居服吗？（　　　）

41. 您认为有必要精心挑选睡衣吗？（　　　）

42. 您认为有必要为您自己精心挑选内衣吗？（　　　）

A. 很有必要　4　　B. 挺有必要　3　　C. 一般　2　　D. 不必要　1

43. 您每年都会根据当年的流行潮流添置自己的新服装吗？（　　　）

A. 会，而且是大量添置　3

B. 会，但只是少量添置　2

C. 基本不会　1

44. 对于服装的风格，如纯美、野性、知性、休闲等，您的喜好（　　　）。

A. 经常变化　4

B. 随心情变化　3

C. 随年龄变化　2

D. 一直较稳定，没什么变化　1

45. 对于服装的颜色，您的喜好曾有过变化吗？（　　）

A. 有过很大的变化，以前喜欢素色，后来喜欢艳色　2

B. 有过很大的变化，以前喜欢艳色，后来喜欢素色　2

C. 一直没有什么变化　1

46. 对于您适合穿什么色彩、款型或风格的服装，您（　　　　）

A. 很早就了解　3

B. 经过一段时间的摸索后才了解　2

C. 一直在摸索，但至今仍不了解　1

47. 您所喜欢的服装与您所适合穿的服装（　　　　）。

A. 多数时候一致，您喜欢的常常是适合您的　3

B. 有时不一致，有些您喜欢的却不适合您　2

C. 大多数时候不一致，您喜欢的大多不适合您　1

48. 您对时装消费（　　　　）。

A. 始终乐此不疲　3

B. 有一定的阶段性，有的时期很热衷，有的时期很少消费服装　2

C. 始终不太感兴趣　1

49. 对您来说，时装消费（　　　　）（可多选）。

A. 是纯粹的快乐

B. 既是快乐，又是苦恼，因为衣服太多了，衣柜放不下了

C. 既是快乐，又是苦恼，因为经济状况欠佳

D. 既是快乐，又是苦恼，因为丈夫不太赞成

E. 既是快乐，又是可恼，因为您不太懂怎么才能选购到合适的服装

F. 其他＿＿＿＿＿

50. 对于以下观点，您赞成的是（　　　　）。

A. 只要经济条件许可，女人拥有的衣服多多益善　2

B. 如果经济条件许可，可根据每年的流行时尚适当添置新衣，但不要无度追求数量，因为过度消费会给地球造成危害　1

51. 您穿衣打扮是为了（　　　　）（可以多选，并请按重要性大小排序）。

A. 得到丈夫的喜爱和宠爱

B. 得到他人，特别是领导的欣赏

C. 为了得到他人，特别是同事和朋友的欣赏

D. 为了让自己高兴

E. 为了让自己自信

F. 您不爱打扮

52. 您认为女性所追求的外在形象美，（　　　　　）（可多选）。

A. 应当主要符合男性的审美要求　1

B. 应当主要符合女性的审美要求　4

C. 应当兼顾男性和女性的审美要求　2

D. 看场合看情况　3

三、女性的时装消费行为

53. 您购买服装的原因有(　　　　)，其中绝大多数时候是因为(　　　　)。

A. 需要

B. 让自己的外在形象更好

C. 抵不住美丽衣服的诱惑

D. 惯性

E. 买了就高兴

54. 购买服装时，您属于（　　　）。

A. 反复比较、衡量型，因为您认为购买衣服应当慎重考虑，不然浪费钱

B. 迅速决断型，您不想浪费时间和精力反复比较

55. 如果因为价格贵了些，您没有购买您很喜欢的衣服，您会（　　　　　）（可多选）。

A. 一直惦记着，感到惋惜

B. 关注这件衣服的价格变动情况，便宜下来就会买

C. 很快就忘记了

D. 为了买下它，努力挣钱、攒钱

E. 请求丈夫经济支持

56. 如果一次逛街的时候同时喜欢好几件衣服，以前您会（　　　），现在您会（　　　）。

A. 都买　3

B. 只选其中的一两件买下　2

C. 都不买　1

57. 您通常在什么时期购买服装（　　　）

A. 新款上市时　4

B. 一个季节的中期　3

C. 换季清仓时　2

D. 需要的时候才买　1

58. 您会在节假日购买服装吗?（　　　）

A. 经常　4

B. 有时　3

C. 偶尔　2

D. 从不　1

59. 您逛街的时候,通常（　　　　　）(可多选)。

A. 悠闲自在,无论多忙休闲的时间还是应当留出来的

B. 常常都是匆匆忙忙,因为要照顾家庭和孩子

C. 常常都是匆匆忙忙,因为工作忙

D. 常常都是匆匆忙忙,因为兴趣不是很大

60. 您逛百货公司选购服装的频率是（　　　）。

61. 您逛住家附近小店选购服装的频率是（　　　）。

62. 您逛网店选购服装的频率是（　　　）。

A. 几乎每天都看　11

B. 大约一周一次　10

C. 大约两周一次　9

D. 大约三周一次　8

E. 大约一个月一次　7

F. 大约两个月一次　5

G. 大约三个月一次　4

H. 大约半年一次　3

I. 大约一年一次　2

J. 极少,几乎没有　1

K. 需要时就去逛,但没有时间规律　6

63. 您的个人服装最主要是在（　　　　　）购买的。

A. 高级百货商场或专卖店　5

B. 中等价位的百货商场或专卖店　4

C. 特色零售小店　3

D. 网络服装店　2

E. 服装批发市场　1

64. 上网时自动弹出的服装广告模特（　　　　　）吸引您浏览网络商店里售卖的服装。

A. 经常　4　　B. 有时　3　　　C. 偶尔　2　　　D. 从不　1

65. 您（　　　　　　）在网络商店购买自己穿的服装。

A. 经常　4　　　B. 有时　3　　　C. 偶尔　2　　　　D. 从不　1

66. 在网络商店购买的服装，在您的衣服总量中约占（　　　）。

A. 全部　6　　　B. 三分之二　5　　　C. 二分之一　4

D. 三分之一　3　　E. 少部分，少于三分之一　2　　F. 几乎没有　1

67. 您对您网购的服装（　　　　　　）。

A. 绝大部分都比较满意　4

B. 只有一部分感到满意　3

C. 很少感到满意　2

D. 都不太满意　1

E. 您没有网购过服装　0

68. 对于服装的品牌，您（　　　　　　）。

A. 一直重视选择品牌服装　4

B. 前几年不太重视，这几年开始重视　3

C. 前几年重视，这几年开始不太重视　2

D. 一直都不太重视　1

69. 购买您自己的服装时，您注重品牌的程度是（　　　　）。

A. 非常看重，非品牌不买　4

B. 比较重视，但只要喜欢和合适，并不强求是品牌服装　3

C. 无所谓，都可以　2

D. 从不买品牌服装　1

70. 您认为品牌服装最能够给您带来（　　　　　）。

A. 品位　3

B. 面子　2

C. 安全感　1

71. 您会认定一个或几个品牌购买服装吗？（　　　）

A. 会　2

B. 不会　1

72. 您认为您拥有的服装（　　　）。

A. 质感比数量重要，衣服少些没关系，但每件质感都要好　3

B. 量和质都很重要，如果收入有限，在一定质的前提下，尽量追求量　2

C. 数量比质感更重要，您喜欢拥有很多的服装　1

73. 知名品牌服装在促销时，过去的您通常（　　　　），现在的您（　　　　）。

A. 打很多折数时，无论如何一定要买　3

B. 打很多折数时，如果有喜欢或合适的才会买　2

C. 一般不会因此买衣服　1

74. 购买了促销的服装后，过去的您（　　　　），现在的您（　　　　）。

A. 常常后悔，因为购买的时候比较冲动，买的促销服装有些一直穿不了　3

B. 偶尔后悔，有少数衣服买得不很合适　2

C. 通常不后悔，因为购买的时候已经很理性地选择了，买得都挺合适的　1

75. 如果购买的是促销的品牌服装，有一些小瑕疵，或颜色不是您最喜欢的，但综合看来还不错，您在购买后（　　　　）。

A. 会感到有些遗憾，不太满意　2

B. 仍会感到比较实惠比较满意，没有遗憾　1

76. 如果购买的是非品牌服装，穿着它们时您（　　　　）。

A. 自信，只要穿精心挑选过的适合自己的衣服，穿着就有自信，不管有没有品牌　2

B. 会不太自信，因为您认为，如果服装没有品牌，至少品位和质地都不够好　1

77. 以下哪些情况下，您可能会购买一件衣服（　　　　）（可多选）。

A. 价位高且衣服很显档次　3

B. 价格较为便宜但衣服较显档次　2

C. 价格很便宜但衣服品质一般　1

78. 在购买服装时（　　　）。

A. 您只考虑自己的喜好和感觉，朋友、同事、亲人的意见一点都不重要　3

B. 您主要考虑自己的喜好和感觉，但亲人、朋友、同事的看法会作为参考　2

C. 您主要考虑亲人、朋友、同事的看法　1

79. 购买自己的新衣服时，您的心情（　　　）。

A. 很愉快或很满足　3

B. 挺开心挺满足　2

C. 没什么感觉　1

80. 购买一次新衣服给您带来的快乐和满足感,通常可以持续(　　　)。

A. 一个季度左右　4　　　　　　B. 一个月左右　3

C. 一周左右　2　　　　　　D. 两三天而已，甚至更短　1

81. 心情不好时，您最常用来排解不良情绪的三种方式是 (　　　　) （请按重要性排序）。

A. 购买服装

B. 购买除服装外的其他物品

C. 运动　　D. 娱乐

E. 睡觉或发呆　F. 工作　　G. 看电视　　H. 做家务

I. 其他_____

82. 您会因被服装店的模特或店内外的服装广告画吸引而购买服装吗?(　　　)

A. 经常　4　　　B. 有时　3　　　C. 偶尔　2　　　D. 从不　1

83. 本没有计划购买服装，但在遇见心仪的服装时您会购买吗? (　　　)

A. 经常　4　　　B. 有时　3　　　C. 偶尔　2　　　D. 从不　1

84. 购买服装时，您喜欢讨价还价吗? (　　　　　)（可多选）。

A. 喜欢，很有意思，和有没钱没关系

B. 喜欢，因为我没什么钱

C. 不喜欢，怕麻烦

D. 不喜欢，怕反而被骗

E. 无所谓

85. 生育孩了对您身材及时装消费影响的情况是(　　　　)。

A. 身材变化较大，您大量地重新购置了服装　3

B. 身材变化较大，但您只是少量地添置新装　1

C. 身材没什么变化，购置服装的情况与以前比没有什么变化　2

D. 身材没什么变化，但您还是新购置了不少服装　4

86. 您认为自己现有服装的数量 (　　　　)。

A. 很多，但还要再购置　6

B. 一般，还需要很多　5

C. 很少，还需要很多　4

D. 很多，不需要再购置了　3

E. 一般，但已经够穿了　2

F. 很少，但没必要再买了　1

87. 如果您自己的衣服依然完好且合身但已经不再时尚，您（　　）。

A. 继续穿，直到穿旧、穿破　1

B. 偶尔穿穿　2

C. 不再穿，但仍保存着，期望有一天能再度流行这一款　3

D. 不再穿，但仍保存着，作纪念　4

E. 不再穿且丢弃　5

88. 您的衣柜里，当季却不常穿的衣服（　　）。

A. 占大多数　4

B. 占一半左右　3

C. 占三分之一左右　2

D. 几乎没有　1

89. 您的衣服买来后不常穿的原因，请选择并按重要性排序(　　)。

A. 因为价格实惠，买的时候太冲动，其实不太适合自己

B. 因为心情不好，买的时候太盲目，其实不太适合自己

C. 服装太好看了或太高档了，平时穿不太自在

D. 自己的服装太多了，轮不上穿

E. 其他＿＿＿＿＿＿＿＿＿＿＿

90. 服装买回后不常穿，您感到后悔吗？（　　）

A. 经常后悔　4　　　　　　B. 有时后悔　3

C. 偶尔后悔　2　　　　　　D. 从不后悔　1

91. 如果服装买回后不常穿，您会感到后悔，那么之后您（　　）。

A. 决定是否买一件衣服时会更加慎重　1

B. 还是容易受到价格的影响从而冲动购买服装　2

C. 还是容易受到心情的影响从而冲动购买服装　3

D. 还是会因为喜欢而购买　4

92. 您投入在服装等穿着打扮方面消费的时间和精力，对您生活的影响是（　　）。

A. 使您大大减少了关注、照顾家人的时间和精力　3

B. 使您减少了一些关注、照顾家人的时间和精力　2

C. 几乎没有减少您关注、照顾家人的时间和精力　1

93. 您投入在服装等穿着打扮方面消费的时间和精力，对您工作的影响是（　　）。

A. 大大减少您钻研业务的时间和精力，对工作的业绩产生了较多的

负面影响　4

　　B. 使您减少了一些钻研业务的时间和精力，对工作业绩成效有一些负面影响　3

　　C. 几乎没有减少您钻研业务的时间和精力，对工作业绩成效的负面影响几乎没有　2

　　D. 大大减少钻研业务的时间和精力，但形象好对您的工作业绩产生了正面的影响　1

　　94. 您投入在服装等穿着打扮方面消费的金钱，您认为对您生活的影响是（　　　）。

　　A. 使您大大减少了生活费用和储蓄资金，大大降低生活水准和储蓄水平　3

　　B. 使您减少了一些生活费用和储蓄资金，生活水准和储蓄水平有所降低　2

　　C. 生活费用和储蓄资金减少很少，对生活水准和储蓄水平的影响几乎没有　1

四、女性服消费及其他消费支出情况

　　95. 请问时装消费在您个人消费中所占的比重（　　　）。
　　A. 最大　4　　　　　　B. 一般　3　　C. 很小　2　　　D. 最小　1
　　96. 请问您在过去一年中，用于购买自己服装的每月平均费用是（　　　）。
　　A. 200 元以下　1　B. 201~400 元　2　　C. 401~600 元　3
　　D. 601~800 元　4　E. 801~1 000 元　5　　F. 1 001~1 500 元　6
　　G. 1 501~2 000 元　7　H. 2 001 元以上　8
　　97. 您曾购买过以下哪些单价的外穿服装（　　　）。
　　A. 100 元以下　1　　　　B. 101~200 元　2　　　C. 201~300 元　3
　　D. 301~500 元　4　　　　E. 501~700 元　5　　　F. 701~1 000 元　6
　　G. 1 001~2 000 元　7　H. 2 001~3 000 元　8　I. 3 001~4 000 元　9
　　J. 4 001~5 000　10　　　K. 5 001 元以上　11
　　98. 在服装价位的选择上，您（　　　）。
　　A. 绝大多数选择 1 001 元以上的　4
　　B. 绝大多数选择 501~1 000 元的　3
　　C. 绝大多数选择 300~500 元的　2

D. 绝大多数选择 300 元以下的 1

99. 在服装价位的选择上，您从过去到现在的变化情况是（　　　　）。

A. 以前基本选择较高价位，现在也可以接受中、低价位

B. 以前基本选择中、低价位，现在有时也会选择高价位

C. 从来都是高、中、低价位的都买，三种价位服装的数量差不多

D. 从来都是高、中、低价位的都买，中高价位居多

E. 其他＿＿＿＿＿＿＿

100. 若您买了一件价格比较低廉的服装，有人赞美好看，并问起价格时，您（　　　　）

A. 自豪地如实告知 1

B. 难为情地如实告知 2

C. 告诉对方一个比较高的价格 3

D. 若对方是节约型的，就如实告知；若对方是高消费型的，就告知一个较高的价格 4

E. 其他＿＿＿＿

101. 您购买自己服装的费用（　　　）。

102. 除了购买服装的费用外，您个人的其他消费支出（　　　）。

A. 都是您自己的钱 5

B. 大部分是您自己的钱，一小部分是您丈夫出的钱 4

C. 一部分是您自己的钱，一部分是您丈夫出的钱 3

D. 一小部分是您自己的钱，大部分是您丈夫出的钱 2

E. 基本都是您丈夫出的钱 1

103. 如果您的收入常常难以满足您的个人消费支出，如常常买不起自己想要的服装，您的情绪状况是（　　　　　　）（可多选）。

A. 很平静，认命，并把注意力转移到其他不太需要花费的事情上 1

B. 比较平静，常常安慰自己，要知足 2

C. 很失落，希望自己能赚更多钱 3

D. 很失落，希望丈夫能赚更多钱，如果他赚钱能力有限，有时会因此与丈夫争吵 4

104. 如果您的消费资金有限，您首先保证的是（　　　）的消费，其次是（　　　）。

A. 美发　　B. 美容　　C. 化妆品　　D. 鞋子　　E. 坤包　　　F. 头饰

G. 耳环、项链　　H. 美甲　　I. 外穿服装　　J. 内衣　　　K. 睡衣

L. 学习提高　　M. 旅游　　N. 娱乐　　　O. 其他＿＿＿＿＿＿

105. 您用于自己读书、学习、发展的经济支出占您个人总支出的比重，结婚前是（　　　），结婚后是（　　　），生育孩子后是（　　　）。

A. 大部分　4

B. 一半左右　3

C. 少于一半　2

D. 几乎没有　1

五、女性与配偶的关系，以及女性在家庭中职责的承担情况

106. 以下各方在您家里地位的顺序是（　　　　　）（请按从高到低的顺序排列）。

A. 您自己　　　　B. 您的丈夫　　　C. 您的子女

"自己"在首位的赋值2

"丈夫"或"子女"排在首位的赋值2

107. 您认为您和丈夫之间的关系总体（　　）。

A. 很好　5　　B. 比较好　4　　C. 一般　3

D. 不太好　2　　E. 很不好　1

108. 您和您丈夫沟通交流的情况（　　　）。

A. 很好　5

B. 比较好　4

C. 一般　3

D. 不太好　2

E. 很不好　1

109. 您丈夫在平时大多数时候对您的态度是（　　　）。

A. 很尊重，各方面事情都会征求您的意见，而且态度温和有礼　4

B. 较尊重，大多数事情会征求您的意见，态度较为温和有礼　3

C. 不太尊重，处理事情很少征求您的意见，平时态度也有些粗暴　2

D. 很不尊重，任何事情几乎从不征求您的意见，平时态度也很粗暴　1

110. 有孩子前后，您丈夫对您的感情和态度是（　　　）。

A. 有很大变化，有孩子后一切围绕着孩子展开，他一点都不关心、爱护您了　1

B. 有一些变化，有孩子后不如以前关心爱护您，但还算挺关心、挺爱护　2

C. 没什么变化，始终关心、爱护您　3

D. 没什么变化，始终不太关心、爱护您　4

E. 有很大变化，以前不太关心、爱护您，有孩子后变得很关心、爱护您了　5

F. 有一些变化，以前不太关心、爱护您，有孩子后变得比较关心、爱护您了　6

111. 您希望能够和丈夫经常一起进行的活动有（　　　　）（可多选）。

生育孩子后，您和您丈夫通常一起进行的活动有（　　　　）（可多选）。

其中，最经常进行的两项活动是（　　　　）（请按次数多少排列）。

A. 散步　　　B. 谈心　　　C. 看电影　　　D. 看电视

E. 旅游　　　F. 运动　　　G. 社交应酬

H. 其他项目_____　　　I. 没有

112. 您和您丈夫都在家的时候，通常（　　　　）。

A. 一起做家务或聊天，气氛温馨　3

B. 各干各的事，交流少，但还是比较默契、温馨　2

C. 各干各的事，交流少，比较淡漠　1

D. 其他_____

113. 您希望您丈夫能做到以下的哪些方面（　　　　）（可多选）。

事实上，您丈夫做到的是（　　　　）（可多选）。

A. 在您生病时关心照顾您

B. 在您工作不顺利时耐心开导您

C. 在您不开心时逗您开心

D. 其他_____　　　　　E. 没有

114. 您希望您丈夫把您看做（　　　　）（可多选）。

其中，最希望他把您看做（　　　　）。

A. 他和家庭的照料者

B. 他的知己，可以倾诉烦恼

C. 他的伙伴，可以一起从事一些活动

D. 其他_____

115. 您认为在生活上照顾孩子应该（　　　　），您认为在教育孩

A. 主要是母亲的责任　1

B. 是母亲和妻子共同的责任，双方要协调、配合好　2

C. 主要是父亲的责任　3

116. 从孩子出生以来，您和您丈夫对孩子生活上的照顾，（　　　　）。

A. 一直只是以您为主照顾孩子

B. 一直是您和您丈夫一起照顾孩子，两人时间和精力的付出差不多

C. 一直只是以您丈夫为主照顾孩子

D. 有的阶段以您为主，有的阶段以您的丈夫为主，看双方工作的忙闲或健康状况

E. 您和您丈夫一直都没怎么照顾孩子

117. 从孩子出生以来，您和您丈夫对孩子的家庭教育，（　　　）。

A. 一直只是以您为主教育孩子

B. 一直是您和您丈夫一起教育孩子，两人时间和精力的付出差不多

C. 一直只是以您丈夫为主教育孩子

D. 一直以双方父母为主教育孩子

E. 其他_____

118. 生育孩子对您事业的影响是（　　　　　　　）（可多选）。

A. 使您辞职

B. 虽然没有辞职，但失去了原本很有可能的升职机会

C. 使您几乎失去了在事业上的进取心

D. 使您更有斗志了，因为想为孩子创造好的生活条件

E. 没有什么影响

F. 其他_____

119. 您认为家务（买菜、煮饭、做卫生等）（　　　　　　）。

A. 主要是妻子的责任　1

B. 是妻子和丈夫共同的责任，双方要协调、配合好　2

C. 主要是丈夫的责任　3

120. 家务（买菜、煮饭、做卫生等）对您来说是（　　　　　）（可多选）。

A. 如果工作压力不大，家务对我而言是乐趣

B. 如果家务量不大，强度也不大，对我而言是乐趣

C. 如果家人没有把家务看做我的义务并施以压力，家务对我而言是乐趣

D. 是烦恼，因为家务劳动的价值不被您家人承认

E. 是烦恼，因为家务劳动减少了我闲暇时间

F. 其他_____

121. 您每天花费在家务劳动上的时间平均（　　　）小时。

A. 1个小时左右　1

B. 2个小时左右　2

C. 3 个小时左右　3

D. 4 个小时左右　4

122. 对于您为家庭所操劳的家务，您认为（　　　）。

A. 家务劳动也有大价值，也是为家庭经济做大贡献　3

B. 家务劳动有一定价值，能为家庭经济做一定的贡献　2

C. 家务劳动基本没什么价值，对家庭经济几乎没贡献　1

123. 如果您家庭有经济实力能雇佣全职住家家政服务员，您（　　　）。

A. 很愿意，大大减轻了家务负担，几乎没有负担了

B. 不太愿意，家务有一定减轻，但是您需要承担的很多事务家政服务员无法承担

C. 不太愿意，家务负担虽然减轻了，但也会带来其他的麻烦

D. 很不愿意，家务事自己做就可以了，没必要花那些钱

E. 其他＿＿＿＿如果不是很累，自己干也是种锻炼身体的方式

124. 在您偶尔不能完成家务劳动的情况下，您丈夫对您的态度一般是（　　　）。

A. 责备，并且一直等待您来完成这些家务　1

B. 责备，但会帮助您完成这些家务　2

C. 没有责备，替您完成这些家务　3

D. 没有责备，但一直等待您来完成这些家务　2

125. 若您长时间因工作忙不能完成家务劳动，您丈夫对您的态度一般是（　　　）。

126. 若您长时里因兴趣爱好不能完成家务劳动，您丈夫对您的态度一般是（　　　）。

A. 基本没有意见，他自己几乎承担了所有家务　6

B. 基本没有意见，他出钱雇家政服务员或请双方父母帮忙　5

C. 有一点意见，但基本还能理解，会承担一部分家务　3

D. 不帮忙也没意见　3

E. 看情况，如果我忙的事取得了成效，他会支持，否则，他就反对　2

F. 很有意见，精神上完全不支持，也几乎不承担家务　1

127. 您家的家务劳动由（　　　）完成，（　　　）是主要承担者。

A. 您自己　　　　　B. 全职家政服务人员　　　　C. 钟点工

D. 您丈夫　　　　　E. 妻子的父母　　　　　　　F. 丈夫的父母

128. 除了吃饭、睡眠、工作、家务等时间之外，您每天可以自己支配的时间是（　　　）小时。

A. 1 个小时左右　1

B. 2 个小时左右　2

C. 3 个小时左右　3

D. 4 个小时左右　4

129. 您在可以自由支配的时间里主要从事的两项活动是（　　　　）。

A. 休息　　　　　B. 运动　　　C. 娱乐　　D. 逛街购物消费

E. 读书学习　　　F. 聊天　　　G. 浏览网站

H. 其他_____

130. 您全家外出就餐的情况是（　　　　）。

131. 您丈夫希望全家外出就餐的频次是（　　　　）。

132. 您自己希望全家外出就餐的频次是（　　　　）。

A. 经常，一两天就有一次　6

B. 约每周一次　5

C. 约每两周一次　4

D. 约一个月一次　3

E. 极少，只是偶尔　2

F. 几乎没有外出就餐　1

G. 其他_____

133. 如果社会主义社会发展到高级阶段,可以通过社会公共服务解决您和家人每天的一日三餐，您的看法是（　　　　）（可以多选）。

A. 那好极了，已婚女性的解放程度可以大大提高了，绝对接受

B. 挺好的，但可能也失去了一些乐趣，不过，总的来说能接受

C. 大家的新鲜感维持不了多久，很快就会一家人自己在家烹饪了，这是天伦之乐

D. 不太好，自己家里小锅炒的菜更好吃

E. 其他_____

134. 如果社会主义社会发展到高级阶段，您希望（　　　　）。

A. 可以配送所有的生活资料，方便，不必考虑买什么吃、买什么用，简单方便　2

B. 可以配送生活必需品，但最好还是可以自由选购喜欢的食物和用品，虽然麻烦了些，但这是生活必要的乐趣　1

C. 其他_____

135. 您掌管您家庭的日常生活开支吗?（　　　　）

A. 是的，您丈夫将他的收入交给您管理　3

B. 不，您和丈夫各自掌握自己的收入　2

C. 不，您把自己的收入交给丈夫管理　1

136. 您丈夫个人的大笔资产，如房产、大额存款等，（　　　）。

A. 他几乎都主动告诉您了　1

B. 他大多没有主动告诉您，但您会努力通过各种方式了解　2

C. 他没主动告诉您，您也没有很想知道　3

137. 家庭日常饮食起居的经济支出，您认为应该（　　　），事实（　　　）。

138. 家里请家政服务员的费用，您认为应该（　　　），事实（　　　）。

139. 孩子接受各种教育的经济支出，您认为应该（　　　），事实（　　　）。

140. 您、丈夫和孩子一起外出旅游的经济支出，您认为应该（　　　），事实（　　　）。

141. 购置房产的经济支出，您认为应该（　　　），事实（　　　）。

142. 装修房子的经济支出，您认为应该（　　　），事实（　　　）。

143. 添置家电的经济支出，您认为应该（　　　），事实（　　　）。

144. 购置家用汽车的经济支出，您认为应该（　　　），事实（　　　）。

A. 主要来自于您　4

B. 主要来自于您丈夫　1

C. 您和您丈夫共同承担　3

D. 谁用得多谁出　2

E. 您家目前为止还没有此项支出　0

145. 购买您自己穿着的服装的费用，您希望由谁承担（　　　）（可多选）。

A. 主要由您自己承担，这是女性独立自强的体现

B. 主要由丈夫承担，这是他爱您的表现

C. 主要由丈夫承担，男人承担妻子消费是他理所应当的责任

D. 都可以，无所谓

146. 如果您丈夫愿意支持您工作，您认为您的赚钱能力与丈夫相比（　　　）。

A. 比丈夫强很多　5

B. 比丈夫强一些　4

C. 差不多　3

D. 比丈夫差一点　2

E. 比丈夫差很多　1

147. 如果您丈夫可以支持您工作，您愿意赚钱养家吗（　　　）（可多选）。

A. 愿意，女人也渴望在工作中证明自己的能力和价值

B. 愿意，总比看他脸色花钱好受

C. 不愿意，赚钱很辛苦，女人不应该受这样的苦

D. 不愿意，男人和女人天性不同，分工也不应相同，女人只要把家和孩子照顾好

E. 其他_____

148. 您认为每个家庭里，妻子收入普遍比丈夫较低的原因主要是（　　）（可多选，且请按重要性排序）。

A. 女性受教育的程度普遍比男性低

B. 社会对女性的歧视

C. 妻子为了支持丈夫的事业，愿意多承担家事，减少了对自身事业的投入

D. 丈夫要求妻子为自己和家庭牺牲事业

E. 女性的生育影响了她的事业发展

F. 女性本身能力有限

G. 女性不愿意吃苦受累

H. 其他_____

149. 如果一个已婚女性抱怨自己丈夫的收入低，您会认为（　　）（可多选，且请按重要性排序）。

A. 她很俗气，缺乏传统女性吃苦耐劳的美德

B. 能理解，经济条件是家庭生活的重要基础

C. 可能她丈夫对她在精神上的关心、体贴和沟通太少

D. 可能她感觉到她丈夫对她在感情上不够投入和专一

E. 其他_____

150. 如果一位女性主要的择偶标准是男方的经济条件，您认为（　　）（可多选，且请按重要性排序）。

A. 她过于追求物质，缺乏传统女性吃苦耐劳的美德

B. 她不应受到指责，因为经济条件是家庭生活的重要基础

C. 她不应受到指责，因为现代社会丈夫对妻子的爱常常不太稳定和专一，而经济条件是对妻子最后的保障了

D. 她不应受到指责，因为男性基本都要求自己的妻子长相姣好、年轻富有活力，但如果家庭经济条件不好，女性容颜易老，因此即使吃苦耐劳最终面临的可能也是丈夫的嫌弃乃至于背弃，不值得

E. 其他_____

151. 您希望您丈夫认为您（　　），其中最希望他认为您（　　）。

A. 贤惠　　　B. 温柔　　　C.美丽　　　D. 时尚

E. 有气质　　F. 有品位　　G. 其他＿＿＿＿

152. 您认为您丈夫对您外表的期望是（　　　）。

A. 长相普通没关系，打扮得美就可以

B. 天生丽质，不需要打扮

C. 朴素自然大方就好，最好不用打扮

D. 天生丽质，也要打扮，美上加美

E. 没有什么要求

F. 其他＿＿＿＿＿

153. 您丈夫对您购买服装的态度是（　　　）（可多选）。

A. 很支持，经常鼓励我买服装

B. 很支持，经常在经济上支持我买服装

C. 不反对，也不鼓励，但如果要求他出钱支持您的时装消费，他一般会答应

D. 不反对，也不鼓励，但很少给予时装消费方面的经济支持

E. 很反对，不让买，不断抱怨您买的衣服太多了

F. 其他＿＿＿＿＿

154. 如果您丈夫不支持您进行时装消费，您（　　　）（可多选）。

A. 会怨恨他，因为您认为他没有爱护您，没有尽到责任　　1

B. 会失望，但不会怨恨他，毕竟时装消费不是生活的主要内容　　2

C. 无所谓，您坚持自己的想法和做法，在您自己经济能力许可的范围内消费服装　　3

155. 如果一个丈夫不支持他的妻子讲究穿着打扮,您认为可能的原因是（　　　）（可多选，且请按重要性排序）。

A. 他的经济实力欠佳

B. 他妻子的经济收入很有限，作为丈夫负担很重

C. 他认为妻子应该把主要精力放在家庭的操持和孩子的照顾上

D. 妻子打扮漂亮他没有安全感

E. 其他＿＿＿＿＿＿＿＿＿

156. 如果一个丈夫是因为他自己的收入水平不够高而不支持他的妻子讲究穿着打扮，您会认为（　　　）。

A. 他很差劲，赚钱能力是评价一个男人最重要标准，而女人打扮天经地义

B. 如果他努力工作了，就不能看低他，女人打扮的需要比不上夫妻

间的尊重和感情

C. 其他_____

157. 您在购买服装时会考虑您丈夫的意见吗？（　　）（可多选）。

A. 重视，如果我估计他会不喜欢我就绝对不买

B. 重视，我通常在看中一件衣服时都会先让他参谋

C. 一般，有时会因为他不喜欢不买，但如果自己很喜欢就一定会买

D. 一点都不，他的意见对我没有任何影响

158. 如果您讲究穿着打扮，您认为（　　）。

A. 您丈夫会增加对您的爱

B. 您丈夫会减少对您的爱

C. 若打扮得他认为美，会增加他对您的爱；若打扮得他认为不美，会减少对您的爱

D 您的外表基本不影响他对您的感情

159. 您丈夫一般认为您可以在以下哪个时间段去购买服装（　　）。

A. 随时都可以，只要您想去　　3

B. 必须在您负责的家务事基本完成之后　　2

C. 任何时候都别去，因为您衣服已经够多了，再买都是浪费钱，只逛不买浪费时间　　1

D. 其他_____

160. 您参加社交活动和工作上应酬的情况以及您丈夫的态度是（　　）（"经常"指几乎每周都有，"偶尔"指较长时间里，如两三个月或更长有一次）。

A. 您经常有社交活动和工作应酬，他一直很支持

B. 您经常有社交活动和工作应酬，他比较支持，但如果与家庭事务矛盾，他会干涉

C. 您经常有社交活动和工作应酬，他不太支持，但不阻拦

D. 您经常有社交活动和工作应酬，他不太支持，而且强力阻止

E. 您偶尔有社交活动和工作应酬，他很支持

F. 您偶尔有社交活动和工作应酬，他比较支持

G. 您偶尔有社交活动和工作应酬，他不太支持，但不阻拦

H. 您偶尔有社交活动和工作应酬，他不太支持，而且强力阻止

"经常有社交活动和工作应酬"赋值2

"偶尔有社交活动或工作应酬"赋值1

161. 如果因参加正规的社交活动，或是工作上的正常应酬，您在晚上

11 点后回家,（　　　）（可多选）。

A. 如果是较长时间里（比如两三个月）偶尔有一次,您丈夫一般不生气

B. 如果是一段时间里,连续两三个晚上都这样,您丈夫会生气、埋怨您

C. 不管是否偶尔,只要是晚归,您丈夫都会生气

D. 您丈夫不太管您什么时候回家,给您充分的信任和自由

E. 其他＿＿＿＿＿＿

162. 如果您参加正规的社交活动,或是工作上的正常应酬,您在晚上 12 点后回家,而且您丈夫很生气,您会怎么办（　　　　　）（可多选）。

A. 任何情况下您都会默默忍受

B. 如果只是隔一两个月偶尔一两次,您不会有愧疚之意

C. 如果是一小段时间里连续几个晚上,您会自感愧疚,之后很长时间里会尽量避免

D. 任何情况下,您都没有愧疚之意

E. 其他＿＿＿＿＿＿＿＿＿

163. 结婚后,特别是有孩子后,对于您和好朋友之间的聚会,您认为（　　　）。

A. 经常要有,无论家务事多忙,都要定期聚会　3

B. 偶尔有就可以了,最好都要在家务事都安排处理妥当之后　2

C. 能不参加就不参加,一切围着家庭转　1

164. 有些女性在结婚后特别是生育孩子后,对丈夫不再温柔,您认为原因是（　　　）（可多选）。

A. 是丈夫变化在先,他不像以前那样体贴妻子了

B. 妻子在婚后特别是生育孩子后,需要操劳的家务事及工作事务太多了

C. 妻子认为结婚了特别是生育孩子了,丈夫就是自己的了,不需要太客气

D. 其他＿＿＿＿＿＿＿＿

165. 一个女性,如果丈夫的经济实力比她优越很多,并且承担家庭的所有开支以及她个人的所有消费支出,您认为她可以接受的情形有（　　　）（可多选）。

A. 丈夫在感情上背叛她

B. 丈夫粗暴地对待她

C. 丈夫对她很冷淡

D. 她基本不能有与丈夫不同的想法

E. 她的行动自由被限制

F. 以上都不能接受

166. 您在生活中（　　　）听到关于"男人喜新厌旧"的案例；您通过媒体、影视剧（　　　）了解到关于"男人喜新厌旧"的案例。

A. 经常　5　　B. 有时　4　　C. 偶尔　3

D. 很少　2　　E. 从来没有　1

167. 对于"男人在感情上容易喜新厌旧"这种说法，您（　　　）。

A. 很赞成　5　　　B. 比较赞成　4　　　C. 一般　3

D. 不太赞成　2　　E. 很不赞成　1

168. 关于您丈夫对您的忠诚，您（　　　）。

A. 很有信心　5　　　B. 比较有信心　4　　　C. 一般　3

D. 不太有信心　2　　E. 很有信心　1

169. 如果只能选择其中一种，结婚前，您认为以下哪种类型的男士可以作为丈夫人选（　　　），在结婚后生育孩子之前，您的选择是（　　　），在生育孩子之后，您的选择是（　　　）。

A. 具备可供妻子随心所欲消费的雄厚经济实力，但不尊重、体贴、关爱、包容妻子　3

B. 具备能够满足一般生活所需的中等收入水平，比较尊重、体贴、关爱、包容妻子　2

C. 收入水平比较低，但任何情况下都十分尊重、体贴、关爱、包容妻子　1

D. 其他＿＿＿＿＿＿

六、女性及其家庭的自然情况

170. 请问您的年龄（　　　）。

171. 请问您目前的职业是（　　　），曾从事的职业有（　　　）。

172. 您在工作单位中是（　　　）。

A. 普通员工　1

B. 中层领导干部　2

C. 高层领导干部　3

173. 请问您的技术职称是（　　　）。

A. 初级　1　　　　　B. 中级　2

C. 高级　3　　　　　D. 单位没有职称评定　2

174. 您认为您自己的事业（　　　）。

A. 如果努力了，很有发展前途　3

B. 如果努力了，较有发展前途　2

C. 目前看来无论怎样努力都没有什么前途　1

175. 请问您上班时需要穿着工作服吗（　　　）？

A. 需要　1　　　　　　B. 不需要　2

176. 您上班的时候可以比较自由地上网购物吗（　　　）？

A. 都可以　4　　　　　B. 有时可以　3

C. 偶尔可以　2　　　　D. 都不可以　1

177. 您的工作（　　　）。

　　　您丈夫的工作（　　　）。

A. 很繁忙　5　　B. 繁忙　4

C. 一般　3　　D. 清闲　2　　E. 很清闲　1

178. 请问您的月均收入为（　　　）。

A. 2 000 元以下　1　　B. 2 001~4 000 元　2

C. 4 001~6 000 元　3　　D. 6 001~8 000　4

E. 8 001~10 000 元　5　　F. 10 001 元以上　6

179. 您认为您自己的收入情况（　　　）。

A. 很好　5　B. 好　4　C. 一般　3　D. 不好　2　E. 很不好　1

180. 请问女方家庭的经济状况是（　　　）。

A. 富裕　3　　B. 宽裕　2　　C. 温饱　1

181. 成家后，女方家庭对您在经济上的资助情况是（　　　　）（可多选）。

A. 在购房等重大事项上对您有较大的资助　1

B. 在日常生活消费方面对您有一些资助　2

C. 对您基本没有资助　3

D. 对您基本没有资助，而且还需要您在经济上资助女方家庭　4

E. 其他_____

182. 请问您丈夫的月收入情况，为（　　　）。

A. 2 000 元以下　1　　B. 2 001~4 000 元　2　　C. 4 001~6 000 元　3

D. 6 001~8 000　4　　E. 8 001~10 000 元　5　　F. 10 001 元以上　6

183. 您认为您丈夫的收入情况（　　　）。

A. 很好　5　　B. 好　4　C. 一般　3　D. 不好　2　　E. 很不好　1

184. 您丈夫对事业（　　　）。

A. 很有追求，想干一番大事业　3

B. 较有追求，但没有大志向　2

C. 没有什么追求　1

185. 您认为您丈夫的事业（　　　）。

A. 很有发展前途　3

B. 较有发展前途　2

C. 目前看来没有什么前途　1

186. 请问您的文化程度是（　　　）。

A. 研究生　5　　　　　　B. 大专或本科　4　　　　　　C. 高中　3

D. 初中　2　　　　　　E. 小学或以下　1

187. 您的个性总体属于（　　　）。

A. 强硬　5

B. 温和　2

C. 软弱　1

D. 遇强则强，遇弱则弱　4

E. 遇强则弱，遇弱则强　3

188. 您主要的成长、生活的地域是＿＿＿＿省（自治区、直辖市）
＿＿＿＿＿市。

189. 您丈夫主要的成长、生活的地域是＿＿＿＿省（自治区、直辖市）
＿＿＿＿市。

190. 到目前为止您生活超过十年的有（　　　）。

A. 大城市　4　　　B. 小县城　3　　　C. 乡镇　2　　D. 村庄　1

191. 到目前为止您丈夫生活超过十年的有（　　　）。

A. 大城市　4　　　　B. 小县城　3　　　C. 乡镇　2　　D. 村庄　1

192. 请问您目前（　　　）。

A. 已婚　　　　B. 再婚　　　　C. 离异待婚　　　　D. 离异不婚

193. 您在以下哪一方面有兴趣爱好或专长（　　　）。

A. 音乐　B. 舞蹈　C. 美术、雕塑　D. 语言艺术　E. 文学历史
F. 其他＿＿＿＿　　G. 您没有文学艺术方面的兴趣爱好或专长

194. 请问您的孩子今年（　　　）岁。

195. 您孩子的性别（　　　）。

A.男　　　　B. 女

196. 您孩子的数量（　　　）。

197. 在您看来，您的母亲在穿着打扮方面（　　　）。

A. 很讲究　4　　　　B. 比较讲究　3

C. 不太讲究　2　　　D. 很不讲究　1

198. 在您看来，您父母之间的感情（　　　）。

A. 很好　5　　　B. 比较好　4　　　C. 一般　3

D. 不太好　2　　E. 很不好　1

男士问卷项目的设置与女士问卷基本一致，受篇幅所限，本书不附男士问卷。

后　记

　　厦门大学，美丽而又深邃，成为她的一员是我多年来的一个梦想。

　　当梦圆之时，我已过而立之年，且已在福州大学任教 7 年。而立之年的主妇，七年教龄的大学教师，又成为在大学校园求学的学子，与那些充满了青春朝气又略带青涩气息的年轻学子在一个课堂里求知，这样的感觉真是很奇妙！

　　重坐在课桌前，有一种想要找回所有被浪费的时光的冲动，于是珍惜每一次上课的机会，就像小学生一样虔诚地端正坐直，从不让思绪飘飞，积极地参加课堂讨论，认真地完成课外作业。感谢上苍让我在青春走向尾声之前有机会重温青春的味道——那样的活泼、清新、纯真、热烈！

　　感谢潘颖秋老师的统计课，艰深但实用。感谢易林老师的课堂内外，轻松而有收获。感谢叶文振老师、胡荣老师、李明欢老师和朱冬亮老师共同教授的"社会学研究方法"课程，丰富而多姿。感谢叶文振老师任会长的"福建省和谐研究会"年会，那一年又一年的学术盛会上，专家学者的丰硕成果和青年论坛的展示平台，让我汗颜、兴奋，使我不得不努力地攀登学术的高峰。

　　感谢热忱帮助我分发、填答、回收问卷的人们，没有他们的鼎力相助，我的第一部专著无法完成。由于研究需要，我设计的问卷有近 200 题，通过朋友分发才能保证填答质量，于是我动员了所有能够动员的力量，从自小一起长大的发小、多年相处的同事，到刚刚成为同窗的博士生同学、久未联系的初中同学，甚至女儿幼儿园同学的妈妈，从来只是点头微笑尚不熟悉的邻居，以及曾经的学生和在演出时仅有一面之缘的朋友……他们对我的请求一口答应，是那样的真诚和热切，他们尽其所能动员一切可以动员的力量，积极地发放问卷、认真地督促填答、及时地回收问卷，他们还向我反馈大家填答问卷时的感受和想法，为我后续的研究提供了重要的灵感启发。总而言之，200 多份问卷凝聚着我的同事们、同学们、朋友们对我的珍贵情谊，我深深地感谢他们——爱玉老师、舒展老师、筱霞老师、上丽、秋玉、林峻、琼如、常娟、郭萍、丽琳、高蓉、小魏、月琴……

还要感谢同窗们热切而又真诚的友谊，琼如、祥斐……那一次次的漫步徜徉，那一夜夜的彻夜长谈，迷惘与困惑，梦想与激情，在心与心的碰撞中释然、怒放！

特别要感谢我的老领导吴敏生校长，我永远也不会忘怀他曾经给予我的慷慨无私的帮助和殷切真诚的关怀！

更要感谢我的导师叶文振教授，他博学且睿智、严谨又亲切，是学术平台构建和学术繁荣发展的积极推动者，是我们历届同门学子情谊相连的倾心维系者，他的品格和风范，让我既保有永远努力向前的紧迫感，又深知享受生活、感受真情才是人生的绝美主旋律。而且，在本书写作的过程中，叶老师提出了非常珍贵的修改意见，这对本书最终顺利完成起到了十分重要的作用！

也要感谢自己！如果自己没有坚韧顽强的意志、没有精益求精的精神，我的书稿就无法完成。忘不了，书稿写作冲刺的最后半年时间里，常规教学任务与额外的教改任务同时进行，超高的工作强度与巨大的工作压力使我患上了腰肌劳损症，最艰难的时候，伏案写作半小时就需要平躺半小时才能继续工作，就这么半小时伏案、半小时平躺轮番交替着完成了 20 万字的文稿。

尽管已经倾尽全力，但受到时间、精力等各种主客观条件的限制，本书还是留下了一些遗憾。例如，在文献资料收集方面，受资料来源的限制，无法搜集到更多的外文资料，因此，对国际相关研究的把握不够全面和深入；在一手资料收集方面，调查问卷设计得详尽深入也带来了负面影响，即填答者感到疲倦和厌烦，从而可能影响所收集资料的信度和效度。此外，问卷调查的样本规模不够大，也未能实现随机抽样，这在一定程度上影响了研究对现实的解释力。而在问卷调查数据分析方面，为尽可能还原现实，本书引入了比较多的解释变量，而意在减少变量维数的因子分析，又会降低回归模型构建的精确度，从而在一定程度上影响研究的科学性。

其实，面对书稿，我的内心不仅有缺憾，更多的是对未来进一步开展相关研究的自我期待。可以拓展时装消费研究对象的范围，如研究未婚、未育中青年女性、老年女性，以及不同婚姻状况和年龄阶段男性的时装消费。还可以拓展女性消费研究的范畴，女性消费内涵广泛，时装消费是一大部分，而美容美体、休闲娱乐、旅游度假、整容健身等消费的比重也在日益提升，这些消费项目和费用的增加，会在不同程度上对女性的人生观、价值观产生影响，并最终影响女性对待性别关系的态度和行为，从而影响社会性别关系和性别结构，值得深入研究。还可以进行比较性研究，如将已婚育女性与未婚未育女性的时装消费进行比较研究，将女性与男性的时装消费进行比较研究，将中国女性与其他国家女性时装消费进行比较研究。还可以比较女性的不同消费行动。

想要研究的课题很多很多，但生活也是不能再等待的重要课题！40年来，一直在风雨兼程地赶路，已经错过了一路好风景，走到今天，已然顿悟且疾且徐，且行且歌，才是人生最美的节奏和境界。

感谢我的家人，感谢他们多年来的默默支持。我深知他们对我的期待，更明白接下来我该为他们做些什么。

再次感谢所有关心、支持、帮助过我的人们，衷心地祝愿你们的人生永远充满爱意与温暖、华彩与浪漫！

董海峰

2017 年 1 月于榕城